# 社会主义制度优越性探研

周利兴　范德华　著

云南大学出版社

图书在版编目（CIP）数据

社会主义制度优越性探研/周利兴，范德华著. —昆明：云南大学出版社，2010

ISBN 978-7-5482-0056-7

Ⅰ. ①社… Ⅱ. ①周…②范… Ⅲ. ①社会主义制度—研究—中国 Ⅳ. ①D621

中国版本图书馆 CIP 数据核字（2010）第 050396 号

# 社会主义制度优越性探研

周利兴　范德华　著

责任编辑：熊晓霞　蒋丽杰
封面设计：夏雪梅
出版发行：云南大学出版社
印　　装：云南国浩印刷有限公司
开　　本：787mm×1092mm　1/16
印　　张：16.25
字　　数：328 千
版　　次：2010 年 4 月第 1 版
印　　次：2010 年 4 月第 1 次印刷
书　　号：ISBN 978-7-5482-0056-7
定　　价：32.00 元

社　　址：云南省昆明市一二一大街 182 号
云南大学英华园内（邮编：650091）
发行电话：（0871）5033244　5031071
网　　址：http：//www.ynup.com
E - mail：market@ynup.com

# 前　言

社会主义思想最早产生于15世纪。19世纪40年代，马克思、恩格斯创立了唯物史观和剩余价值理论，把社会主义思想从空想变为科学。1917年列宁领导了十月革命，建立了世界上第一个社会主义国家——苏联，把社会主义从理论变成了现实。第二次世界大战后，东欧及亚洲一系列社会主义国家的建立，尤其是社会主义制度在中国的建立，进一步发展了社会主义。社会主义经历了从空想到科学，从理论到现实，从苏联一国建成社会主义到社会主义阵营形成的发展。

新中国成立60年来，尤其是改革开放30多年来，中国经济社会实现了中国历史和人类发展史上罕见的高速发展。一个政治更加稳定、经济更加发达、社会更加进步、国民更加富裕的中国傲然屹立在世界的东方。一个国际形象更加正面、发展模式更富吸引力、外交理念更具亲和力的中国正赢得越来越多国家的尊重。社会主义中国60年建设的辉煌成就，充分彰显了社会主义制度的优越性，坚定了中国人民在中国特色社会主义道路上实现中华民族伟大复兴的坚定信心。

本书通过对社会主义产生、发展过程的回顾，从社会主义制度优越性的理论基础、道路基础、制度基础、社会主义制度优越性的历史文化底蕴、社会主义制度优越性的现实推动等方面，系统探讨研究了社会主义制度的优越性。并通过新中国成立60周年的伟大成就和中印两国的比较，进一步阐述了社会主义制度优越性的表现，旨在帮助读者深入认识、领会社会主义制度的优越性，增强社会主义信念，热爱社会主义祖国，在中国共产党的领导下，在中国特色社会主义道路的基础上，实现中华民族的伟大复兴。

由于作者水平有限，书中难免存在一些不妥之处，敬请读者提出宝贵意见。

作　者

2010年3月于昆明

# 目录

# 第一章

# 社会主义思想的产生、发展及中国社会主义的发展

社会主义思想最早产生于15世纪的欧洲，最初呈现的形式是空想社会主义。19世纪40年代，马克思主义的创立、科学社会主义的诞生，标志着社会主义由空想发展到科学。1917年列宁领导的十月革命的胜利，建立了第一个社会主义国家，使社会主义由理论变成了现实。第二次世界大战后，出现了中国等一系列社会主义国家，形成了社会主义阵营。社会主义从无到有、从空想到科学、从理论到现实、从一国建成社会主义到社会主义阵营的发展历程以及中国社会主义发展所取得的伟大成就，充分彰显了社会主义制度的优越性。

## 第一节　社会主义思想的产生

### 一、空想社会主义的产生和发展

社会主义一词源于拉丁文，一说由“socialis”（同伴的、同伙的）一词引出，一说由“socius”（喜欢社交的）一词引出，原有社会的、共同的、集体的生活之意。19世纪30—40年代，“社会主义”一词在西欧广为流传。起初，这个词含有为提高劳动群众的福利和保障社会和平而改造社会制度的意思，容许财产不平等存在。而当时的“共产主义”一词，则一般是指通过生产资料（有时也包括生活资料）公有的办法来建立社会平等，主张取消财产不平等。社会主义思想的最初形式是空想社会主义思想。

空想社会主义音译为“乌托邦社会主义”。“乌托邦”一词源于希腊语，“乌”即没有，“托邦”即地方，含义为不存在的地方，即空想。空想社会主义作为一种理论学说，产生于资产阶级革命时代，反映了这一时代人民群众对政治平等、社会平等特别是财产平等的要求。在资本主义逐步发展终于取代封建制度的过程中，逐渐暴露出资本主义只不过是剥削、压迫劳动群众的一种新制度。作

为揭露和反对这种剥削、压迫的理论表现的社会主义学说也随之出现和传播开来。由于时代条件的限制，社会主义学说在相当长的时间里不能不陷于空想。从历史上看，空想社会主义是一种进步的思想体系，但不是科学的思想体系。

空想社会主义的发展史可追溯到英国T. 莫尔于1516年写成的《关于最完美的国家制度和乌托邦新岛的既有益又有趣的全书》（简称《乌托邦》）。该书以文学虚构方式来描绘理想的公有制社会，谴责资本主义原始积累的罪恶，反映劳苦大众对未来的憧憬，揭开了近代空想社会主义史的最初篇章。16世纪德意志农民战争领袖T. 闵采尔的“千年天国”在宗教色彩掩盖下表达早期无产者消灭剥削压迫的愿望，并以实际的战斗留下了革命的传统。17世纪，意大利的T. 康帕内拉和法国的D. 维拉斯先后用对“太阳城”和“塞瓦兰国”的描述，表现对共有共享的美好社会的构想。英国资产阶级革命时期，掘土派领袖G. 温斯坦利的空想社会主义则同劳苦大众要求消灭土地私有的实际斗争相结合，所著《自由法》是以立法方式来表述建立新社会设想的先声。进入18世纪，空想社会主义的代表人物主要出现在资本主义经济逐步发展，阶级斗争错综复杂的法国，其代表人物是马布利。这一时期的空想社会主义者，其理论比以前对理想社会作虚幻描绘或带有宗教神秘色彩的空想社会主义前进了一步，把理性论贯彻到对资本主义的批判和对共产主义的理论探索中，并试图将设计的新社会蓝图法制化和制度化。18世纪末，平等派运动领导人巴贝夫是这一阶段最重要的代表人物。他的思想反映出法国下层群众对资产阶级革命的结果不满，要求实现社会平等，消灭阶级，主张通过密谋组织武装夺取政权，实行“人民专政”。16—18世纪末期的空想社会主义仍具有明显的平均主义和禁欲主义色彩。19世纪初，在大工业生产在欧洲日益发展，两大阶级对立日益显露，资本主义经济危机已经发生的条件下，法国的圣西门、傅立叶和英国的欧文这三大思想家把空想社会主义推向新的高峰。他们的“批判的空想的社会主义和共产主义”不仅对资本主义的矛盾和弊端作了广泛深刻的揭露和批判，而且努力探求这些矛盾和弊端的根源，对资本主义社会的基础作了有力的抨击。他们对旧社会的改造和新社会的设计提出许多光辉构想，如消灭城乡之间的对立，把国家变成单纯管埋生产的机构以及对社会历史的看法等，包含可贵的辩证法因素。但是，他们不承认阶级斗争，企图向包括统治阶级在内的全社会呼吁，以宣传和示范方法来实现其主张。19世纪30—40年代还出现过法国的德萨米、布朗基和德国的魏特林等人的空想社会主义。他们更多地受到工人运动的直接影响，其中魏特林和布朗基曾经是工人运动的著名领袖。他们的思想和活动有一些新的特点和建树，但未超出空想社会主义的范畴。

空想社会主义在发展过程中，经历了三个发展阶段。

16—17世纪，是空想社会主义发展的第一阶段，这一时期的空想社会主义，通常称为早期空想社会主义。其主要代表有英国的托马斯－莫尔和意大利的托马斯－康帕内拉，他们揭露了资本原始积累时期的社会矛盾，对理想社会制度作了空想的描写。主要特点是对未来的理想社会制度只是一种文学描述；提出社会主义（或共产主义）的基本原则，如公有制、人人劳动、按需分配等，但还是一个粗糙而简单的轮廓；在设计未来理想社会方案时以手工工场为原型。

18 世纪空想社会主义进入第二阶段，这一阶段的空想社会主义与法国大革命的准备相联系，主要代表有法国的摩莱里、马布利和巴贝夫。他们认为，应当消灭的不仅是阶级特权，而且是阶级本身，他们要求建立完全平等的共产主义体制。但是由于当时社会生产力还不发达，于是他们设想通过普遍平均的办法来消灭阶级的不平等和社会矛盾。这一阶段空想社会主义的主要特点是认识进入理论探讨和论证阶段，并用“法典”的形式作出明确的规定，对人类社会发展规律的探索，对私有制特别是资本主义私有制的批判，对私有制引起的经济上的不平等，进而导致政治上的不平等的论述，对过去所有的国家制度都是建立在私有制基础上、并为富人服务的分析等，已经接近历史的实际；有了初步的阶级观点，在设计未来理想社会的蓝图时，以农村公社和手工工场为原型，具有明显的平均主义和禁欲主义特点。

19 世纪初期是空想社会主义发展的第三阶段，这一时期的主要代表人物有法国的圣西门、傅立叶和英国的欧文，这是空想社会主义发展的最高阶段。由于资本主义经济，特别是社会生产力的发展，他们的思想已经不是像早期的空想社会主义者那样单纯地描绘未来的理想社会，也不是像 18 世纪空想社会主义那样具有明显的平均主义和禁欲主义倾向，他们不仅深刻地揭露了资本主义制度的罪恶，而且还从各自的特点出发设想未来社会，并作了广泛的社会实验。这一阶段空想社会主义的主要特点是批判矛头直接对准资本主义制度；理论上提出了经济状况是政治制度的基础，私有制产生阶级和阶级剥削等观点，并用这种观点去分析历史和现状，从而预测到资本主义制度的剥削本质；在设计未来社会蓝图时以大工厂为原型，完全抛弃了平均主义和苦修苦练的禁欲主义，使社会主义成为一种具有高度的物质文明和精神文明的社会。

## 二、19 世纪初空想社会主义的代表人物和主要思想

法国的圣西门、傅立叶和英国的欧文，是 19 世纪初空想社会主义的代表人物。

圣西门是法国哲学家、经济学家，空想社会主义者，1760 年 10 月 17 日生于巴黎一个贵族家庭。早年受启蒙运动影响，曾参加北美人民反对英国殖民统治的独立战争。1781 年在约克镇任炮兵上尉。1803 年发表了《一个日内瓦居民给当代人的信》，主张应由科学家代替牧师的社会地位。圣西门拥护法国大革命，

主动放弃伯爵爵位。为了研究和宣传社会主义学说，他倾注了毕生精力。1805年圣西门开始著书立说。圣西门晚年家财散尽，在贫困潦倒中于1825年5月19日逝世于巴黎。主要论著还有《寓言》（1819）、《新基督教》（1825）、《论实业制度》（1820—1821）、《实业家问答》（1823—1824）等。

圣西门的主要思想有以下几个方面：

第一，把人类历史的发展看做先验的人类理性的发展，但又认为社会变革是从低级到高级发展的。现存制度只是从封建制度转向理想制度的一个过渡阶段，并初步意识到经济状况是政治制度的基础。圣西门承认历史的发展是有规律的，在发展的总过程中，每一次新旧社会制度更替，都是历史的进步。圣西门认为法国革命不仅是贵族和市民等级之间的斗争，而且是贵族、市民等级和无产者之间的斗争。他指出这次革命只产生了新的奴役形式，即“新封建制度”。他预言，旧的社会制度必将为理想的实业制度所代替。

第二，圣西门的实业思想。圣西门设想未来的理想制度是一种“实业制度”。在实业制度下，由实业者和学者掌握社会政治、经济、文化各方面的权力；社会的唯一目的应当是尽善尽美地运用科学、艺术和手工业的知识来满足人们的需要，特别是满足人数最多的最贫穷阶级的物质生活和精神生活的需要；人人都要劳动，经济按计划发展，个人收入应同他的才能和贡献成正比。不承认任何特权。在理想社会中，政治学将成为生产的科学，政治将为经济所包容，对人的统治将变成对物的管理和对生产过程的领导。由于历史的局限性，圣西门把从事产业活动的资产者看成是和工农一样的劳动者或“实业者”。并寄希望于统治阶级的理性和善心，幻想国王和资产者会帮助无产阶级建立实业制度。这就使得他的社会主义学说不能不流于空想。

第三，维护秩序稳定的和平的社会变革道路。圣西门对于法国革命，对于劳动阶级的一切政治行动都采取敌对的态度。这种态度可以从法国革命所造成的局面同在革命中宣布的资产阶级理想——和平、正义与平等——之间存在的巨大矛盾中得到解释。圣西门想尽善尽美地实现这些理想，他想改善社会成员，尤其最贫困、人数最多的阶级——无产阶级——的状况。但是选择的是与革命不同的道路。圣西门主张用和平的方式实现社会的变革，他为人类设计了理性和永恒正义王国的蓝图——实业制度。它能保证社会得到最大的安定，人民的幸福是社会组织的独一无二的目的。人们把自己的社会组织尽量有利于最大多数的人；人们应当把在最短期间内用最圆满的方式改善人数最多阶级的精神和物质状况的事业，作为一切劳动和活动的目的。他希望建立一个没有专横、没有特权，人人自由、人人劳动，每个人的社会地位和收入都按自己的才能来取得的社会。社会的安定完全有保证，国家的繁荣昌盛将以最快的速度开始发展，社会将具备只有人的本性才能想象的各种个人幸福和公共幸福。

第四，社会充满活力才能保证每个人平等地、最自由地发挥他的才能。圣西门主张建立最有利于大多数人的社会组织，建立最有益发展一切有益才能的社会组织。过去，人作为奴隶、农奴、雇佣劳动者被人剥削。现在利用自然，利用地球的时代已经来临，而且这个工作要团结和联合所有的人来做，因为人人都应该劳动。工业的实质不再是对人的剥削。而只应是人对自然的利用，今后的政府应该是一个管事的机构，不是一个管人的机构。社会的所有措施都是为了改进所有成员的政治的、经济的和道德的处境。人数最多的阶级，从事农业劳动的贫苦农民、受雇于工厂主和商人的无产阶级和店员，不仅智力得到相当发展，预见力非常敏锐，而且热爱劳动，具有管理生产和不动产的能力。因此，他们不应该再受政府的"特殊监护"了，法律应当承认他们是平等享有社会权利的社会成员。政府不再害怕人民造反，从而不需要耗费大批经费以维护人数众多的常备军等一系列机构。社会权力便由对人的政治统治变为对物的管理和对生产过程的领导，而国家机关的职能主要是组织人们"把人力作用于物"，即组织社会生产，以造福整个民族。他展望一个没有一部分人统治和压迫另一部分人的社会前景。

傅立叶，法国空想社会主义者，1772 年 4 月 7 日诞生于法国东部贝桑松的一个富商家庭。中学毕业后，他即遵照父亲的遗嘱学习经商，在里昂独立经营一家商店。1792 年，20 岁的傅立叶继承了他应得的遗产，第二年，吉伦特派策划反雅各宾派叛乱。不久，雅各宾派攻克里昂，他被逮捕。从此，他由对革命冷漠到否定革命，坚决主张用改良的手段来改造社会。傅立叶通过刻苦自学，积累了丰富的自然科学和社会科学知识，从 19 世纪初，他先后发表了《全世界和谐》、《四种运动论》、《新世界》等著作，揭露了资本主义制度的罪恶，主张以他设计的"和谐制度"来代替资本主义制度。他理想的"和谐社会"是由一个个有组织的合作社组成的，它的名称叫"法朗吉"。1832 年，他和几个门徒一起创办了一个"法朗吉"。1837 年 10 月 9 日，傅立叶和两个信徒进行了长谈。第二天早晨，发现他已穿好衣服伏在床边去世了。

傅立叶的思想主要有以下几个方面：

第一，对资本主义制度的批评和讽刺，傅立叶对资本主义制度的深刻批判是他学说中最重要和最有价值的内容。他认为，迄今为止，人类社会的发展经历了蒙昧、宗法、野蛮和文明四种制度，它们都是情欲暴力占统治地位的强制社会，都经历了盛衰过程，资产阶级视为永恒的文明制度也不过是社会发展的一个阶段。这种制度是万恶之源，是人人互相反对的战争，是贫富分化的极端、商业欺诈的乐园、道德败坏的温床。傅立叶作为"自古以来最伟大的讽刺家之一"，辛辣地嘲讽和淋漓尽致地揭露和批判了资本主义社会的种种罪恶。他指出，一小撮游手好闲之徒蔑视广大的劳动者。七个不幸的家庭为一个享受幸福的家庭而劳动。傅立叶认为资本主义社会的分配和消费是不合理的。分配的不合理反映在贫富的两极分化上。消费的不合理表现为生产者消费少、“寄生虫”消费多。

第二，“和谐社会”思想。傅立叶主张以他设计的“和谐制度”来代替资本主义制度。他理想的“和谐社会”是由一个个有组织的合作社组成的，它的名称叫“法朗吉”。他详尽地描绘了“法朗吉”成员的美妙生活。“法朗吉”是生产和消费的合作组织，以集体所有制为基础。每个“法朗吉”拥有成员一千六百人到两千人，生产以农业为主，工业其次。协作制度将把教育与生产劳动结合起来，妇女将获得完全解放，城乡差别和对立也将消失。每个成员都能找到他爱好的工作。为了使劳动变成愉快的事，他设想每人每天可以更换几种工作。建立“法朗吉”需要资金，傅立叶建议吸收资本家做股东，并且给投资者以优厚的利息。怎样实现这个理想社会呢？傅立叶不主张使用暴力，他相信资本家或权贵人物会帮助实现他的改良计划，为此，他刊登广告，说他每天中午12点到下午1点在家接见答应出资创办“法朗吉”的富翁，他等了几年，可是没有一个富翁来问津。

第三，对婚姻家庭的认识。家庭不再是社会的经济细胞，男女自由婚姻临时结合，并在世界上第一个表述了这样的思想：在任何社会中，妇女解放的程度是衡量普遍解放的天然尺度。

罗伯特·欧文，19世纪初杰出的思想家，伟大的空想社会主义者之一。1771年5月14日，欧文出生于英国北威尔士的一个手工业者家庭。由于家境贫困，小学没有读完便开始当学徒谋生。欧文十分刻苦好学，掌握了丰富的知识。1787年，欧文来到英国纺织工业中心曼彻斯特当学徒。1789年，他和朋友合办了一家小纺织厂，后自行经营。1791年，欧文应聘到一家大纺织厂任经理，他的管理才干得到充分发挥。欧文从法国唯物主义观点出发，认为人的性格是先天组织和所处环境这两方面的产物。基于这种看法，他提出了改造社会的理论：认为新的强大的生产力是改造社会的基础，是大家的共同财产，应为大家的共同福利服务；他还认为私有制、宗教和资产阶级的婚姻形式是阻碍社会改造的三大障碍，并系统地制定了消除阶级差别的方案，1858年11月17日，欧文逝世，终年87岁。

欧文不仅是一个空想社会主义的思想家，而且还是一个实践者。1799年，欧文与他后来的岳父合伙购买了一家大企业，在此基础上办起了新拉纳克工厂，欧文任经理。此时，英国正处于工业革命的鼎盛期，一方面是生产力的飞速发展，资产阶级财富的极度膨胀；另一方面是劳动人民惨遭剥削，工人和资本家之间的矛盾加剧。欧文决心在自己的工厂进行改革社会不合理状况的试验。他的改革原则是既有利于工厂主，又有利于工人。他把工人的工作时间缩短为10小时，禁止不满12岁的童工劳动，提高工人工资，工厂暂时停产时工资照付。改善工人的生活和劳动条件，设立工厂商店向工人出售比普通市场价格便宜的消费品，开办工厂子弟小学、幼儿园和托儿所，建立工人互助储金会。欧文的这些改革措施取得了明显的成效，工厂利润增加，工人生活得到改善。

1812 年，欧文为宣传自己的改革成就，发表了《关于新拉纳克工厂的报告》，引起欧洲社会的广泛关注。此后，欧文为了争取议会制定工厂法和限制工作日的立法进行了大量的工作。1815 年他在《论工业制度的影响》一书中，呼吁制定改善工人劳动条件的议会法案。经过不断努力，议会终于在 1819 年第一次通过了限制工厂中女工和童工劳动日的法案。

1817 年，欧文在《致工业和劳动贫民救济协会委员会报告》中提出建立合作社来解决失业问题的主张。1820 年，欧文在《致拉纳克郡报告》中提出消灭私有制，建立财产公有、权利平等和共同劳动的改革社会的理想主张，这标志着他的空想社会主义思想体系的形成。

为了用典型示范自己改造社会的计划是可行的，1824 年欧文到美国创办了"新和谐"公社，公社实行生产资料公共占有、权利平等、民主管理等原则。在资本主义制度下，欧文的这些想法只能是幻想，行动的结局也必然是失败。1829 年欧文回到英国，适值英国工人运动处于高涨时期。他一方面在工人中宣传自己的主张，一方面投身于蓬勃的工会运动。

1833 年 10 月和 1834 年 2 月，欧文主持了英国工会和合作社的代表会议，成立了英国工会运动史上第一个全国性的总工会——"全国大统一工会"，并任联盟主席。但是后来由于欧文坚持自己的空想社会主义理论，反对无产阶级的政治斗争，他逐渐脱离了工会运动。

欧文的一生是一个伟大改革者和空想家的一生，他尖锐地批判资本主义的制度，指出劳动人民的贫困是资本主义社会的必然产物，他幻想建立完美的社会主义制度，但反对通过暴力对社会关系进行社会主义改造。他同情工人阶级的处境，但不了解这个阶级的伟大历史作用，反对无产阶级的革命斗争。尽管如此，欧文的思想在许多方面都具有伟大的历史意义。

## 三、空想社会主义的历史功绩和局限性

空想社会主义作为超越资本主义社会的最初理论形式，在社会主义学说史上具有重要的贡献。

第一，它深刻而有力地批判了资本主义制度。空想社会主义对资本主义社会的消极与丑恶进行无情的鞭挞，把资本主义社会视为应当予以颠覆的对象，从而提出克服资本主义社会、进入无消极与丑恶的理想社会，表现出他们对人类正义的坚定信念。在经济方面，空想社会主义淋漓尽致地谴责了资本主义的残酷剥削，揭露了这种新的私有制度所造成的贫富对立和无产者受奴役、受剥削的悲惨状况。在资本主义原始积累时期，空想社会主义者就把"圈地运动"比喻为

"羊吃人"，彰显出资本主义一开始就带来的不合理的人间悲剧。18 世纪时期，空想社会主义把资本主义经济制度描述为"让少数人把锁链套在多数人的脖子上"的制度，是一种新型的奴隶制度。他们说，资本主义的经济制度是"富人的天堂、穷人的地狱"，不择手段地、无目的和无计划地制造商品的无政府状态必然导致生产过剩，从而引起经济危机，使人类资源和财富受到灾难性的浪费。在政治方面，空想社会主义揭露和批判了资本主义政治制度对人民的奴役实质。圣西门认为，资本主义的政治制度，是让没有才能的人管理有才能的人，道德败坏的人统治善良的人，这种政治制度的社会"是个是非颠倒的世界"。傅立叶指出，资产阶级的国家本质上是特殊阶层和富人的仆从，其任务是保护富人平安地享受生活，它绝对不管大多数贫穷人民的利益。"自由、平等、博爱"只是富人的实惠和虚伪的口号。

第二，空想社会主义无情地揭露和嘲讽了资本主义的思想和道德。空想社会主义指出了资本主义社会是"利己主义"的基本根源。傅立叶指出，资本主义把人一个个捏造为自私自利的"动物"。人们热衷于自己的幸福建立在他人的痛苦之上：医生希望自己的同胞患寒热病；律师希望每个家庭都发生纠纷；建筑师希望发生大火将城市的四分之一化为灰烬……。资本主义社会是一个毫无羞耻的名利场。空想社会主义的这些揭露和批判，对于揭露私有制社会的黑暗与被超越的必要性，促发人民对现存社会的否定意识具有重要的意义。但是，他们的批判一般总是停留在从抽象的人性论出发，通过人文主义的逻辑，将世界进行"应该"与"是"的二元分裂的层次上，即是说，这种批判也只是一种无力的道德批判。他们没有对私有制社会进行科学的剖析，实事求是地认识它的历史必然性和历史暂时性。因而本质上讲这种批判是不可能有真实结果的，它不具有从理论批判向实践批判飞跃的现实可能性。与此相联系，空想社会主义者在设计克服"是"的社会以后的"应该"社会即社会主义社会时，尽管是"处处突破幻想的外壳而显露出来的天才的思想萌芽和天才思想"（《马克思恩格斯选集》第 3 卷），但他们的设想终究不可避免地带着浓厚的道德构想色彩，充满着近代人文主义所普遍具有的浪漫主义情怀。

第三，它对未来社会进行了天才的设想，而且提出了许多有价值的主张和设想，包含了科学社会主义的萌芽，是科学社会主义的直接思想来源。在经济制度方面：提出了废除私有制、实行公有制和按劳分配的思想（这一有价值的思想被马克思直接继承）；主张理想社会的物质基础是机器大生产；主张加强思想和道德建设，培养人的全面发展（马克思继承后提出人的全面发展理论）；主张消灭城乡差别、脑体差别、工农差别，实现社会平等。

由于历史和时代的原因，空想社会主义存在根本的缺陷，表现出其历史的局限性。

第一，三大空想社会主义思想家的社会历史观总的来说是唯心主义的。他们对资本主义的批判从理性出发，认为资本主义制度的不合理是因为它不符合人的理性，他们对社会主义的肯定不是因为它是资本主义高度发展的必然产物，而仅仅是因为社会主义是不依赖时间、空间和人类社会历史发展的绝对真理的体现，是人类理性和社会主义的体现。

第二，三大空想社会主义思想家注意到他们那个时代的社会矛盾，也敏锐察觉到阶级对立的事实，即“看到了统治者的社会本身中的破坏因素的作用”。但从根本上说，他们不了解阶级和阶级斗争，不懂得阶级斗争是阶级社会发展的动力，因而无法找到改变资本主义社会现状的正确道路。

第三，三大空想社会主义思想家看不到无产阶级的任何历史主动性，不了解无产阶级的历史地位和所承担的历史使命，始终无法找到埋葬旧社会，实现社会主义理想的真正可靠的社会力量。在他们眼里，工人阶级仅仅是需要同情和怜悯并等待别人去帮助和搭救的受苦阶级，根本不懂得无产阶级就是旧世界的掘墓人和新世界的创造者，同时他们对富人和统治阶级寄予厚望，试图说服他们进行改革。

## 第二节　社会主义思想的发展

### 一、社会主义从空想到科学的发展

1. 科学社会主义的产生

19 世纪 40 年代诞生的科学社会主义是西欧工业资本主义时期物质生产、阶级斗争和思想文化发展到一定水平的产物，也是马克思和恩格斯在思想领域实行伟大变革的结果。

第一，资本主义大工业的发展和资本主义矛盾的充分暴露，为科学社会主义的产生提供了经济条件。19 世纪 40 年代，资本主义生产方式已经在西欧一些国家中占了统治地位，英国已经完成了工业革命，其他一些国家也先后进入了工业革命阶段，从而由简单的协作和工场手工业阶段进入机器大工业阶段。机器大工业迅速发展，使资本主义生产越来越社会化，与此同时，生产资料越来越集中在大资本家手中。资本主义社会的基本矛盾，即生产的社会化同生产资料私人占有之间的矛盾日益尖锐化，从而导致经济危机的爆发。1825 年，英国爆发第一次经济危机后，每隔 8～10 年就周期性地爆发一次经济危机。1847 年的经济危机席卷了所有的资本主义国家，成为世界性的资本主义经济危机。经济危机使社会生产力遭到极大破坏，经济危机的周期性爆发，表明资本主义的生产关系已经严重地阻碍了生产力的发展。要使生产力得以充分发展，就必须变革资本主义的生产关系，消灭资本主义私有制，建立社会主义公有制。马克思、恩格斯正是从社会化生产力发展的客观要求出发，作出了社会主义必然要代替资本主义的科学论断。

第二，无产阶级的发展壮大和独立的政治运动的兴起，使无产阶级作为一支独立的政治力量登上历史舞台，为科学社会主义的产生提供了政治条件。资本主义的经济危机给无产阶级和劳动人民带来了深重的灾难，使无产阶级和资产阶级的对立和斗争日益加剧。大批使用机器生产的工厂的建立，又使得无产阶级的队伍迅速壮大和集中起来。无产阶级同资产阶级的斗争，从早期自发地反对个别企业主、破坏机器的自发斗争，发展到有组织的、大规模的阶级对阶级的政治斗争。19 世纪 30—40 年代，法、英、德等国先后爆发了震撼欧洲的里昂工人起义、宪章运动和西里西亚纺织工人起义。这三大工人运动虽然都失败了，但在这三次大的运动中，无产阶级第一次提出了自己的政治主张，把斗争的矛头直接指向整个资产阶级和资本主义制度。在运动中相继出现了“宪章党”、“正义者同盟”和“四季社”等工人阶级早期政治组织。这一切表明，现代工业无产阶级的形成和无产阶级独立政治运动的开展是科学社会主义产生的政治条件。

第三，西欧思想文化领域里的成果为科学社会主义产生提供了理论前提。其中比较重要的是三大空想家的空想社会主义学说、德国古典哲学、英国政治经济学以及法国历史学家用阶级斗争观点撰写的有关法国大革命的历史著作等。这些理论思想资料虽然不能直接作为工人阶级反对资产阶级的思想武器，但却包含着有关历史观、资本主义经济分析和阶级分析以及社会主义的许多科学要素。

1848 年 2 月，马克思和恩格斯为共产主义者同盟起草的纲领《共产党宣言》发表。《共产党宣言》第一次全面系统地阐述了科学社会主义理论，指出共产主义运动已成为不可抗拒的历史潮流。《共产党宣言》的基本原理是：每一历史时代主要的生产方式与交换方式以及必然由此产生的社会结构，是该时代政治的和精神的历史所赖以确立的基础，并且只有从这一基础出发，历史才能得到说明。从原始社会解体以来人类社会的全部历史都是阶级斗争的历史；这个历史包括一系列发展阶段，现在已经达到这样一个阶段，即无产阶级如果不同时使整个社会摆脱任何剥削、压迫以及阶级划分和阶级斗争，就不能使自己从资产阶级的剥削统治下解放出来。《共产党宣言》运用辩证唯物主义和历史唯物主义分析生产力与生产关系、经济基础与上层建筑的矛盾，分析阶级和阶级斗争，特别是资本主义社会阶级斗争的产生、发展过程，论证资本主义必然灭亡和社会主义必然胜利的客观规律，作为资本主义掘墓人的无产阶级肩负的世界历史使命。《共产党宣言》公开宣布必须用革命的暴力手段推翻资产阶级的统治，建立无产阶级的“政治统治”，表述了以无产阶级专政代替资产阶级专政的思想。《共产党宣言》

还指出无产阶级在夺取政权后，必须在大力发展生产力的基础上，逐步地进行巨大的社会改造，进而达到消灭阶级对立和阶级本身的存在条件。《共产党宣言》批判当时各种反动的社会主义思潮，对空想社会主义作了科学的分析和评价。《共产党宣言》阐述了作为无产阶级先进队伍的共产党的性质、特点和斗争策略，指出为党的最近目的而奋斗与争取实现共产主义终极目的之间的联系。《共产党宣言》最后庄严宣告："无产者在这个革命中失去的只是锁链。他们获得的将是整个世界。"并发出无产阶级国际主义的战斗号召："全世界无产者，联合起来!"《共产党宣言》是国际共产主义运动的第一个纲领性文献，它的发表标志着科学社会主义的诞生。

2. 社会主义由空想变为科学的理论基石

马克思、恩格斯在批判继承人类思想文化优秀成果的基础上，实现了哲学、经济学的革命性变革，创立了唯物史观和剩余价值学说。正是由于这两个伟大发现，社会主义才被置于现实的基础之上，走出"乌托邦"的荒原而变成了科学。唯物史观和剩余价值学说是科学社会主义的两大理论基石。

马克思、恩格斯认为，以往的全部历史，除原始状态外，都是阶级斗争的历史；这些互相斗争的社会阶级在任何时候都是生产关系和交换关系的产物，一句话，都是自己时代的经济关系的产物；因而每一时代的社会经济结构形成现实基础，每一个历史时期由法的设施和政治设施以及宗教的、哲学的和其他的观念形式所构成的全部上层建筑，归根到底都应由这个基础来说明。恩格斯指出："生产以及随生产而来的产品交换是一切社会制度的基础；在每个历史地出现的社会中，产品分配以及和它相伴随的社会之划分为阶级或等级，是由生产什么、怎样生产以及怎样交换产品来决定的。所以，一切社会变迁和政治变革的终极原因，不应当到人们的头脑中，到人们对永恒的真理和正义的认识中去寻找，而应当到生产方式和交换方式的变更中去寻找；不应当到有关时代的哲学中去寻找，而应当到有关时代的经济中去寻找。"

唯物史观之所以是社会主义从空想变为科学的理论基石，有以下原因：

第一，唯物史观关于社会基本矛盾的学说，揭示了社会生产力是人类全部历史的基础，生产力与生产关系的矛盾运动构成了社会发展的内在动因。一切社会变革都来自生产方式的变化，从而科学地论证了社会主义代替资本主义是现代生产力发展的客观要求，是资本主义社会基本矛盾运动的必然结果，批判和纠正了空想社会主义者仅仅从抽象的理性、正义原则谴责资本主义制度的缺陷。

第二，唯物史观关于阶级斗争是阶级社会发展的直接动力的学说，提出了从经济关系和阶级关系中去寻找解决社会冲突的途径，指明了变革资本主义制度的正确道路，社会主义乃是无产阶级反对资产阶级斗争的必然结局，批判和纠正了空想社会主义者从头脑中构思社会改革的蓝图、寄希望于统治者发善心、以和平方式实现社会主义的幻想。

第三，唯物史观是关于人民群众是历史的创造者的学说。它指明了历史活动是群众的事业，无产阶级和劳动群众是改造旧世界、建设新世界的社会主体和动力，能够而且必须依靠自己的力量去解放自己和全人类，批判和纠正了空想社会主义者把无产阶级仅仅看成一个受苦受难的人群，而把历史进步和社会更替的希望寄托在个别天才人物出现的理论局限性。

空想社会主义虽然批判了资本主义生产方式的罪恶，但是不能揭露这种罪恶的经济根源；他们激烈地反对资本主义对工人阶级的剥削，却搞不明白这种剥削是怎么回事，它是怎样产生的。马克思运用唯物史观，分析了资本主义生产关系和经济运动的规律，发现了剩余价值，彻底揭穿了资本主义剥削的实质。在资本主义制度下，工人用自己出卖的劳动力创造出来的价值量，要比工人以工资形式从资本家那里得到的价值量大得多；这个大出来的部分就是被资本家无偿占有的剩余价值。随着资本主义的发展，资产阶级占有的剩余价值越来越多，这就形成一极是资产阶级的财富不断积累增值，一极是无产阶级日益贫困化的局面，无产阶级和资产阶级的矛盾日益加剧，而这种矛盾斗争必然导致无产阶级革命和无产阶级专政。恩格斯指出："这个问题的解决是马克思著作的划时代的功绩。它使明亮的阳光照进了经济学领域，而在这个领域中，从前社会主义者像资产阶级经济学家一样曾在深沉的黑暗中摸索。科学社会主义就是以此为起点，以此为中心发展起来的。"概括起来说，剩余价值学说揭开了资本剥削劳动的秘密，阐明了无产阶级和资产阶级矛盾对立的经济根源，指明了资本主义制度的本质和必然灭亡的趋势，找到了推翻资本主义、实现社会主义这一伟大历史使命的承担者，从而为科学社会主义提供了系统的经济学论证。

3. 社会主义代替资本主义的历史必然性

马克思、恩格斯深入分析了资本主义的基本矛盾及其发展过程，论证了社会主义代替资本主义的历史必然性，阐述了无产阶级的伟大历史使命和科学社会主义学说的根本任务。

马克思、恩格斯深刻地分析了资本主义的基本矛盾，即生产的社会化和资本主义私人占有之间的矛盾。生产的社会化是资本主义生产区别于以往时代生产活动的一个显著特点，是人类社会的一种巨大进步，但这是在资本主义私人占有制的基础上实现的。和以往简单商品生产的条件下不同的是，现在的私人占有者已不是那些真正使用生产资料和真正生产出产品的劳动者，而是把社会化的生产资料集中在自己手里、不劳而获、占有了别人劳动产品的资本家。这样，生产的社会化便与资本主义的私人占有之间发生了对抗性的矛盾，这是生产力与生产关系的矛盾在资本主义制度下的具体表现，这个矛盾"已经包含着现代的一切冲突的萌芽"。随着资本主义生产方式越是占统治地位，"社会的生产和资本主义占有的不相容性，也必然越加鲜明地表现出来”。

马克思、恩格斯正是抓住了这个基本矛盾，对资本主义社会经济运动过程和阶级关系状况进行深入的考察，得出了社会主义公有制必将取代资本主义私有制的科学结论。

第一，资本主义生产方式在它生而具有的基本矛盾的两种表现形式中毫无出路地运动着：一是在阶级关系上，表现为“无产阶级和资产阶级的对立”；二是在生产上，表现为“个别工厂中生产的组织性和整个社会中生产的无政府状态的对立”。

第二，资本主义基本矛盾的发展必然导致经济危机。竞争和社会生产的无政府状态促使资本家不断改进机器和扩大生产规模，结果是机器排挤了工人，进一步加深了劳动者的贫困化，市场的扩张赶不上生产的扩张，生产无限扩大和劳动群众购买力相对缩小的矛盾，造成了生产的相对过剩和严重的比例失调，导致了经济危机。经济危机是资本主义制度的必然产物。

第三，资本主义经济危机周期性爆发，差不多每隔十年重复一次，正是资本主义基本矛盾恶性循环的结果。经济危机使生产力遭到巨大破坏，给无产阶级和劳动人民带来极大的灾难和痛苦，引起了阶级斗争的尖锐化。经济危机的发生表明，“资本主义生产方式暴露出自己无能继续驾驭这种生产力”，“这种生产力本身以日益增长的威力要求消除这种矛盾，要求摆脱它作为资本的那种属性，要求在事实上承认它作为社会生产力的那种性质”。因此，废除资本主义私有制，建立社会主义公有制，实现生产资料和产品的社会占有，便成为现代生产力发展和生产社会化的必然要求。

第四，无产阶级革命将导致矛盾的解决。“无产阶级将取得国家政权，并且首先把生产资料变为国家财产。”“通过这个行动，无产阶级使生产资料摆脱了它们迄今具有的资本属性，使它们的社会性有充分的自由得以实现。”

## 二、社会主义从理论到现实的发展

科学社会主义理论创立后，全世界共产党人把其作为思想理论武器，开始了探索社会主义的实践。自19世纪40年代以来兴起的世界社会主义运动，打破了资本主义一统天下的局面，改变了整个世界的格局。1871年3月18日，巴黎工人建立的巴黎公社政权，是世界历史上推翻资产阶级统治、实行无产阶级专政的第一次尝试。

1870年9月2日，拿破仑三世在普法战争中战败投降。巴黎人民掀起9月4日革命，推翻第二帝国。胜利果实却落入资产阶级共和派右翼和帝制派奥尔良党人之手，成立了“国防政府”。1871年2月17日，梯也尔出任法国政府首脑。2月28日签订法德和约，法国割让阿尔萨斯、洛林大片领土给德国，并赔款50亿法郎。梯也尔政府的丧权辱国行为激起了人民群众的极大愤慨，巴黎民众纷纷要求成立公社，以监督政府。3月15日，国民自卫军251个营队的代表组成中央委员会。3月18日凌晨，梯也尔政府出动军队袭击蒙马特尔和梭蒙高地，企图夺取国民自卫军的417门大炮，逮捕国民自卫军中央委员会成员，从而触发武装起义。当晚，国民自卫军控制巴黎所有政府机关和塞纳河上的桥梁。梯也尔政府成员及其军队、警察和官吏仓皇出逃凡尔赛。3月26日巴黎进行选举，3月28日正式成立巴黎公社。

巴黎公社设立10个委员会（执行、军事、财政、司法、治安、劳动与交换、粮食、教育、社会服务、对外联络）作为新的政权机构。公社解除资产阶级常备军，取缔旧警察机构。颁布教会与国家分离法令，根本改造了司法机关，实行法官选举制。公社通过全体公职人员需经选举始得任命的决议。颁布废除国家机关高薪法令，规定公职人员最高年薪6 000法郎，相当于一个熟练工人的工资水平，以防止国家机关由社会的公仆变为社会的主人。公社在所有制、分配、管理和劳动立法方面实施某些具有社会主义性质的改革。通过将逃亡业主遗弃的工场转变为工人协作社法令，改变薪金收入高低悬殊的现象，实行保持合理差别的劳动报酬制度，并着手劳动者直接参与企业管理的试验。公社还制定了若干保护工人直接利益的劳动法令，如取缔面包房夜班制、禁止任意罚款和克扣工资法令等。为了维护人民群众的切身利益，公社先后通过若干减轻人民负担和解决生活困难的法令。其中有一切债务延期在3年内分批无息偿还法令、无偿发还典当金额不足20法郎低档典押物品法令、免收3个季度房租法令等。

从4月2日起，公社战士与凡尔赛政府军在巴黎近郊展开激战。由于德国在4月间释放10万余战俘以补充法国军队，至5月中旬，凡尔赛政府已能调集13万兵力进攻巴黎。而与之相对抗的公社第一线作战部队的全部兵力仅18 000人。5月8日，凡尔赛政府军开始炮击巴黎城防工事。5月10日，法、德正式签署《法兰克福条约》，并达成秘密协议，允许凡尔赛政府军越过德军防线进攻巴黎，德军对巴黎实行封锁，切断粮食供应。同日，新雅各宾派领袖德勒克吕兹临危受命，担任公社军事代表。公社将士顽强奋战，多次主动出击。5月17～20日，凡尔赛政府军集中300门海军炮和攻城炮猛轰巴黎西区各城门。5月21日，凡尔赛政府军由叛徒引路从圣·克卢大门废墟攻入巴黎城区。23日，凡尔赛政府军经德军防线前面“中立”地带包抄蒙马特尔，占领该地。公社战士逐区进行街垒战。25日，德勒克吕兹殉职，E. 瓦尔兰继任军事代表。28日，瓦尔兰、C. T. 费雷等公社委员率领公社战士进行最后的抵抗，200多名公社战士牺牲，巴黎公社革命失败。革命失败后，凡尔赛政府军对巴黎人民实行血腥大屠杀。据统计，共29 804人遭残杀，72 941人在作战中牺牲，60 971人被投入监狱或流放。

巴黎公社革命的失败由多方面因素所决定。当时的法国，以社会主义制度取代资本主义制度的客观历史条件远未成熟。国际、国内阶级力量对比于无产阶级不利。在普法战争失败的特定历史时刻，法国资产阶级极端虚弱，因而出现革命形势，起义获得胜利。一旦德法议和，俾斯麦政府支持梯也尔政府镇压公社，力量对比将发生根本变化。公社革命未能取得外省革命运动的有力配合，亦未争取到广大农民的支持，陷于孤军奋战境地，在力量悬殊情况下不可避免地招致失败。主观因素方面，由于法国无产阶级本身的历史局限性，出现若干严重失误，如没有抓住敌人立足未稳之机，及时进军凡尔赛，没有没收拥有30亿资产的法兰西银行，听任其向凡尔赛政府提供经费等。公社委员会内部在作战紧要关头对面临的严重局势和应采取的紧急措施出现重大分歧，围绕成立救国委员会及其职权、组成问题产生多数派和少数派，并在5月中旬一度濒于分裂。由此表明，没有一个成熟的无产阶级革命政党的坚强领导，没有明确的指导思想，是不可能紧密团结革命队伍，采取正确斗争策略，去夺取革命胜利的。

巴黎公社革命是法国无产阶级自发进行的一场革命。巴黎公社革命检验了马克思主义关于无产阶级革命和无产阶级专政的思想，积累了极其宝贵的历史经验。马克思、恩格斯正是在总结巴黎公社历史经验的过程中丰富和发展了科学社会主义理论。

1917年俄国十月革命的胜利，建立了世界上第一个社会主义国家——苏联，社会主义由理论变成了现实。在第一次世界大战爆发之前，腐朽、反动的俄国沙皇专制统治已经陷入深刻的危机，革命出现高潮。第一次世界大战爆发后，俄国社会矛盾日益尖锐，革命形势日趋成熟。1917年2月，俄国人民在以列宁为首的布尔什维克党的领导下，推翻了沙皇专制统治。起义的工人和士兵成立了工兵代表苏维埃。但是，俄国资产阶级窃取了二月革命的胜利成果，成立了以克伦斯基为首的临时政府。这样就出现了两个政权并存的局面。临时政府公开使用暴力镇压人民群众的示威游行，并准备建立军事专政。4月，列宁结束长期在国外的流亡生活回到俄国，发表了著名的《四月提纲》，制定了从资产阶级民主革命向社会主义革命过渡的明确路线和具体计划，明确提出“全部政权归苏维埃”的口号。根据《四月提纲》的指示，布尔什维克党在群众中展开了组织和教育工作，领导彼得格勒工人和士兵举行了四月示威、六月示威和七月示威。当时，由于孟什维克和社会革命党控制下的苏维埃变成了临时政府的工具，资产阶级公开使用暴力并准备建立军事专政，因此，布尔什维克党暂时收回“全部政权归苏维埃”的口号，提出了准备武装起义的方针。9月至10月间，彼得格勒和莫斯科苏维埃已转到布尔什维克党方面；工人罢工、农民起义、士兵骚动，革命形势完全成熟。布尔什维克党再度提出“全部政权归苏维埃”的口号，并在全国各地着手准备武装起义。1917年11月7日（俄历10月25日），俄国首都彼得格勒（圣彼得堡）的工人赤卫队和士兵在列宁和布尔什维克党的领导下首先举行武装起义。以停泊在涅瓦河上的“阿芙乐尔号”巡洋舰的炮声为信号，彼得格勒的工人和士兵开始向冬宫发起攻击，深夜攻入冬宫，逮捕了临时政府成员。克伦斯基逃亡，临时政府被推翻。当晚，在斯莫尔尼宫召开第二次全俄苏维埃代表大会，宣布临时政府被推翻，中央和地方全部政权已转归苏维埃。第二天，列宁在大会上作报告，大会通过了《和平法令》和《土地法令》，组成了以列宁为主席的第一届苏维埃政府——人民委员会，世界上第一个社会主义国家宣告诞生。十月革命的胜利，奠定了苏维埃政权胜利前进的基础。从 1917 年 10 月到 1918 年 2 月，革命扩展到俄国各地。伟大的俄国十月社会主义革命的胜利开创了人类历史的新纪元，为世界各国无产阶级革命、殖民地和半殖民地的民族解放运动开辟了胜利前进的道路。

第二次世界大战结束后，东欧、亚洲的一系列国家相继推翻了本国资产阶级的统治和帝国主义的殖民统治，建立了社会主义国家，形成了社会主义阵营。

1944 年，波兰率先在东欧建立了社会主义国家。1945 年，南斯拉夫建立了社会主义国家。1946 年，保加利亚、阿尔巴尼亚、民主德国建立了社会主义国家。1947 年，罗马尼亚建立了社会主义国家。1948 年，捷克斯洛伐克建立了社会主义国家。1949 年，匈牙利建立了社会主义国家。在亚洲，1924 年，蒙古人民共和国成立，这是继苏联后建立的第二个社会主义国家。1945 年越南建立社会主义国家。1948 年朝鲜建立了社会主义国家。1949 年，中国建立了社会主义国家。20 世纪六七十年代，亚洲的老挝、柬埔寨、也门、阿富汗，非洲的埃塞俄比亚、贝宁、安哥拉、索马里、刚果、莫桑比克相继建立了社会主义国家，扩大了社会主义阵营，发展了社会主义。

## 第三节　中国社会主义的发展

### 一、社会主义制度在中国的建立

1949 年 10 月，新中国成立，标志着新民主主义革命在中国取得了胜利。新民主主义革命的胜利推翻了帝国主义、封建主义、官僚资本主义在中国的统治，为社会主义制度在中国的建立创造了必不可少的前提条件。新中国的成立，标志着我国历史进入向社会主义过渡的时期。在过渡时期里，社会主义制度逐步建立起来。

从 1949 年中华人民共和国成立至 1956 年社会主义改造基本完成的 7 年，是中国共产党领导全国各族人民有步骤地实现从新民主主义到社会主义的转变，在中国基本建立社会主义制度的时期。新中国成立后的头 3 年，中国共产党的主要任务是彻底完成新民主主义革命，在全国范围内建立起新民主主义的政治制度和经济制度，恢复国民经济，发展生产，为有计划地进行社会主义改造创造条件。1949 年 10 月新中国成立后，人民解放军继续胜利进军，先后解放了华南和西南的广大地区。1951 年和平解放西藏。至此，中国内地完全解放。在条件具备后，各地陆续召开各界人民代表会议，建立各级地方人民政府。同时，没收官僚资本主义企业、接收帝国主义在华的财产，并把它们改造为社会主义的国营企业，国家掌握了对整个国民经济的领导权。1950 年 3 月，政务院颁布了《关于统一国家财政经济工作的决定》，使物价趋向稳定，财政收支接近平衡。为了争取国家财政经济状况的基本好转，中共中央在 1950 年 6 月召开七届三中全会，为 3 年经济恢复时期规定了战略路线和行动纲领。会后，领导全国人民开展了土地制度的改革、镇压反革命和其他民主改革运动。1950 年 6 月，朝鲜内战爆发，美帝国主义趁机插足中国领土台湾，并把战火烧到中国东北边境，严重威胁中国的安全。同年 10 月，中国人民志愿军入朝作战，全国开展抗美援朝运动。抗美援朝的胜利，为中国创造了一个相对和平的环境。1950 年冬到 1953 年春，在占全国人口一半多的农村地区，开展了土地改革运动，彻底废除了封建土地制度。1950 年 10 月到 1951 年 10 月，开展了全国规模的镇压反革命运动，基本上扫除了国民党反动派遗留在大陆的反革命残余势力，安定了社会秩序，保证了国民经济恢复工作的顺利进行。1951 年冬到 1952 年夏，在全国党政机关工作人员中开展反贪污、反浪费、反官僚主义的“三反”运动；在全国私营工商业者中开展反行贿、反偷税漏税、反偷工减料、反盗骗国家财产、反盗窃国家经济情报的“五反”运动。“三反”、“五反”运动的胜利，打击了资产阶级的违法活动，加强了廉政建设，巩固了工人阶级和国营经济的领导地位，创造了对私营工商业实行社会主义改造的有利条件。经过 3 年的努力奋斗，新生的人民民主专政得到初步巩固，旧中国遭到严重破坏的国民经济得到全面恢复和发展。到 1952 年年底，全国工农业生产已经达到历史最高水平。1952 年，中共中央提出党在过渡时期总路线：要在一个相当长的时间内，逐步实现国家的社会主义工业化，并逐步实现国家对农业、手工业和资本主义工商业的社会主义改造。根据总路线的要求，制订了国家建设的第一个五年（1953—1957 年）计划。1954 年 9 月，第一届全国人民代表大会第一次会议召开。大会讨论通过了《中华人民共和国宪法》，接受了党在过渡时期的总路线，并将它作为国家在过渡时期的总任务写进宪法。1956 年，中国社会主义改造形成高潮。在实践中，中国共产党创造性地开辟了一条适合中国特点的社会主义改造的道路。对资本主义工商业，创造了委托加工、计划订货、统购包销、委托经销代销、公私合营、全行业公私合营等从低级到高级的国家资本主义的过渡形式，实现了马克思和列宁曾经设想过的对资产阶级的和平赎买。对个体农业，创造了从互助组到半社会主义性质的初级农业生产合作社，再到社会主义性质的高级农业生产合作社的过渡形式。对个体手工业的社会主义改造，也采取了类似的步骤和方法。到1956年，全国基本上完成了国家对农业、手工业和资本主义工商业的社会主义改造。在生产资料的所有制上，基本上实现了把生产资料私有制变为社会主义公有制。在劳动产品的分配上，基本上实现按劳分配的原则。这样，社会主义制度就在中国建立起来了，从而实现了从新民主主义向社会主义的过渡，中国进入社会主义初级阶段。

社会主义制度的确立是中国历史上最深刻最伟大的社会变革，也是20世纪中国又一次划时代的历史巨变。中国从一个半殖民地半封建社会，越过漫长的资本主义发展的历史阶段，进入到社会主义新时代。一个长期受帝国主义掠夺和奴役的国家，变成一个享有主权的独立国家；一个人民倍受欺凌压迫的国家，变成一个人民当家作主、享有民主权利的国家；一个经济文化落后的国家，变成一个走向繁荣富强、全面进步的国家；一个在世界上被人看不起的国家，变成一个受到国际社会普遍尊重和重视的国家。所有这一切，都是建立富强、民主、文明的社会主义现代化国家不可缺少的经济、政治、文化和社会条件，为后来中国社会的发展和进步奠定了坚实的制度基础。

社会主义制度的确立，为当代中国一切发展进步奠定了制度基础。社会主义制度的建立极大地提高了工人阶级和劳动人民的积极性和创造性。社会主义经济制度以其与社会化大生产的一致性和能够在经济落后条件下尽可能地集中力量办大事的优越性，为发展社会生产力开辟了广阔的道路。随着社会主义制度的确立和社会主义建设的发展，我国初步建立了一个独立的、比较完整的工业体系和国民经济体系，农业生产条件发生了显著改变，生产水平有了很大提高，城乡商业和对外贸易有了很大增长，教育、科学、文化、卫生、体育事业有了很大的发展，我国主要工农业产品的产量在世界上的位次明显提高。中国现代化建设取得的辉煌成就，离不开选择并走上社会主义道路这个最基本的前提条件。

社会主义制度的确立，使广大劳动人民真正成为国家的主人和生产资料的主人。这是中国几千年来阶级关系的最根本变革。社会主义经济制度的建立，极大地巩固和扩大了工人阶级领导的，以工农联盟为基础的人民民主专政的国家政权的阶级基础和经济基础。

中国社会主义制度的确立，使占世界人口四分之一的东方大国进入了社会主义，这是世界社会主义运动史上的又一个历史性的伟大胜利。它进一步改变了世界的政治经济格局，增强了社会主义的力量，对维护世界和平产生了积极影响。中国人民在中国共产党的领导下通过自己艰苦卓绝的努力走上社会主义道路，为其他相对落后的国家探索民族独立、人民解放和走符合本国国情的发展道路提供了重要经验，对这些国家的人民予以了巨大的鼓舞。

在一个经济、文化比较落后的东方大国顺利实现从新民主主义到社会主义的转变，建立社会主义制度，是马克思列宁主义关于社会主义革命理论在中国正确运用和创造性发展的结果。社会主义制度在中国的确立，不仅再次证明了马克思主义的真理性，而且以其独创性的理论原则和实践经验，丰富和发展了马克思主义的科学社会主义理论。

## 二、中国社会主义事业的发展

在社会主义改造和建设取得迅速发展的形势下，中共中央开始把注意力转入总结中国的经验，以当时的苏联为借鉴，探索一条适合中国情况的建设社会主义的道路。1956年春，党中央领导人对中国经济建设情况和问题进行了大量调查研究，在中央政治局多次讨论的基础上，毛泽东在4月的政治局扩大会议上作了《论十大关系》的报告，号召全党正确处理十个关系，把党内外、国内外的一切积极因素都调动起来，把中国建设成为一个强大的社会主义国家。1956年9月，中共第八次全国代表大会召开。大会指出，社会主义制度在中国已经基本上建立起来，国内的主要矛盾，已经不再是无产阶级和资产阶级的矛盾，而是人民对经济文化迅速发展的需要同当前经济文化不能满足人民需要的状况之间的矛盾。全国人民的主要任务是集中力量发展社会生产力，实现国家工业化，满足人民的经济文化需要。中共八大的路线是正确的，但是由于当时党对全面建设社会主义的思想准备不足，大会提出的路线和许多正确意见，后来没有能够在实践中坚持下去。

我们党在探索社会主义过程中，也一度犯过教条化错误。社会主义建设本来没有现成的模式，但是，在新中国成立初期，我们却认为是有现成模式的，这就是“苏联模式”，因此当时主张学习苏联。特别是在经济上照搬照抄“苏联模式”，实行计划体制，强调生产资料的“一大二公”，进行了“大跃进”和人民公社化运动，结果引发了很多矛盾和问题。这种生产关系上的矛盾反映到政治上就是党内的认识分歧，社会上也出现了一些不同的声音。所有这些，最终强化了毛泽东同志政治斗争的意识，即通过政治斗争来解决认识分歧。从1957年下半年开始，毛泽东同志提出要防止“修正主义”、打倒“党内走资本主义道路的当权派”，从而使阶级斗争不断扩大化。在指导路线上，逐渐形成了一条以阶级斗争为纲的极“左”路线，最终导致了十年“文化大革命”，使社会主义建设蒙受惨重损失，社会主义的发展陷入停滞状态。

虽然以毛泽东为代表的中国共产党人对中国社会主义建设道路的探索遭受了很大挫折，付出了重大代价，但是在探索过程中也取得了一些成果。毛泽东在《论十大关系》、《关于正确处理人民内部矛盾的问题》等著作中提出和阐述了要“以苏为戒”，独立探索中国社会主义建设道路的一系列思想观点，为中国特色社会主义理论的形成作了重要的思想和经验准备。但是，由于在思想上没有破除对“苏联模式”的教条化，没有根本摆脱“苏联模式”的影响，以毛泽东为核心的党的第一代领导集体，在理论和实践上都没有解决“什么是社会主义，怎样建设社会主义”这个根本问题。

由于我国探索社会主义道路出现了挫折，更由于“文化大革命”带来的恶果，使得改革开放前后的一段时间里我国社会上出现了严重的“三信危机”（即信仰危机、信心危机和信任危机）。一段时间里，社会上弥漫着对马克思主义的怀疑，对科学社会主义的怀疑。这种“三信危机”在当时造成了很大的思想混乱，严重地危害着我国的发展基础，一时间，在发展方向、价值取向、制度选择等方面都出现了各种分歧和争议。针对这种社会上的思想混乱和部分党员的迷惘，我们党开展了“实践是检验真理唯一标准”的大讨论，重新确立了解放思想、实事求是的思想路线。1978 年 12 月召开的十一届三中全会，完成了“拨乱反正”的历史任务，开始了改革开放的伟大历史进程，在新的形势下继续探索有中国特色的社会主义道路。

改革开放 30 多年来，中国共产党领导中国人民，在探索中国特色社会主义道路上取得了重大进展。在理论上，我们坚持把马克思主义的基本原则和中国社会主义建设的具体实践相结合，坚持解放思想、实事求是的思想路线，不断丰富和发展马克思主义和毛泽东思想，形成了中国特色社会主义理论。改革开放初期，我们党确立了解放思想、实事求是的思想路线，破除教条，这就为其后我们党探索社会主义道路奠定了坚实的思想基础。改革开放初期，我国推行了家庭联产承包责任制、引进外资、开办特区等政策。在社会转轨过程中出现了一些问题和矛盾，比如双轨制，物价上涨。在这个时候，社会上有人信心又动摇了，开始出现了姓“社”还是姓“资”的争论。正是针对这种思想状况，邓小平同志提出了“不争论”方针，这是一大发明，不争论是为了争取时间，通过实践检验政策。“因为一争论就复杂了，把时间都争掉了，什么也干不成。不争论，大胆地试，大胆地闯。”许多问题就是在这时候解决了的。在解放思想，突破教条主义的束缚的基础上，邓小平同志在“南方讲话”中对社会主义的本质作了新的概括：“解放生产力，发展生产力，消灭剥削，消除两极分化，最终达到共同富裕”。邓小平同志强调，贫穷不是社会主义，发展太慢也不是社会主义，社会主义的根本目标是实现共同富裕。这是我们党对社会主义的再认识和重新定义。也正是由于我们党在思想上对社会主义有了这样的认识，才使我国改革呈现出一幅波澜壮阔的画卷——生产力得到了极大的提高和发展，人民生活状况得到了极大的改善。

在探索中国特色社会主义理论的过程中，以邓小平为核心的党的第二代领导集体总结了世界社会主义运动的历史经验和我国改革开放的新鲜经验，带领全党全国人民开辟了中国特色社会主义道路，创立了中国特色社会主义理论。伴随着这次理论飞跃在实践中的深化，以江泽民为主要代表的中国共产党人面对世纪之交世界和中国的发展变化对党和国家工作提出的新要求，提出了“三个代表”重要思想，为坚持、丰富和发展中国特色社会主义理论作出了新的贡献。“三个代表”重要思想回答了社会主义国家执政党建设的重大问题，核心是执政党要代表全民族的共同利益。这个认识是对科学社会主义理论的重大发展，把握了共产党的执政规律。党的十六大以来，以胡锦涛为总书记的党中央从新世纪新阶段新的实际出发提出的科学发展观等一系列重大战略思想，进一步坚持、丰富和发展了中国特色社会主义理论，形成了中国特色社会主义理论体系。

在实践上，我们坚持党在社会主义初级阶段的基本路线，坚持把发展作为党执政兴国的第一要务，大力发展生产力，不断完善社会主义生产关系，使社会主义的中国发生了翻天覆地的变化。中国经济社会实现了中国历史和人类发展史上罕见的高速发展。一个政治更加稳定、经济更加强壮、社会更加进步、国民更加富裕的中国傲然屹立在世界的东方。一个国际形象更加正面、发展模式更富吸引力、外交理念更具亲和力的中国正赢得越来越多国家的尊重。

# 第二章

# 中国社会主义制度优越性的理论基础

中国的社会主义制度之所以具有巨大的优越性，中国的社会主义建设之所以取得巨大的成就，是因为我们党在社会主义建设中，始终坚持以马列主义、毛泽东思想为指导，并把马列主义、毛泽东思想和当代中国实际相结合，进一步丰富和发展了马列主义和毛泽东思想，形成了中国特色社会主义理论体系。为中国社会主义制度优越性的发挥奠定了坚实的理论基础。

## 第一节　马克思列宁主义

马克思主义是我们立党立国的根本指导思想，是全国各族人民团结奋斗的共同理论基础。马克思主义的基本原理任何时候都要坚持，否则我们的事业就会因为没有正确的理论基础和思想灵魂而迷失方向，就会归于失败。同时，必须始终坚持马克思主义基本原理同中国具体实际相结合，坚持科学理论的指导，坚定不移地走自己的路。这是总结中国共产党的全部历史得出的最基本的经验。

### 一、马克思主义的产生

一种科学理论的产生除去理论家的创造和发明之外，总是与产生这种理论的社会历史条件分不开的。马克思主义的产生也是如此。马克思主义产生于 19 世纪 40 年代，是由当时的社会历史条件决定的。所谓社会历史条件主要指社会实践的发展阶段和阶级基础、自然科学的发展和前人所提供的思想资料。

1. 社会实践和阶级条件

马克思主义产生于 19 世纪 40 年代中期。这个时期，资本主义社会矛盾激化，无产阶级同资产阶级的冲突日益尖锐，为马克思主义的产生提供了社会实践的基础和阶级条件。

资本主义的生产关系，在欧洲最早可以追溯到 14—15 世纪。到 19 世纪 40 年代，资本主义已经在欧洲一些国家确立起来。资本主义制度的确立，产业革命的发生与扩展，蒸汽机的发明和使用，极大地提高了社会生产力。资产阶级在它不到一百年的统治中所创造的生产力，比过去一切时代的生产力的总和还要多、还要大。航海和海外贸易的发展，使世界越来越成为一个相互联系的整体。资产阶级的这些历史成就，极大地推动了社会的历史进步和发展，开阔了人们的视野，为正面、全面、深刻地揭示自然界和社会历史的内在联系提供了可能。

促进生产力的发展是资产阶级在历史上的革命作用，但是，当社会生产力获得发展之后，同资本主义生产关系的矛盾也开始激化了。周期性地爆发生产过剩危机，清楚地表现出资本主义生产关系已经阻碍了生产力的发展。在英国这个资本主义发展最早的国家，自产业革命开始以后，已经在1778年、1793年、1797年、1810年、1815年、1819年多次发生过局部性经济危机，1825年爆发了第一次全国性生产过剩危机。到19世纪60年代，英国又于1836年、1847年、1857年、1863年发生了4次经济危机。这个时期，不仅英国大约每隔10年发生一次经济危机，而且还在1857年、1866年发生了使各主要资本主义国家经济遭到严重破坏的世界性经济危机。

生产过剩危机是资本主义经济特有的现象。在奴隶社会或封建社会中，社会生产也会因严重的自然灾害或连年战争而陷入混乱，发生危机。但是，奴隶社会或封建社会发生的危机在性质和特征上完全不同于资本主义经济危机。第一，造成危机的原因不同。奴隶社会或封建社会发生的危机是由天灾人祸等外在原因造成的，而资本主义经济危机是由资本主义生产方式的内在矛盾引起的。第二，奴隶社会或封建社会发生的危机的特征是产品严重不足，先是社会生产遭到破坏，由此才造成产品的匮乏；而资本主义经济危机的特征是商品“过剩”，由于商品销售不出去，才迫使社会生产大幅度下降。第三，奴隶社会或封建社会发生的危机既无规律，更不具有周期性，资本主义经济危机却是一种具有周期性的经济现象。

周期性发生经济危机，暴露出了资本主义制度的内在矛盾，这不能不引起人们对资本主义制度的“合理性”产生怀疑。在19世纪30年代，伟大的空想社会主义者傅立叶已经颇为深刻地指出了资本主义经济危机是“生产过剩引起的危机”。傅立叶的分析虽然没有科学地揭露资本主义经济危机的根源和必然性，但是他能作出这样的分析，足以说明已经有人认识到资本主义制度并非永恒的、合理的社会制度。如何认识资本主义的本质和它的发展规律，它将向什么方向发展，代替它的未来社会将具有什么样的基本规律性，等等，便是那个时代提出的问题。马克思主义正是在这种社会历史环境中产生的。

无产阶级是随着资本主义关系的出现而产生的。由于无产阶级同资产阶级的根本利益是对立的，所以资本主义社会从一开始就存在着无产阶级反抗资产阶级的斗争。这个斗争随着资本主义的发展经历了一个由自发到自觉的过程。19世纪三四十年代，欧洲爆发了著名的三大工人运动，即英国宪章运动、法国里昂工人起义和德国西里西亚纺织工人起义。工人阶级不再是资产阶级反封建斗争的追随者，工人阶级为了自己的政治权利和经济利益去进行独立的斗争，并把矛头指向资本主义制度，无产阶级在斗争中日趋成熟。到19世纪40年代，工人阶级已经作为一支独立的政治力量登上了历史舞台。为了使自己的斗争目标更明确，方法更科学、更有成效，无产阶级迫切希望得到一种科学理论的指导。马克思主义正是适应无产阶级斗争的需要而创立的。所以，马克思主义从一开始就是无产阶级的革命理论，是代表无产阶级利益并为无产阶级反对资产阶级的斗争服务的革命理论。

2. 自然科学前提

马克思主义的产生离不开自然科学的发展及其所取得的巨大成就，资本主义工业发展推动了自然科学的进步和发展。自然科学和发达的工业一起变革了自然界，为正确地揭示自然界的规律、结束人们对自然界的幼稚态度、打破形而上学的宇宙观创造了条件。19世纪40年代以来，一些以研究自然界发展过程为特点的新的学科相继产生和发展起来，如地质学、胚胎学、动植物生理学、有机化学等，其中有代表性的是作为自然科学重大成就的三大发现：细胞学说、能量守恒和转化定律、生物进化论。恩格斯指出："由于这三大发现和自然科学的其他巨大进步，我们现在不仅能够说明自然界中各个领域内的过程之间的联系，而且总的说来也能够说明各个领域之间的联系了，这样，我们就能够依靠经验自然科学本身所提供的事实，以近乎系统的形式描绘出一幅自然界的清晰图画。"这就是说，"新的自然观就其基本点来说已经完备：一切僵硬的东西溶解了，一切固定的东西消散了，一切被当作永恒存在的特殊的东西变成了转瞬即逝的东西，整个自然界被证明是在永恒的流动和循环中运动着。"恩格斯的论述精辟地说明了马克思主义生产的自然科学前提。

3. 人类思想的优秀成果为马克思主义的产生提供了"思想材料"

马克思主义是无产阶级的思想体系。从阶级性上说，它同资产阶级思想体系是对立的，但是，从产生的历史条件来说，它也必须从已有的"思想材料"出发。正如列宁所说："马克思主义这一革命无产阶级的思想体系赢得了世界历史性的意义，是因为它并没有抛弃资产阶级时代最宝贵的成就，相反的却吸收和改造了两千多年来人类思想和文化发展中一切有价值的东西。""马克思的全部天才正在于他回答了人类先进思想已经提出的种种问题。他的学说的产生正是哲学、政治经济学和社会主义的最伟大代表的学说的直接继续。"（《列宁选集》第4卷，第362页；第3卷，第441页）

到19世纪30年代，人类思想的优秀成果，在社会科学领域主要有德国古典哲学、英国古典政治经济学、西欧的空想社会主义学说。这些是马克思主义的主要思想来源。

综上所述，19世纪40年代以来，阶级斗争实践的条件、资本主义内在矛盾的发展、独立工人运动的兴起、人类思想取得的重要成就，已经为马克思主义的产生创造了充分的历史条件。因此，马克思主义在这个时代产生是有其历史必然性的。

1848年2月，马克思、恩格斯发表了合著的《共产党宣言》。《共产党宣言》是国际无产阶级第一个具有新思想原则和新组织结构的共产主义政党——共产主义者同盟的政治纲领。《共产党宣言》第一次完整、系统地阐述了马克思主义的基本原理，阐述了共产党的性质和特点、基本任务和策略原则，批判了各种非科学的社会主义思潮，断言资本主义最终必将为社会主义所取代，指出阶级斗争在阶级社会中推动历史发展的作用，科学地阐明了无产阶级解放的物质条件和伟大历史使命。《共产党宣言》的发表，标志着马克思主义的诞生。

## 二、马克思主义的基本内容

马克思主义主要包括马克思主义哲学、马克思主义政治经济学和科学社会主义三个组成部分。这三个组成部分不是彼此割裂的，它们构成一个相互联系的有机整体。

马克思主义哲学是辩证唯物主义和历史唯物主义的统称。马克思、恩格斯认为：世界的统一性在于它的物质性，物质是世界所发生的一切变化的基础。运动是物质的存在形式，物质的运动是绝对的，静止是相对的。物质不是精神的产物，精神只是运动着的物质的最高形式。社会存在决定人们的意识，人们能够认识并正确运用客观规律。辩证法的规律是从自然界和人类社会的历史中抽引出来的，实质上可以归结为以下三个规律：从量转化为质和质转化为量的规律；对立的相互渗透的规律；否定之否定规律。辩证法是关于一切运动最普遍的规律的科学。运动的根源在于矛盾。矛盾双方只存在于它们的相互依存和相互联系之中。人们要认识物质世界的运动规律，必须通过实践，人应该在实践中证明自己思维的真理性。人的认识能力是无限的，个别人的认识又是有限的，这个矛盾要在无穷无尽的、连绵不断的世代中解决。唯物史观认为，物质生活资料的生产劳动是人类社会存在和发展的基础。劳动者和生产资料始终是生产的因素，两者的结合构成生产力。人们在发展生产力时也发展着一定的相互关系，即生产关系，生产关系总合起来就构成社会关系。生产关系和社会关系的性质随着生产力的改变而改变。人们首先必须吃、喝、住、穿，然后才能从事政治、科学、艺术等等；所以每一个历史时代物质生活资料的生产以及由此产生的社会结构，是该时代政治和思想的基础。从原始公社制解体以来，全部历史都是阶级斗争的历史。历史活动是群众的事业，人们自己创造自己的历史，但他们是在现实关系的基础上进行创造。个人在历史上有一定作用，每个时代都需要而且能够创造出自己时代的伟大人物。

马克思主义政治经济学是马克思、恩格斯运用辩证唯物主义和历史唯物主义，研究作为人类社会发展基础的各个时代的生产关系，尤其是着重研究资本主义社会的生产关系，创立无产阶级政治经济学。这是马克思主义理论最深刻、最详细的证明和运用。它阐明人类社会各个发展阶段上支配物质资料的生产、交换以及与之相适应的产品分配的规律。在资本主义社会中，商品生产占统治地位，资本主义生产的重要特点是自由雇佣劳动制，工人的劳动力成为商品。劳动力的价值是由维持和再生产劳动力而必须的生活资料的价值决定的。马克思发现劳动力是一种特殊的商品，它一天创造的价值同它每天的消耗全然不同。雇佣工人每天除了补偿自身劳动力价值以外，还必须额外工作若干小时。马克思对相对剩余价值率、绝对剩余价值、相对剩余价值、剩余价值的分解等作出了科学分析。马克思称之为剩余劳动时间，剩余劳动时间创造的价值称之为剩余价值。马克思的剩余价值学说揭示了资本家剥削工人的秘密，成为马克思主义经济理论的基石。马克思把社会产品按价值分为不变资本、可变资本和剩余价值三个部分，从而分析了资本主义实现价值和剩余价值的深刻矛盾。论证了资本主义制度下生产社会性和资本主义私人占有形式之间的矛盾。论证了周期性经济危机的不可避免性。马克思阐明资本主义积累的一般规律，指出资本积累必然造成社会两极分化，无产阶级与资产阶级之间的对抗更为尖锐。生产资料的集中和劳动的社会化达到同资本主义私有制外壳不能相容的地步，从而资本主义不可避免地要让位于社会主义。

唯物史观的发现，使了解人类社会发展的历史过程成为可能。剩余价值的发现，揭示了资本主义生产方式的性质及其运动规律。这为社会主义从空想变为科学奠定了理论基础。科学社会主义是马克思主义理论体系的核心，它的任务是研究无产阶级解放事业的历史条件以及这一事业本身的性质。它是最直接又全面指导无产阶级和全人类解放斗争的行动科学。马克思、恩格斯认为：社会主义必然代替资本主义是社会生产力发展的要求和合乎规律的结果，推翻资本主义并实现社会主义是无产阶级的历史使命。反对资产阶级的阶级斗争和无产阶级革命是通往社会主义的必由之路。工人革命的第一步就是使无产阶级上升为统治阶级，争得民主。阶级斗争必然要导致无产阶级专政，这个专政是达到消灭一切阶级和进入无阶级社会的过渡。无阶级的共产主义社会按其成熟程度不同分为低级阶段和高级阶段：在低级阶段，各方面还存在旧社会的痕迹，实行的是等量劳动的交换；在高级阶段，随着个人的全面发展，生产力也增长起来，那时将实行各尽所能，按需分配，共产主义社会将是这样一个联合体，在那里每个人的自由发展是一切人自由发展的条件。

要保证社会主义革命获得胜利并实现共产主义的最终目标，工人阶级必须组成与有产阶级一切旧政党对立的独立政党。工人阶级政党要有一个新的科学世界观作为理论基础，它比其余无产阶级群众更善于了解无产阶级运动的条件、进程和一般结果，始终代表着整个运动的利益，坚持整个无产阶级的不分民族的利益。共产党在为实现自己纲领的斗争中要实行正确的战略，要使全世界无产者联合起来，要善于争取各种同盟者，善于同其他政党采取种种共同行动。

马克思主义除了以上三个主要组成部分之外，还包括政治学、军事学、历史学、教育学等方面的内容。

列宁主义是帝国主义和无产阶级革命时代的马克思主义。伟大导师列宁在领导俄国革命的实践中，坚持马克思主义和新的历史时代的无产阶级革命运动相结合，深入研究了资本主义发展到帝国主义阶段的规律，总结了无产阶级和资产阶级阶级斗争的新经验，概括了20世纪初期社会科学、自然科学发展的最新成果，创造性地运用和发展了马克思主义，从而使马克思主义理论达到了一个新阶段，即列宁主义。

## 三、马克思主义是中国革命和建设的指导思想

1. 马克思主义是无产阶级革命和社会主义建设的指导思想

马克思主义是无产阶级革命和社会主义建设的指导思想，这是就马克思主义在革命和建设中的地位和作用而言的。马克思主义是无产阶级革命和社会主义建设的指导思想，是由马克思主义的本质特征和革命及建设的需要决定的。马克思主义是一个严密而完整的科学的思想体系。它是关于世界发展的一般规律的科学，特别是关于资本主义发展和变革为社会主义，以及社会主义和共产主义发展的一般规律的科学。它是无产阶级的科学的世界观、方法论，是指导无产阶级和广大人民群众认识世界、改造旧世界和创造新世界的战斗旗帜和行动指南。

马克思主义具有严格的科学性和彻底的革命性相统一的特征。其科学性是它吸收和改造了人类几千年来思想和文化发展中最有价值的遗产，是人类精神文明的伟大成果，它实事求是地按照世界本来面目认识世界，不附加任何外来成分；它来自实践，总结了工人运动的实践经验，经得起实践的检验，并随实践和科学的发展而不断发展和创新。马克思主义的科学性，决定了它具有彻底的革命性。这个理论的全部价值按其本质来说，是批判的和革命的。马克思主义是无产阶级和广大劳动人民根本利益的科学反映。现代无产阶级是人类历史上最先进、最具有彻底革命精神的阶级，它不解放全人类就不能解放自己。因此，它的阶级利益是同广大人民的根本利益相一致的。越是正确反映社会发展客观规律和体现人民群众根本利益的理论，就越能符合和代表无产阶级的利益。马克思主义之所以能够正确地阐明社会发展的客观规律，成为科学的真理，就在于它始终站在无产阶

级彻底革命的立场上。所以，马克思主义的阶级性与科学性、革命性是一致的。

马克思主义正确地揭示了人类社会的发展规律，指明了现代世界历史发展的方向，是工人阶级认识世界、改造世界的工具。资本主义代替封建社会是人类历史的巨大进步，但它本身也是一种剥削制度，它使工人阶级和广大劳动群众陷入深重的苦难。早在马克思主义产生以前，空想社会主义者已开始揭露和抨击资本主义制度。但是，由于历史的、世界观的局限，他们不可能认识资本主义的本质和发展规律，当然也不能理解无产阶级的历史地位和革命作用，不了解阶级斗争的真正含义。马克思、恩格斯的伟大贡献就在于总结了工人运动的历史经验，吸取了人类优秀的文化成果，不仅批判地继承和发展了西欧社会科学在19世纪上半期所取得的最重要成果：德国古典哲学、英国古典政治经济学、西欧的空想社会主义学说和法国复辟时期的历史科学，而且研究和概括了西欧当时在自然科学方面所取得的伟大成果，特别是细胞学说、能量守恒和转化原理、达尔文生物进化论，等等，从而创立了辩证唯物主义和历史唯物主义的新世界观，阐明了自然界、人类社会和思维的一般规律。他们还运用这一新的世界观，全面研究资本主义生产方式的各个方面，提出了剩余价值学说，阐明了资本主义产生、发展和必然为社会主义所代替的历史规律。依据上述理论，提出了推翻资本主义，建设社会主义是工人阶级的伟大历史使命，并指明在自己先进政党领导下，团结广大劳动群众，进行无产阶级革命，实行无产阶级专政，是无产阶级和整个人类获得解放、实现共产主义社会的必由之路。继马克思、恩格斯之后，从列宁、斯大林到毛泽东等马克思主义者，又用新的经验、新的结论，丰富和发展了这一理论。这样，马克思主义就科学地回答了时代提出的问题，既科学地阐明了世界发展的规律，又正确地指明了当代世界发展的大趋势和人民争取解放和幸福的道路。

一百多年来，无产阶级革命和民族解放运动的发展，以及它所带来的世界的进步，都是同马克思主义的指导或影响分不开的。正是在马克思主义理论的指导下，无产阶级才成为一个认识到自身历史地位和历史使命的自为阶级。无产阶级先进政党的建立，就是马克思主义和工人运动相结合的产物。在马克思主义影响下，19世纪下半叶在欧洲掀起了空前高涨的工人运动，震撼着资产阶级的统治。进入20世纪，以列宁为首的布尔什维克党把马克思主义同帝国主义时代和俄国实际相结合，首先取得社会主义革命的胜利，建立了世界历史上第一个社会主义国家。第二次世界大战后，在马克思列宁主义指引下，社会主义国家由一国发展到多国。世界社会主义国家的存在和发展，有力地支援了广大第三世界国家和人民的民族解放斗争，沉重打击了帝国主义殖民体系，粉碎了帝国主义的战争侵略政策和霸权主义，维护了世界和平，推动了人类社会进步。马克思主义指导工人阶级进行社会主义建设的实践，也取得了伟大的成果。无产阶级革命和社会主义建设的正反两方面的经验和教训已经证明，只有坚持以马克思主义为指导，无产阶级政党才能制定出正确的路线、方针、政策，才能自觉地按照客观规律办事，无产阶级革命和社会主义建设的事业才能不断取得胜利，否则，如果放弃以马克思主义为指导，无产阶级革命和社会主义建设的事业就会受到严重挫折，甚至会被葬送掉。世界革命人民正是通过实践、通过斗争，认识到马克思主义是放之四海而皆准的普遍真理，至今仍然是无产阶级革命和社会主义建设的指导思想。马克思主义作为科学的认识工具，没有也不会过时。面对当前国际风云变幻的复杂环境，面对社会主义建设中出现的种种新问题，我们仍然只能依据马克思主义所揭示的客观规律，运用它的立场、观点、方法作出正确的分析和决策，把无产阶级革命和社会主义建设事业不断推向前进。

2. 马克思主义是中国革命和建设的指导思想

马克思主义是中国革命和建设的指导思想，是指导中华民族实现伟大复兴的思想理论基础，它在我国革命和建设中的指导地位是历史地形成并不断巩固的。

1840 年鸦片战争以后，中国沦为半殖民地半封建社会，中华民族面临着亡国灭种的严重威胁。为了拯救民族危亡，中国人民进行了艰难的探索和英勇的斗争。太平天国运动、戊戌变法、义和团运动、辛亥革命，中国人民前仆后继、不屈不挠，但是都失败了。中国人不断向西方学习，但是争取民族独立、人民解放、国家富强的理想总是不能实现。十月革命的一声炮响，为中国人民送来了马列主义，中国的面貌为之一新。从此，中国革命不断从胜利走向胜利。以毛泽东为代表的中国共产党人，运用马列主义的普遍原理，从中国的具体实际出发，深刻揭示了中国革命的特点和规律，形成了一个适合中国国情的科学思想体系——毛泽东思想。毛泽东思想被实践证明了的关于中国革命和建设的正确理论原则和经验总结，是马列主义与中国实际相结合的第一次历史性飞跃产生的理论成果。正是在毛泽东思想的指引下，经过全党、全国各族人民的团结奋斗，终于推翻帝国主义、封建主义、官僚资本主义的反动统治，赢得了新民主主义革命的伟大胜利，建立了中华人民共和国。新中国成立以后，以毛泽东为代表的中国共产党人又一次创造了马列主义与中国实际相结合的奇迹，领导全国人民完成了社会主义改造，把新中国成功地引向了社会主义的康庄大道。可以肯定地说，没有马列主义，没有中国化的马克思主义——毛泽东思想，中华民族至今还在黑暗中徘徊。

在建设社会主义的道路上，中国共产党人继续依据马列主义的基本原理，从中国实际出发，进行了艰难探索。在这个进程中，我们既取得了巨大成就，也发生过失误，包括像“文化大革命”那样全局性的严重错误。但是严格地说，这些错误不是马克思主义基本理论的错误，相反，恰恰是偏离马克思主义，特别是辩证唯物主义和历史唯物主义指导的结果，而且我们每一次都是在马克思主义的指导下而不是离开马克思主义纠正了自己的错误。党的十一届三中全会以来，以邓小平为代表的中国共产党人恢复和重新确立解放思想、实事求是的马克思主义思想路线，重新强调马克思主义与中国实际相结合，在总结、汲取中国和其他国家建设社会主义的经验教训，客观估量时代主题转变的基础上，带领全国各族人民成功地走出了建设有中国特色社会主义唯一正确的发展道路，形成了新的建设有中国特色社会主义理论的科学体系——邓小平理论。邓小平理论是马列主义与中国实际相结合的第二次历史性飞跃产生的理论成果。正是在邓小平理论的指引下，在以邓小平、江泽民同志为核心的党的第二代、第三代中央领导集体坚强、正确的领导下，中国社会主义建设取得了举世惊叹的巨大成就。在20世纪的最后20年，我们胜利实现了国民生产总值翻两番的奋斗目标，正在进入和全面建设小康社会。完全可以确信，我们党确定的到21世纪中叶基本实现现代化，建成富强、民主、文明的社会主义国家的宏伟目标一定能够实现。可以肯定地说，没有当代中国的马克思主义——邓小平理论，就不可能解决社会主义在中国的前途和命运问题。

包括毛泽东、邓小平在内的中国共产党的许多早期著名的活动家，最初并不是马克思主义者，而是真诚的爱国主义者。目睹山河破碎、民不聊生的惨状，首先在他们头脑中生根的就是救国救民意识。为了救国救民，他们接触、研究过各色各样的主义，包括改良主义、无政府主义、旧民主主义等等，最后才认定只有马克思主义才能救中国。民主党派、无党派的许多进步人士，他们之所以能同中国共产党精诚合作、肝胆相照，就是因为他们也有和共产党人相近甚至相同的救国救民的思想起点，他们也是在经过各种各样曲折复杂的探索过程以后才服膺马克思主义在中国的指导地位。现在，有些人为了否定马克思主义在我国的指导地位，别有用心地宣传说，马克思主义只是“诸多学说中的一种”，“只是一个学派”。马克思主义当然是学说、学派，但不是一般的学说、学派，而是科学的世界观和方法论，是无产阶级和其他劳动人民争取解放世界、改造世界的强大思想武器。

中国人民从近百年来的历史沧桑中得出了一个不可动摇的结论：马克思主义是颠扑不破的伟大真理，是中华民族实现伟大复兴的唯一正确的光辉指导思想。否定了马克思主义的指导地位，就是否定了中国近现代史，否定了中华民族无数优秀儿女救亡图强的伟大实践，否定了中华民族的光明前途。

## 第二节 毛泽东思想

毛泽东思想是马克思列宁主义普遍原理和中国革命具体实践相结合的产物。它是以毛泽东为主要代表的中国共产党人，运用马克思主义的立场、观点和方法，把中国长期革命和建设实践中的一系列独创性经验作了理论概括而形成的适合中国国情的科学的指导思想。它是马克思列宁主义在中国的运用和发展，是被实践证明了的适合中国革命和建设的正确的理论原则和经验总结，是中国共产党集体智慧的结晶。

## 一、毛泽东思想产生的历史条件

1. 伟大的时代，需要伟大的思想

毛泽东思想产生于十月革命后世界很多国家纷纷进入社会主义的新时代，它的产生适应了中国半殖民地半封建社会变革的需要，适应了中国无产阶级登上政治舞台后，无产阶级及其政党领导中国革命的迫切需要。

毛泽东所处的时代，仍然是帝国主义和无产阶级革命的时代。但由于俄国十月社会主义革命的胜利，开辟了世界历史的新纪元，它标志着人类社会的历史逐步由资本主义向社会主义的根本转变，标志着世界无产阶级革命新时代的到来。从此，无产阶级革命不仅包括先进国家无产阶级反对本国资产阶级的斗争，还包括后进国家和地区反对国际资产阶级即帝国主义的斗争；不仅标志着世界无产阶级革命新时代的到来，还标志着被压迫民族参与解决世界命运时代的到来。正是以俄国十月革命为标志的无产阶级世界革命伟大时代的到来，给殖民地半殖民地国家，同时也给半殖民地半封建中国的革命者提出了崭新的重大课题。以毛泽东为代表的中国共产党人，正是根据十月革命后新的时代特点，结合中国半殖民地半封建社会的特殊国情，把马克思列宁主义普遍原理同中国革命具体实践结合起来，形成了毛泽东思想。

2. 中国社会的客观需要，呼唤着革命的理论

任何思想，如果不和客观的实际事物相联系，如果没有客观存在的需要，如果不为人民群众所掌握，即使是最好的东西，即使是马克思列宁主义，也是不起作用的。毛泽东思想这一科学的理论体系，正是适应中国社会的客观需要，根据中国革命的迫切要求而产生和形成的。

自从1840年鸦片战争失败那时起，先进的中国人，经过千辛万苦，向西方国家寻找真理。洪秀全、康有为、严复和孙中山，代表了在中国共产党之前向西方寻找真理的一批人物。但他们向西方学习的结果，先后以失败告终。

对于自19世纪40年代到20世纪20年代，中国人民向西方寻求真理及其失败的过程，毛泽东在《唯心历史观的破产》一文中曾作了这样的概括和总结："从一八四零年的鸦片战争到一九一九年的五四运动的前夜，共计七十多年中，中国人没有什么思想武器可以抵御帝国主义。旧的顽固的封建主义的思想武器打了败仗了，抵不住，宣告破产了。不得已中国人被迫从帝国主义的老家即西方资产阶级革命时代的武器库中学来了进化论、天赋人权论和资产阶级共和国等思想武器和政治方案，组织过政党，举行过革命，以为可以外御列强，内建民国。但是这些东西也和封建主义的思想武器一样，软弱得很，又是抵不住，败阵下来，

宣告破产了。”所以，半个多世纪以来中国人民反帝反封建斗争频遭失败，究其原因，最主要的一点是没有找到有力的思想武器，即没有找到一个先进的科学革命理论作为指导，这就是毛泽东所提出的问题的关键所在。

由此可见，十月革命的胜利使中国的先进分子清楚地认识到马克思列宁主义是经过社会实践的科学理论，是放之四海而皆准的普遍真理，它适合中国社会变革的客观需要，给处于困境的中国革命事业以有力指导。这为毛泽东思想这一中国化的马克思主义的产生提供了必要的社会历史条件。

3. 中国无产阶级登上历史舞台，需要锐利的精神武器

近代中国资本主义生产方式的出现，产生了两个新的社会阶级，即资产阶级和无产阶级。随着中国无产阶级的产生和壮大，不断掀起了轰轰烈烈的罢工运动，极大地震撼了帝国主义、封建主义及其走狗的统治。但在 1917 年俄国十月革命前，由于马克思列宁主义在中国未得到广泛传播，更谈不上作为工人运动的指导思想，因而这些罢工斗争是自发的，往往以失败而告终。中国无产阶级在长期的斗争实践中深切地感到需要掌握锐利的精神武器，需要无产阶级革命的科学理论指导。1917 年俄国十月革命后，马克思列宁主义这一无产阶级革命的科学理论在中华大地得到广泛的传播，有力地指导中国无产阶级的革命。特别是 1921 年中国共产党成立以后，中国无产阶级在自己政党的领导下，在马克思主义这一无产阶级革命科学理论指导下，跨入了一个崭新的历史阶段。

毛泽东思想是以毛泽东为代表的中国共产党人，在十月革命的影响下，顺应时代的潮流，根据中国社会的需要，特别是无产阶级及其政党领导中国革命的需要，找到了马克思列宁主义这一放之四海而皆准的科学理论，并密切联系中国的实际的历史必然产物，是中国人民根据历史发展的客观规律，根据中国的国情和革命的迫切需要，根据长期实践的历史经验和教训所作出的正确选择。中国无产阶级革命斗争的需要并与中国工人运动和其他革命斗争实践日益紧密地结合起来，这为毛泽东思想这一中国化的马克思主义的产生，提供了阶级基础。

4. 中国共产党领导的人民革命是毛泽东思想形成的实践基础

1919 年爆发的五四爱国运动，是一场彻底的反帝反封建的革命运动。五四运动促进了马列主义与中国工人运动的结合，为中国共产党的成立准备了干部和思想条件。1921 年中国共产党的诞生是近代中国社会经济发展的必然结果，是马列主义与中国工人运动相结合的产物。中国人民经过长期艰难曲折探索之后，终于找到了争取国家独立和民族解放的强大的思想武器。中国革命有了科学的指导思想，有了奋斗目标与新的革命方法。通过新民主主义革命达到社会主义的目标。

实现上述目标的斗争中，迫切需要实现马克思主义中国化。马克思主义传入中国后，诚然对中国革命产生了划时代的影响，但是中国的革命者不可能从马克

思主义原著中找到有关中国革命发展道路的具体答案。而只能从中国革命实际情况出发，把马克思主义一般原理与中国革命具体实践相结合起来，使马克思主义中国化。这不仅为毛泽东思想的产生提出了迫切的客观要求，也为毛泽东思想的形成提供了实践基础。

5. 国际斗争形势与共产国际的复杂背景促使毛泽东思想更加成熟

每一个时代的理论思维，都是一种历史的产物，在不同的时代具有不同的形式与内容。毛泽东思想的产生也离不开一定的时代条件。

20 世纪前中期，世界格局与中国政局有了新的变化。欧洲霸权的衰落和俄国十月社会主义革命的成功及亚欧民族解放运动的高涨，第一次世界大战结束了欧洲支配全球的状况，同时也为殖民地民族解放准备了条件。1917 年俄国爆发了十月社会主义革命，开创了世界无产阶级革命的新时代，改变了整个世界历史潮流发展的方向。中国的政局在第一次世界大战后发生了新的变动。帝国主义列强共同支配和争夺中国的局面重新出现，中国各派军阀在帝国主义支持下混战频繁，争斗不已。政局动荡，社会混乱，以孙中山为首的资产阶级革命派发动了第二次护法斗争，但由于种种原因，最终宣告失败。中国革命急需寻找新的出路和新的思想武器。毛泽东思想就是适应这种时代的需要，适应中国无产阶级和广大人民群众的革命斗争的需要而产生的。

中国革命是世界无产阶级革命的一部分，曾得到共产国际的支持与帮助。但在党内曾出现过把马克思列宁主义教条化，把共产国际的决议与苏联经验神圣化，这些都给中国革命造成多次严重的损失。以毛泽东为首的中国共产党人同教条主义、盲从主义倾向进行了斗争，总结了教训，提出了正确的理论观点。因此可以说毛泽东思想的形成与发展，在一个较长时期内是同共产国际这种复杂关系联系在一起的。

6. 马克思列宁主义、中国传统文化精华乃是毛泽东思想的重要源泉

马克思列宁主义是毛泽东思想的主要来源。20 世纪头 20 年中国资本主义初步发展，中国工人阶级队伍的壮大和工人运动的发展，为马克思列宁主义的传播提供新的阶级基础。新文化运动的深入，为马克思列宁主义在中国的广泛传播准备了思想条件。1917 年俄国十月革命后，中国的先进知识分子开始接受与传播马列主义，并且考虑中国的问题，结合中国的国情形成了正确的指导思想，这就是毛泽东思想。

中国传统文化是毛泽东思想的重要来源。毛泽东思想的产生和形成过程，也是把马列主义与中国优秀传统文化融会贯通的过程。中华民族传统文化教育可谓是一个博大精深的文化传统。在传统文化中除含有封建主义因素外，还有一些具有一定的人民性、民主性及反封建的因素。毛泽东思想批判地汲取了中国传统文化和近代文化的精神。例如："实事求是"的思想、土地革命的思想、社会调查

研究的思想、军事战略与策略思想。又如：毛泽东同志对中国近代孙中山的“三民主义”给予了高度评价，并且多次引用孙中山先生的言论来说明有关中国革命的理论起源和政策问题。因此，毛泽东提出的一些有关理论原则、中国共产党制定和执行的有关政策，既是对马列主义在中国的运用和发展，也是对孙中山“三民主义”理论的革命原则的继承和发展。

## 二、毛泽东思想的形成和发展

### 1. 毛泽东思想形成和发展的进程

毛泽东思想是以毛泽东为主要代表的中国共产党人在领导中国人民进行的革命斗争中，特别是在同国际共产主义运动中及中国共产党内盛行的把马克思主义教条化，把共产国际决议和苏联经验神圣化的错误倾向的斗争中，依据马克思主义的基本原理，对中国长期革命实践中的一系列独创性经验作了理论概括而逐渐形成的，是随着实践的发展而向前发展的。从中国共产党的成立到国共合作的北伐战争时期，以毛泽东为代表的中国共产党人，运用马列主义的立场、观点和方法，开始解决中国革命的基本问题，科学地分析了中国社会各阶级的经济地位和对革命的态度，阐述了无产阶级领导农民斗争的极端重要性，提出了新民主主义革命的基本思想。这是马克思列宁主义普遍原理同中国革命具体实践相结合的开端。

中国共产党领导民主革命的第一次历史性转变时期，即从北伐战争失败到土地革命战争兴起，是毛泽东思想开始形成的时期。主要表现在：以毛泽东为代表的中国共产党，创造了建立和发展红色政权的理论，开辟了农村包围城市、武装夺取政权的道路。在建军和建党等问题上，创造性地提出了一系列适合中国国情的原则。在此期间，以王明为代表的教条主义者，否定毛泽东的正确理论与实践，坚持照抄共产国际决议和照搬苏联经验，他们的“左”倾错误使革命根据地的革命力量遭到巨大的损失。在同“左”倾错误的艰苦斗争中，毛泽东始终坚持了马克思主义与中国革命实际相结合的原则，提出了“没有调查，就没有发言权”等著名论断。

毛泽东思想的发展达到成熟是在土地革命战争后期和抗日战争时期。1935年1月召开的遵义会议，是中国共产党历史上的重要转折点。它结束了王明“左”倾冒险主义在中央的统治地位，实现了中国共产党领导民主革命的第二次转变。在抗日战争的伟大斗争中，毛泽东引导全党学习和研究马克思主义理论，开展旨在解放思想的延安整风运动，系统总结了中国革命的经验教训，正确认识了中国民主革命的规律，毛泽东思想发展到系统总结和多方面开展而达到成熟。1945年，中国共产党第七次全国代表大会确定毛泽东思想为中国共产党的指导思想。

解放战争时期和中华人民共和国成立以后，毛泽东思想继续得到发展。一方面，新民主主义革命的理论、路线、方针、政策和策略更加完备，及时地提出了由新民主主义向社会主义转变的理论；另一方面，提出了社会主义革命和建设的一系列理论、方针、政策。主要是：关于社会主义改造的理论；关于人民民主专政的理论；关于两类矛盾学说和正确处理人民内部矛盾的理论；关于探索适合中国国情的经济建设道路的思想；关于加强执政党建设的思想；关于独立自主、和平共处的外交政策等。十一届三中全会以来，随着社会主义建设新阶段的开始，毛泽东思想进入了一个新发展时期。中国共产党十一届六中全会通过的《关于建国以来党的若干历史问题的决议》，标志着党在指导思想上拨乱反正的胜利完成，反映了党对社会主义再认识已经取得的科学成果。

在新的历史条件下，以邓小平为主要代表的中国共产党人，在实现马克思主义的普遍原理同中国社会主义现代化建设实践相结合的过程中，开始走出一条建设有中国特色的社会主义道路。在哲学、政治经济学、科学社会主义诸方面，发挥和发展了一系列科学理论观点，丰富和发展了毛泽东思想的科学体系。

2. 毛泽东思想形成和发展的特点

毛泽东思想是在同党内错误倾向，特别是同教条主义倾向作斗争，并深刻总结这方面历史经验的过程中，逐渐形成和发展起来的。中国革命是在一个半殖民地半封建的东方大国里进行的，必然会遇到许多特殊的复杂问题。因为中国的革命是无产阶级政党领导的，以农民为主体的、以反帝反封建为主要任务的民族民主革命，并向着社会主义、共产主义社会前进。

这场特殊的革命中，不以马克思主义为指导，或仅靠背诵马克思主义一般原理和照搬外国经验都不可能解决中国面临的复杂问题。以王明为代表的教条主义者死记硬背马克思主义的个别词句和结论，或者照搬苏联的经验，给革命事业带来极大的危害。

因此，在同教条主义的斗争中，从中国实际出发，坚持和发展马克思列宁主义是毛泽东思想形成和发展的最鲜明特点。从这一意义来说，没有对教条主义的彻底否定就没有毛泽东思想的产生。这表现在教条主义机械地看待马克思主义，不领会其精神实质，不研究中国社会和中国革命的实际和特点，不分析中国革命斗争实践中出现的新情况新问题，只会死记硬背马克思主义的个别结论和个别词句。教条主义只会照抄照搬这些决议和经验，把它们当做包医百病的“灵丹妙药”，全然不顾时间、地点和条件的变化，全然不懂实事求是和具体情况具体分析。

## 三、毛泽东思想的理论体系

毛泽东思想是一个开放的理论体系，是以马克思主义为政治信仰的中国共产党人，运用马克思主义的理论来解决中国社会发展的实践问题，并在理论与实践的良性互动过程中形成的一个完整的科学理论体系，具有多方面的内容。毛泽东思想贯通马克思主义哲学、政治经济学、科学社会主义等领域，涵盖政治、经济、文化、外交、统一战线、党的建设等方面，涉及中国革命和建设等基本问题。毛泽东思想不是在个别方面，而是在许多领域都发展了马列主义，但毛泽东思想这个理论体系是同马列主义一脉相承的，它是由毛泽东思想的基本原理所构成的，所以绝不能把毛泽东的个别错误论断和失误包括在这个科学理论体系之中。

新民主主义革命时期，毛泽东思想的理论体系概括为：关于现代世界情况及中国国情的分析，关于新民主主义的理论与政策，关于解放农民的理论与政策，关于革命统一战线的理论与政策，关于革命战争的理论与政策，关于革命根据地的理论与政策，关于建设新民主主义共和国的理论与政策，关于建设党的理论与政策，关于文化的理论与政策等。毛泽东思想作为一个完整的理论体系，具有极其丰富的多方面内容和强大的生命力。

中华人民共和国成立后，又有了进一步的发展。1981 年 6 月，中共十一届六中全会通过的《关于建国以来党的若干历史问题的决议》中，进一步概括指出毛泽东思想在以下六个方面以独创性的理论，丰富和发展了马克思列宁主义：

第一，关于新民主主义革命的理论。从中国半殖民地半封建社会出发，深刻分析中国革命的特点和规律，发展了马列主义关于无产阶级领导权的思想，创立了无产阶级领导的，以工农联盟为基础的，人民大众的，反帝国主义、反封建主义、反官僚资本主义的新民主主义革命的理论。这一理论的基本点主要有：一是提出了无产阶级、农民阶级、城市小资产阶级、民族资产阶级是新民主主义革命的动力，帝国主义、封建主义和官僚资本主义是新民主主义革命的对象，新民主主义和社会主义既有区别，又有联系；二是将中国资产阶级分为买办资产阶级（大资产阶级、官僚资产阶级）和民族资产阶级两部分，指出前者是革命的对象，后者是革命的动力，据此确立了无产阶级及其政党在各个不同历史时期对资产阶级的政策和策略；三是科学分析了中国农民阶级中的各个阶层，指出农民阶级是中国革命的主力军和无产阶级可靠的同盟军，确立了建立巩固的工农联盟的思想；四是指出无产阶级及其政党领导的武装斗争是中国民主革命的主要形式，土地革命是中国民主革命的主要内容，农村革命根据地是中国民主革命的战略基地，以农村包围城市武装夺取政权是中国革命的唯一正确道路；五是指出“统一战线和武装斗争、是战胜敌人的两个基本武器”，加上中国共产党的自身建设，就成为中国共产党领导革命的“三大法宝”。

第二，关于社会主义革命和社会主义建设的理论。新民主主义革命胜利后，以毛泽东为代表的中国共产党人，依据新民主主义革命胜利后所造成的向社会主义过渡的经济政治条件，从中国的实际出发，形成了关于中国社会主义革命和建设的理论，这一理论的基本点主要有：一是创立了人民民主专政的理论，丰富和发展了马克思列宁主义关于无产阶级专政的国家学说；二是制定了从新民主主义转变到社会主义的过渡时期的总路线，采取了社会主义工业化和社会主义改造同时并举的方针；三是提出了走自己的社会主义建设道路的思想，对有中国特色的社会主义现代化建设道路进行了初步的探索；四是创立了社会主义社会基本矛盾的学说，为社会主义改革提供了理论依据，并对经济体制改革提出了一些有价值的观点；五是提出了严格区分和正确处理社会主义社会两类不同性质矛盾的学说，着重阐明正确处理人民内部矛盾是社会主义国家政治生活中主题的思想，并提出了解决人民内部矛盾的一系列方针、政策；六是确立了社会主义现代化的宏伟目标和逐步实现“四个现代化”的历史任务，提出了走中国工业化道路的思想，以及一整套经济建设的方针。

第三，关于革命军队的建设和军事战略的理论。毛泽东在民主革命时期创建革命军队、领导革命战争的长期实践中，积累了非常丰富的经验，并把它们上升为有中国特色的军事理论，这一理论的基本点主要有：一是在革命军队建设上，规定了全心全意为人民服务是人民军队的唯一宗旨，规定了党指挥枪的原则，制定了三大纪律、八项注意，从而系统地解决了以农民为主要成分的革命军队如何建设成为一支无产阶级性质的、具有严格纪律的、同人民群众保持血肉联系的新型人民军队的问题；二是在军事战略上，提出了以人民军队为骨干，依靠广大人民群众，建立革命根据地，进行人民战争的思想，提出了一整套人民战争的战略战术，并总结出著名的十大军事原则；三是中华人民共和国成立后，提出加强国防，建设现代化革命武装力量和发展现代化国防科学技术的重要指导思想。

第四，关于政策和策略的理论。精辟论证了政策和策略是党的生命，是革命政党一切实际行动的出发点和归宿，必须根据政治形势、阶级关系和实际条件及其变化来确定党的政策，把原则性和灵活性结合起来；战略上要藐视敌人，战术上要重视敌人；要掌握斗争的主要方向；要善于利用矛盾，争取多数，反对少数，各个击破的策略；在统一战线中要实行又联合又斗争的原则，要照顾同盟者的利益等。

第五，关于思想政治工作和文化工作的理论。提出一定的文化是一定社会政治经济的反映，又反作用于政治和经济；思想政治工作是经济工作和其他工作的生命线；要发展科学的、民族的、大众的文化；实行百花齐放，推陈出新，古为今用，洋为中用的方针；要充分发挥知识分子在革命和建设中的作用，知识分子要同工农相结合等。

第六，关于党的建设的理论。特别强调从思想上建设党，创造了延安整风的宝贵经验，明确提出：理论和实践相结合的作风，和人民群众紧密地联系在一起的作风，批评与自我批评的作风。这三大作风是中国共产党区别于其他任何政党的显著标志。

党的十一届三中全会后，以邓小平同志为核心的党的第二代中央领导集体，继承和发展了毛泽东思想。在总结社会主义建设正反两方面经验教训的基础上，提出了建设有中国特色社会主义的理论。邓小平尊重实践，尊重群众，时刻关注最广大人民的利益和愿望，善于概括群众的经验和创造，把握时代发展的脉搏和契机，成为中国社会主义改革开放和现代化建设的总设计师。中国共产党第十四次代表大会确定以邓小平建设有中国特色社会主义的理论作为中共全党的指导思想。随着社会主义建设事业的发展，毛泽东思想的理论体系进一步发展。

## 四、毛泽东思想活的灵魂

毛泽东思想活的灵魂，是贯穿于上述各个组成部分的立场、观点和方法。有三个基本方面，即实事求是、群众路线、独立自主。

第一，实事求是，就是从实际出发，理论联系实际，就是要把马克思列宁主义普遍原理同中国革命具体实践相结合。毛泽东同志从来反对离开中国社会和中国革命的实际去研究马克思主义。早在1930年，他就提出反对本本主义，强调调查研究是一切工作的第一步，“没有调查，就没有发言权”。他在延安整风运动前夕指出，主观主义是共产党的大敌，是党性不纯的一种表现。这些精辟论断冲破了教条主义的束缚，使人们的思想得到一大解放。他的哲学著作和其他许多包含着丰富哲学思想的著作，从总结中国革命的经验教训中，深刻地论述和丰富了马克思主义的认识论和辩证法。毛泽东同志着重阐明辩证唯物主义认识论是能动的革命的反映论，特别强调充分发挥主观能动性。他以社会实践为基础，全面地系统地论述了辩证唯物主义关于认识的源泉、认识的发展过程、认识的目的、真理的标准的理论；指出正确认识的形成和发展，往往需要经过由物质到精神，由精神到物质，即由实践到认识，由认识到实践多次的反复；指出真理是同谬误相比较而存在、相斗争而发展的，真理是不可穷尽的，认识的是非即认识是否符合客观实际，最终只能通过社会实践来解决。毛泽东同志阐述和发挥了马克思主义辩证法的核心——对立统一规律。他指出不仅要研究客观事物的矛盾的普遍性，尤其重要的是要研究它的特殊性，对于不同性质的矛盾，要用不同的方法去解决。因此，不能把辩证法看做可以死背硬套的公式，而必须把它同实践、同调查研究密切结合，加以灵活运用。毛泽东同志使哲学真正成为无产阶级和人民群众认识世界和改造世界的锐利武器。特别是他论述中国革命战争问题的重要著作，提供了在实践中运用和发展马克思主义认识论和辩证法的最光辉的范例。毛泽东同志的上述的思想路线，我们党必须永远坚持。

第二，群众路线，就是一切为了群众、一切依靠群众，从群众中来、到群众中去。把马克思列宁主义关于人民群众是历史的创造者的原理系统地运用在党的全部活动中，形成党在一切工作中的群众路线，这是我们党长时期在敌我力量悬殊的艰难环境里进行革命活动的无比宝贵的历史经验的总结。毛泽东同志强调，只要我们依靠人民，坚决地相信人民的创造力是无穷无尽的，因而信任人民，和人民打成一片，那就任何困难都有可能克服，任何敌人最终都压不倒我们，而只能被我们所压倒。他还指出，领导群众进行一切实际工作时，要取得正确的领导意见，必须从群众中来、到群众中去，实行领导和群众相结合，一般号召和个别指导相结合。这就是说，把群众的意见集中起来，化为系统的意见，又到群众中坚持下去，在群众的行动中考验这些意见是否正确。如此循环往复，使领导的认识更正确、更生动、更丰富。这样，毛泽东同志就把马克思主义的认识论同党的群众路线统一起来了。党是无产阶级的先进部队，党是为人民的利益而存在和奋斗的，但是党永远只是人民的一小部分；离开人民，党的一切斗争和理想不但都会落空，而且都会变得毫无意义。我们党要取得革命和建设的胜利，把社会主义事业推向前进，就必须坚持群众路线。

第三，独立自主，自力更生，是从中国实际出发、依靠群众进行革命和建设的必然结论。无产阶级革命是国际性的事业，需要各国无产阶级互相支援。但是完成这个事业，首先需要各国无产阶级立足于本国，依靠本国革命力量和人民群众的努力，使马克思列宁主义的普遍原理同本国革命的具体实践相结合，把本国的革命事业做好。毛泽东同志一贯强调，我们的方针要放在自己力量的基点上，自己找出适合我国情况的前进道路。在我们这样一个大国，尤其必须主要依靠自己的力量发展革命和建设事业。我们一定要有自己奋斗到底的决心，要信任和依靠本国亿万人民的智慧和力量，否则，无论革命和建设都不可能取得胜利，胜利了也不可能巩固。当然，我国的革命和建设不是也不可能孤立于世界之外，我们在任何时候都需要争取外援，特别需要学习外国一切对我们有益的先进事物。闭关自守、盲目排外以及任何大国主义的思想行为都是完全错误的。尽管我国经济文化还比较落后，我们对待世界上任何大国、强国和富国，都必须坚持自己的民族自尊心和自信心，决不允许有任何奴颜婢膝、卑躬屈节的表现。新中国成立以前和新中国成立以后，在党和毛泽东同志领导下，无论遇到什么样的困难，我们都没有动摇过独立自主、自力更生的决心，没有在任何外来的压力面前屈服，表现了中国共产党、中国各族人民的大无畏的英雄气概。我们主张各国人民和平共处，平等互助。我们坚持独立自主，也尊重别国人民独立自主的权利。适合本国特点的革命道路和建设道路，只能由本国人民自己来寻找、创造和决定，任何人都无权把自己的意见强加于人。只有这样，才能有真正的国际主义，否则就只能是霸权主义。

## 五、毛泽东思想的历史地位和伟大作用

毛泽东思想是马克思主义与中国实践相结合的第一次历史性飞跃的理论成果，是马克思主义在中国的运用和发展，是中国化的马克思主义，是中国共产党的指导思想，是中华民族的宝贵财富。它的历史地位和伟大作用主要表现在以下几个方面：

第一，毛泽东思想是中国共产党的指导思想，是中国共产党和中国人民团结统一的思想基础。毛泽东思想被确定为中国共产党的指导思想，是历史发展的必然，是由它在中国革命和建设中的历史地位和伟大作用决定的。在新民主主义革命时期，中国共产党坚持用毛泽东思想指导革命，克服了党内的右倾投降主义和“左”倾冒险主义，取得了打败日本侵略者，推翻蒋介石反动统治，建立新中国的伟大胜利。中华人民共和国成立后，中国共产党在毛泽东思想的指引下，领导全国各族人民有步骤地实现从新民主主义到社会主义的转变，取得了社会主义革命的伟大胜利，社会主义经济建设也取得了巨大的成就，如今正沿着建设有中国特色的社会主义道路继续前进。

毛泽东思想产生在半殖民地半封建的中国，是中国革命和国际共产主义运动发展中的重要历史现象。中国人民在它的指导下，取得了伟大胜利。因此，毛泽东思想对于世界上被压迫民族的解放斗争和人类进步事业具有借鉴作用。毛泽东思想是中国化的马克思列宁主义，为马克思列宁主义的理论宝库增添了新的内容。毛泽东思想是中国共产党和中国人民的宝贵财富，是我们必须坚持的四项基本原则之一，它将长期指导我们的行动。我们必须继续坚持毛泽东思想，认真学习它的立场、观点、方法和基本原理。我们必须珍视半个多世纪以来在中国革命和建设过程中把马克思列宁主义普遍原理和中国实际相结合的一切积极成果，并在社会主义建设中运用和发展这些成果，以符合实际的新原理和新结论丰富与发展毛泽东思想。

第二，毛泽东思想是夺取中国革命胜利的理论武器。毛泽东思想是在中国革命实践中产生和发展起来的。毛泽东思想的主要内容是新民主主义理论。这一理论在科学分析中国国情和阶级力量对比的基础上，正确解决了有关中国革命的一系列基本问题，从而指明了中国革命胜利发展的道路。正是在毛泽东思想指引下，在中国共产党领导下，中国人民才建立了中华人民共和国，并顺利实现了由新民主主义向社会主义的转变，取得了中国从古未有的人民革命的伟大胜利。

第三，毛泽东思想是社会主义中国立国建国的思想政治基础。在毛泽东关于人民民主专政理论指导下建立的人民代表大会制度，共产党领导的多党合作和政治协商制度，民族区域自治制度等是社会主义中国的基本政治制度。它们与毛泽东亲自领导下建立的以生产资料公有制为主体的社会主义经济制度一起，构成社

会主义中国的基本制度。实践已经证明并将继续证明，这个制度是个好制度，应当在实践中坚持并加以完善。

第四，毛泽东思想是建设有中国特色社会主义理论的思想渊源和理论先导。中国革命和建设是中国共产党领导的两大实践，在这两大实践过程中，分别产生了两大理论成果——毛泽东思想和邓小平理论。前者关于新民主主义建设的思想，为后者提供了借鉴和启迪；前者关于中国社会主义建设的许多重要思想，为后者所吸收，并成为后者的有机组成部分；前者的活的灵魂即实事求是、群众路线、独立自主，为后者所继承并得到继续发展。

第五，毛泽东思想是中华民族团结振兴的精神支柱。毛泽东思想形成发展并指导中国革命不断取得胜利的过程，也是激励和形成中国革命精神的过程。毛泽东所倡导的理论联系实际、密切联系群众、批评和自我批评等作风，所培育的独立自主、自力更生、艰苦奋斗的精神，为人民服务的精神和爱国主义、集体主义、共产主义的精神，创新精神，等等，培育了几代中国人民，成为中国人民团结一致、振兴中华的强大精神支柱和动力。

第六，毛泽东思想是对马列主义的丰富和发展，是马克思主义发展史上承上启下、继往开来的重要阶段。马克思主义是关于无产阶级解放斗争的科学理论，其基本原理对世界各国是普遍的，但它毕竟诞生于资本主义比较发展、现代生产力比较发达的欧洲，因而对东方经济落后国家发展道路的理论思考是不够的。列宁主义指导下取得的俄国十月革命的胜利，为落后国家开辟了一条通向社会主义的道路，但从严格意义上说，俄国仍是一个欧洲国家，具有欧洲资本主义国家的历史传统。毛泽东思想指导下取得的中国革命的胜利发生在半殖民地半封建的、经济文化落后的东方大国，它成功实现了马克思主义与中国实际相结合，为殖民地半殖民地国家开辟了一条通向社会主义的道路；它的正确经验上升为理论，而以独创性的内容极大地丰富和全面发展了马克思列宁主义，并孕育和启迪了邓小平理论这一当代中国的马克思主义，使其成为马克思主义发展史上的一个承上启下、继往开来的重要阶段。

总之，毛泽东思想具有极为重要的历史地位，已经并将继续对中国共产党和中华民族发挥巨大而长远的理论指导作用。一个国家不能没有信仰，就如同一个人不能没有灵魂，毛泽东就是中华民族的英雄，毛泽东思想就是中华民族的灵魂，是引导中华民族前进的指路明灯。毛泽东的功绩不可磨灭，毛泽东思想的历史地位不容撼动。

## 第三节　中国特色社会主义理论

### 一、中国特色社会主义理论体系的形成

胡锦涛总书记在党的十七大报告中指出："改革开放以来我们取得一切成绩和进步的根本原因，归结起来就是：开辟了中国特色社会主义道路，形成了中国特色社会主义理论体系。高举中国特色社会主义伟大旗帜，最根本的就是要坚持这条道路和这个理论体系。"中国特色社会主义理论体系是包括邓小平理论、"三个代表"重要思想以及科学发展观等重大战略思想在内的科学理论体系。这个理论体系凝结了几代中国共产党人带领人民不懈探索实践的智慧和心血，是马克思主义中国化的最新成果，是党最可宝贵的政治和精神财富，是全国各族人民团结奋斗的共同思想基础。在当代中国，坚持中国特色社会主义理论体系，就是真正坚持马克思主义。

中国特色社会主义理论体系的形成，有它的时代背景和实践基础。马克思、恩格斯说过：一切划时代的体系的真正内容都是由于产生这个体系的那个时期的需要而形成起来的。一个理论体系的形成，往往是和国内外形势的变化及对这种变化作出科学的回应分不开的。江泽民同志在党的十四大报告中深刻地说明了中国特色社会主义理论体系形成的历史条件。他指出："建设有中国特色社会主义的理论，是在和平与发展成为时代主题的历史条件下，在我国改革开放和社会主义现代化建设的实践过程中，在总结我国社会主义胜利和挫折的历史经验并借鉴其他国家社会主义兴衰成败的历史经验的基础上，逐步形成和发展起来的。"这个论断说明：第一，国际环境发生了重大变化，时代主题已从战争与革命转化为和平与发展，争取较长时期的国际和平环境是可能的，这种环境对我们一心一意搞建设是有利的。从时间上来说，这种转化是从20世纪70年代中期开始的。第二，国内情况也发生了重大变化，党和国家的工作重心已从以阶级斗争为纲转移到以经济建设为中心的社会主义现代化建设上来，实行了改革开放，实践基础发生了重大变化。第三，中国特色社会主义理论从1848年《共产党宣言》发表、科学社会主义诞生，特别是20世纪社会主义从理论变为实践，一系列国家走上社会主义道路和建立社会主义制度以后正反两方面的历史经验，其中包括我国的"文化大革命"和苏联解体、东欧剧变的教训。我们党是一个善于总结历史经验的党，通过总结经验，坚持正确的，纠正错误的。中国特色社会主义理论体系，是在十一届三中全会以后，在世界主题由战争与革命转化为和平与发展，国内实行改革开放和社会主义现代化建设的历史条件下，通过不断地总结我国和世界社会主义历史经验的基础上，逐步形成和发展起来的。

十七大报告明确指出："中国特色社会主义理论体系，就是包括邓小平理论、'三个代表'重要思想以及科学发展观等重大战略思想在内的科学理论体系。"其中，邓小平理论是中国特色社会主义理论体系的开拓和奠基之作；"三个代表"重要思想是中国特色社会主义理论体系中承上启下的中间环节；科学发展观等重大战略思想是中国特色社会主义理论体系的最新理论成果。它们之间既一脉相承又与时俱进，既有建设中国特色社会主义这一共同主题，又科学地回答了不同时期不同阶段我们所面临的新矛盾和新问题，是一个相互衔接、相互贯通的科学理论体系。

## 二、中国特色社会主义理论体系的主题和主线

中国特色社会主义理论一个鲜明的主题，就是建设中国特色社会主义。这个主题要求我们既要坚持科学社会主义的基本原则，又要将其同中国的具体实践和时代特征相结合，体现鲜明的中国特色。它说明，我们不再从一般意义上谈论建设社会主义，而是探索在中国这个经济文化比较落后的大国建设社会主义的客观规律。中国特色社会主义理论还有一条清晰的主线即基本线索贯穿其中。以邓小平为核心的党的第二代中央领导集体，坚持以"什么是社会主义，怎样建设社会主义"为主线，并以社会主义本质论和党在社会主义初级阶段的基本路线，科学地回答了这个问题。以江泽民为核心的党的第三代中央领导集体，在新的实践基础上不断探索，提出"建设什么样的党，怎样建设党"的问题，并以创立"三个代表"重要思想为标志，从始终代表中国先进生产力的发展要求、中国先进文化的前进方向和中国最广大人民的根本利益出发，创造性地回答了这个问题。以胡锦涛同志为总书记的党中央，在新世纪新阶段，从我国经济社会发展的阶段性特征出发，提出"实现什么样的发展，怎样发展"的问题，并在继承党的三代中央领导集体关于发展的重要思想的基础上提出科学发展观等重大战略思想，深刻地回答了这个问题。以上三个重大问题是在实践中依次提出的。总体来说，中国特色社会主义理论是以"什么是社会主义，怎样建设社会主义"为主线，在发展过程中不断延伸和展开，体现为社会主义、党的建设和发展三大问题的统一。也可以把它称之为中国特色社会主义的三个基本问题。中国特色社会主义的所有理论问题，都围绕这个主题和贯穿这条主线。这是中国特色社会主义理论的一个很重要的特点。

## 三、中国特色社会主义理论体系的理论基础和哲学基础

中国特色社会主义理论体系的理论基础是马克思主义，特别是马克思主义中国化的第一个理论成果——毛泽东思想。毛泽东思想及毛泽东同志的工作作风和治党治国方略，在中国共产党和广大人民群众中产生了长期的深远的影响。毛泽

东所创立的关于社会主义社会矛盾的理论，是正确认识社会主义社会一切问题的理论基础，是中国特色社会主义理论的理论基石。中国特色社会主义理论的哲学基础是马克思主义的辩证唯物主义和历史唯物主义，它是支撑理论基础的哲理部分，是关于世界观与方法论的问题。毛泽东不仅是伟大的马克思主义理论家，而且是一位卓越的马克思主义哲学家。他用哲学观点总结中国革命的历史经验，在延安时期写出了《实践论》、《矛盾论》这样著名的哲学著作和许多充满哲学思想的政治、军事著作。他将马克思主义哲学的精髓用“实事求是”四个字加以概括，作为我们党的思想路线。毛泽东说：“‘实事’就是客观存在着的一切事物，‘是’就是客观事物的内部联系，即规律性，‘求’就是我们去研究。”邓小平坚持毛泽东的哲学思想，指出：“实事求是，是无产阶级世界观的基础，是马克思主义的思想基础。过去我们搞革命所取得的一切胜利，是靠实事求是；现在我们要实现四个现代化，同样要靠实事求是。”邓小平在实事求是的前面加上了“解放思想”四个字，作为新时期我们党的思想路线的完整表述。之所以要特别强调解放思想，是因为当代中国和当代世界都发生了巨大的深刻的变化，只有解放思想，才能实现主观认识与客观实际相一致，达到实事求是。解放思想、实事求是是马克思主义的思想路线，是中国特色社会主义理论的精髓。解放思想、实事求是思想路线的确立，为全面纠正“左”的错误，正确总结社会主义的历史经验，开辟中国特色社会主义道路奠定了坚实的思想基础。

## 四、中国特色社会主义理论体系的核心内容和核心思想

中国特色社会主义理论体系的一个核心内容，就是党在社会主义初级阶段的基本路线。党的基本路线，是党在每一个历史发展阶段全局性的根本指导方针，它是关系全局、指导全局、决定全局的。党的基本路线正确，我们的事业就发展、前进、胜利；反之，我们的事业就会遭到挫折。在每一个历史发展阶段制定党的基本路线，是我们党在世界社会主义运动中的一个伟大创造。这个创造是和毛泽东关于抓主要矛盾的哲学思想分不开的。我们党在各个不同历史发展时期的基本路线，都是为了解决这一历史时期的主要矛盾，推动历史前进。十一届三中全会以后，邓小平依据社会主义初级阶段的主要矛盾是人民群众日益增长的物质文化需要同落后的社会生产之间的矛盾的认识，在实践中逐步形成了党在社会主义初级阶段的基本路线。这条基本路线是：领导和团结全国各族人民，以经济建设为中心，坚持四项基本原则，坚持改革开放，自力更生，艰苦创业，为把我国建设成为富强、民主、文明的社会主义现代化国家而奋斗。它的核心内容就是“一个中心，两个基本点”。以经济建设为中心，标志着党和国家工作重点的历史性转移。经济是基础，是发展社会主义各项事业的基础性工程，经济发展了，社会主义现代化建设就有了牢固的物质基础。坚持四项基本原则，就是要保证改

革开放的社会主义性质和方向；坚持改革开放，解放和发展生产力，使社会主义的生机活力和优越性能够发挥出来。就改革开放所引起的社会变革的广度和深度来说，改革开放是一场新的革命，其实质和目标，是实现社会主义现代化。总体来说，“一个中心，两个基本点”，都是为了实现社会主义现代化。邓小平在“南方讲话”中强调坚持党的基本路线一百年不动摇。党的基本路线既是中国特色社会主义道路的核心内容，也是中国特色社会主义理论体系的核心内容。基本路线这个核心内容的确立，要求各项工作都要服从和服务于这个核心内容。以胡锦涛同志为总书记的党中央，在新世纪新阶段，针对我国发展中出现的新情况和新问题，在继承党的三代中央领导集体关于发展的重要思想和借鉴国外发展经验的基础上，提出了以人为本的科学发展观。“本”就是事物的本源和根基。以人为本就是把人的发展作为根本。这是科学发展观的核心和灵魂，也是发展的实质。它反映了我国社会主义现代化建设根本指导思想的重大转变。这就是说，发展不只是经济社会的发展，更重要的是人的发展，发展为了人民，发展依靠人民，发展成果由人民共享。以人为本这个核心思想，不仅在发展问题上要贯彻，在各项工作中都要贯彻。总括起来说，在中国特色社会主义理论体系中，“一个中心，两个基本点”的基本路线是核心内容，各项工作都要服从和服务于它；以人为本是核心思想，各项工作都要贯彻它，因此它又是核心的核心。

## 五、中国特色社会主义理论体系的基本理论和重要观点

在上述三个层次基础之上，形成了中国特色社会主义一整套崭新的基本理论。基本理论之间相互联系、相互贯通，构成一个统一的科学体系。

（1）社会主义本质理论。社会主义的本质，是解放生产力，发展生产力，消灭剥削，消除两极分化，最终达到共同富裕。这一科学论断，从生产力、生产关系、最终目的三个层面阐述了社会主义的本质，深化了人们对什么是社会主义的认识，对社会主义建设具有全局性的指导意义。

（2）社会主义初级阶段理论。十一届三中全会以后，我们党通过总结历史经验，提出了我国这样经济文化比较落后的国家进入社会主义以后必须经历一个很长的初级阶段的科学论断。这是对我国基本国情和社会主义发展阶段的准确判断。这就把我们党的路线、方针、政策放在了现实的科学的基础之上，从而避免了重蹈过去超越阶段的“左”的错误。这个理论，同样具有全局性的指导意义。

（3）社会主义改革开放理论。中国的改革是在坚持社会主义基本制度的前提下对具体制度的改革，是社会主义制度的自我完善。就我国改革引起社会变革的广度和深度来说，可以说是开始了一场新的革命。与改革相互联系和并行的是对外开放。任何一个国家关起门来搞建设都不能成功，中国的发展离不开世界。社会主义对外开放的实质，是吸收人类文明的一切成果，坚持和发展社会主义。

改革是解放和发展生产力的必由之路，对外开放是实现社会主义现代化的必要条件。改革开放是决定当代中国命运的关键抉择。

（4）社会主义市场经济理论。中国共产党通过长期探索，打破了把市场经济视为与社会主义不相容的偏见和思想禁锢。邓小平提出，计划和市场不具有社会制度的属性，二者都是发展经济的手段，资本主义有计划经济，社会主义也有市场经济，社会主义和市场经济不存在根本矛盾。江泽民进一步提出建立社会主义市场经济体制。搞社会主义市场经济，这在人类历史上是一个首创，在理论上丰富和发展了社会主义经济理论，在实践上极大地推动了社会主义经济的发展。

（5）社会主义民主政治建设理论。民主是社会主义的题中应有之义。没有民主就没有社会主义，就没有社会主义现代化。人民民主是社会主义的生命。发展社会主义民主，最重要的是使民主制度化、法制化，坚持依法治国，建设社会主义法治国家。坚持党的领导、人民当家作主、依法治国的统一，走中国特色社会主义政治发展道路。建设社会主义民主政治，必须不断推进政治体制改革，但绝不能照搬西方民主模式。

（6）社会主义文化建设理论。当今时代，文化越来越成为民族凝聚力和创造力的重要源泉，成为综合国力竞争的重要因素。要大力推进社会主义核心价值体系建设，把依法治国与以德治国结合起来，坚持社会主义先进文化的前进方向，推动社会主义文化的大发展大繁荣，提高国家文化软实力。中国特色社会主义不但要建设物质文明、政治文明、精神文明，还要建设生态文明，要坚持走文明发展道路。

（7）社会主义和谐社会理论。社会和谐是中国特色社会主义的本质属性。要按照民主法治、公平正义、诚信友爱、充满活力、安定有序、人与自然和谐相处的总要求，努力形成全体人民各尽所能、各得其所而又和谐相处的局面。社会建设是中国特色社会主义的一个重要方面，也是一个崭新的课题。

（8）社会主义对外关系理论。和平与发展仍然是时代的主题。中国将始终不渝地走和平发展道路，既争取和平的国际环境来发展自己，又通过自己的发展来促进世界的和平与发展。中国坚持在和平共处五项原则的基础上同所有国家发展友好合作：继续同发达国家加强战略对话，增进互信，妥善处理分歧；继续加强同发展中国家的团结合作，深化传统友谊，提供力所能及的援助；继续贯彻与邻为善、以邻为伴的周边外交方针，建设和谐边疆。中国反对一切形式的恐怖主义，也反对各种形式的霸权主义和强权政治。

（9）国防和军队建设理论。加强以现代化为中心的国防建设，坚持把我军建设成为革命化、现代化、正规化的人民军队。始终坚持党对军队绝对领导的根本原则，按照政治合格、军事过硬、作风优良、纪律严明、保障有力的总要求，在全面建设小康社会进程中实现富国和强军的统一。努力完成机械化和信息化建设的双重历史任务，加快中国特色的新军事变革。

(10)“一国两制”和祖国和平统一的理论。这一科学构想，已在香港、澳门顺利实现。香港、澳门回归祖国以来，保持了繁荣与稳定。解决台湾问题、实现祖国完全统一，将遵循“和平统一，一国两制”的方针和现阶段发展两岸关系、推进祖国和平统一进程的八项主张，坚持一个中国原则决不动摇，争取和平统一的努力决不放弃，寄希望于台湾人民，反对“台独”分裂活动。

(11)社会主义的领导力量和依靠力量理论。中国共产党是中国社会主义事业的领导核心。中国的社会主义事业必须由共产党领导。坚持中国共产党领导的多党合作和政治协商制度。坚持党的领导必须改善党的领导，不断改善党的领导制度、领导作风和领导方法。随着中国特色社会主义事业的发展，依靠力量越来越广泛：依靠工人、农民、知识分子和改革开放以后形成的新的社会阶层，充分发挥他们的历史主动精神；依靠各族人民的团结，各民族同呼吸、共命运，谁也离不开谁；依靠社会主义劳动者，拥护社会主义的爱国者和拥护祖国统一的爱国者的最广泛的统一战线，团结一切可以团结的力量。

(12)马克思主义执政党建设理论。我们党面临着长期执政、市场经济、改革开放的严峻考验。中国问题的关键是把共产党建设好。坚持把执政能力建设和先进性建设作为主线，以改革创新精神全面推进党的建设的新的伟大工程，做到科学执政、民主执政、依法执政。

(13)解放思想、实事求是。在中国特色社会主义理论体系中，解放思想、实事求是贯穿于中国特色社会主义理论形成的全过程中。解放思想、实事求是作为马克思主义的思想路线，是邓小平理论的精髓，也是中国特色社会主义理论的精髓。解放思想、实事求是思想路线的确立，为全面纠正“左”的错误，正确总结社会主义的历史经验，开辟中国特色社会主义道路奠定了坚实的思想基础。

(14)科学发展理论。党的十六大以来，党中央坚持以邓小平理论和“三个代表”重要思想为指导，根据新的发展要求，集中全党智慧，提出了以人为本、全面协调可持续发展的科学发展观。科学发展观，是对党的三代中央领导集体关于发展的重要思想的继承和发展，是马克思主义关于发展的世界观和方法论的集中体现，是同马克思列宁主义、毛泽东思想、邓小平理论和“三个代表”重要思想既一脉相承又与时俱进的科学理论，是我国经济社会发展的重要指导方针，是发展中国特色社会主义必须坚持和贯彻的重大战略思想。

上述十四个方面，是中国特色社会主义的基本理论，它系统地、科学地回答了在中国这个经济、文化比较落后的国家建立社会主义制度以后，怎样建设、巩固和发展社会主义的一系列重大课题。

## 六、中国特色社会主义的历史地位

第一，它是马克思主义中国化的最新理论成果。

民主革命时期，毛泽东在反对党内教条主义的斗争中，创造性地提出了把马克思主义普遍真理同中国革命的具体实践相结合的原则，实现了马克思主义中国化。中国共产党在80多年的奋斗历程中，坚持把马克思主义的基本原理同中国的具体实践相结合，在两次革命中，实现了两次历史性飞跃，产生了两大理论成果。以毛泽东为主要代表的中国共产党人，在新民主主义革命中，实现了第一次历史性飞跃，形成了毛泽东思想。以邓小平、江泽民、胡锦涛同志为主要代表的中国共产党人，在领导改革开放和现代化建设中，实现了马克思主义中国化的发展，先后形成了邓小平理论、“三个代表”重要思想和科学发展观等重大战略思想，即中国特色社会主义理论体系。这是马克思主义中国化的最新理论成果。这个理论成果在马克思主义发展史上具有重要的地位。一个多世纪以来，随着无产阶级革命和社会主义运动的发展，马克思主义在世界范围内得到广泛的传播和发展。并形成了列宁主义、毛泽东思想、中国特色社会主义理论体系，这些理论都是马克思主义发展中的重要成果，对马克思主义的发展作出了卓越的贡献。

第二，它是社会主义建设理论的一个重大突破。

列宁在十月革命以后多次指出：“我们的革命是开始容易，继续比较困难，而西欧的革命是开始困难，继续比较容易。”这里所说的“开始”指的是夺取政权，“继续”指的是建设社会主义。后来历史的发展充分证明了列宁这个预见的正确性。20世纪，社会主义出现了两大历史难题。一个是发达资本主义国家无产阶级夺取政权的问题。在这个世纪，无论是通过暴力革命，还是试图和平过渡，没有一个国家获得成功。另一个是经济、文化落后的国家建设社会主义的问题。在这个世纪，这类国家先后发生了俄国革命、中国革命以及其他一些国家的无产阶级革命并取得胜利。它说明，在这类国家中无产阶级夺取政权的问题得到了解决。但是，这些国家在建立社会主义制度以后，怎样建设、巩固和发展社会主义，经过几十年的探索，虽然积累了一些宝贵经验，但从总体上始终未能很好地解决，致使许多社会主义国家长期处于困难和困惑的境地。中国特色社会主义理论体系的重大意义就在于，它首次比较系统地初步回答了像中国这样经济、文化比较落后的国家在建立社会主义制度以后，怎样建设、巩固和发展社会主义的一系列重大问题，从而在这个难题上取得了历史性的突破。这个理论体系，在中国指导实践获得了成功，对其他社会主义国家具有重要借鉴意义。这是我们党对世界社会主义运动的一大贡献。

第三，它是21世纪中华民族实现伟大复兴的指针。

在中国特色社会主义理论体系的指引下，20世纪最后20年中国社会主义事业大发展，21 世纪必将在中国特色社会主义道路上实现中华民族的伟大复兴。邓小平曾说，按照“三步走”的发展战略，解决温饱只是“小变化”；实现小康是“中变化”；基本上实现社会主义现代化才是“大变化”。他指出：到 21 世纪中叶，中国基本实现社会主义现代化，这不但是给占世界总人口四分之三的第三世界走出了一条路，更重要的是向人类表明，社会主义是必由之路，社会主义制度优于资本主义制度。

# 第三章

# 中国社会主义制度优越性的道路基础

一个民族要实现自己的伟大复兴，必须找到一条既适合自己国情又符合时代要求的发展道路。新中国成立60年特别是改革开放30多年，中国共产党领导全国各族人民探索和形成的中国特色社会主义道路，就是这样一条伟大正确的道路。胡锦涛总书记在党的十七大报告中指出："改革开放以来我们取得一切成绩和进步的根本原因，归结起来就是：开辟了中国特色社会主义道路，形成了中国特色社会主义理论体系。高举中国特色社会主义伟大旗帜，最根本的就是要坚持这条道路和这个理论体系。"中国特色社会主义道路的形成，为中国社会主义制度优越性的发挥奠定了坚实的道路基础。

## 第一节　中国特色社会主义道路的探索

新中国60年的历史，就是在中国共产党领导下艰辛探索社会主义建设道路，成功地找到中国特色社会主义发展道路的历史。中国共产党在60年的社会主义建设和改革历程中，把马克思主义基本原理同中国具体国情相结合，经过短暂的和平恢复时期、社会主义过渡和所有制改造时期，社会主义建设道路探索时期，一直到改革开放和中国特色社会主义发展时期，成功地开辟了中国特色社会主义道路，丰富和发展了毛泽东思想，创立了中国特色社会主义理论体系，不断推进马克思主义中国化、时代化，开创了中国特色社会主义伟大事业。

### 一、中国特色社会主义道路的曲折探索

1956年，新中国成立了社会主义制度，进入了社会主义建设时期，到1976年的整整20年间，毛泽东领导全党对中国社会主义建设进行了艰辛的探索和努力。社会主义建设道路的实践和探索时期的20年，大致分为三个小阶段：从1956年到1957年上半年党的八大前后的一年半左右的时间，是毛泽东对社会主义建设道路的正确探索阶段，是我国社会主义建设的正确起步阶段。发展是健康

的，政策是恰当的，成就是公认的。1956 年发表的《论十大关系》和 1957 年发表的《关于正确处理人民内部矛盾的问题》，是毛泽东对社会主义建设规律的有创造性的、正确的认识的标志性著作。从 1957 年反右扩大化到“文化大革命”之前的不足 10 年时间，是毛泽东对社会主义建设道路的曲折探索阶段，是我国社会主义建设的曲折发展阶段。有曲折，有错误，基本方面是好的，成绩还是主要的，是应该肯定的。在这一阶段，关于社会主义建设问题，毛泽东虽然在总体上形成了以阶级斗争为纲的、离开了八大正确路线的“左”倾错误，出现了许多重大失误，然而历史地客观地看，毛泽东在理论认识和实践摸索上既有错误的认识，也有正确的观点，既有反面的教训，也有正面的经验。从 1966 年“文化大革命”爆发到 1976 年毛泽东逝世的 10 年时间，这是毛泽东对社会主义建设道路探索的重大失误阶段，是我国社会主义建设的重大挫折阶段。虽然有重大失误，有重大挫折，但也有健康的方面，取得成绩的方面。

毛泽东领导中国社会主义建设的历史功绩，主要有以下三个方面：一是成功领导了中国新民主主义革命和社会主义革命，完成了社会主义所有制的改造任务，建立了社会主义的经济、政治和文化制度，为社会主义建设和中国特色社会主义道路的开辟奠定了制度前提和政治基础。《关于建国以来党的若干历史问题的决议》指出：“中国共产党在中华人民共和国成立以后的历史，总的来说，是我们党在马克思列宁主义、毛泽东思想指导下，领导全国各族人民进行社会主义革命和社会主义建设并取得重大成就的历史。社会主义制度的建立，是我国历史上最深刻最伟大的社会变革，是我国今后一切进步和发展的基础。”二是领导全党和全国人民对中国社会主义建设道路进行了艰苦卓绝的实践努力，在一穷二白的基础上建立了独立的比较完整的工业体系和国民经济体系，为中国特色社会主义建设和发展提供了必要的物质基础。1979 年，邓小平同志在理论务虚会上的讲话中指出：“社会主义革命已经使我国大大缩短了同发达资本主义国家在经济发展方面的差距。我们尽管犯过一些错误，但我们还是在 30 年间取得了旧中国几百年、几千年所没有取得过的进步。我们的经济建设曾经有过较快的发展速度。”我国在 1953 年制定和实施了第一个五年计划，开展了投资 588.47 亿元、以 156 个大型项目为主的投资建设。1957 年全面超额完成第一个五年计划的各项任务，建成了一大批重要工程项目。我国过去所没有的一些工业部门，包括飞机和汽车、重型机械和精密机器、发电设备、冶金和矿山设备、高级合金钢和有色金属等制造业，从无到有，初步形成规模。以鞍钢为中心的工业基地基本形成，上海和沿海城市工业基础大为加强，交通运输建设取得新的进展。主要工农业产品产量比 1952 年都有大幅度的提高。在生产发展的基础上，人民生活有了较大的改善。到八大前后，以毛泽东为核心的中央领导集体探索社会主义建设道路取得显著成绩，尽管不是很完善和成熟，但其方向是正确的、成绩是显著的。

在从1957年下半年到1976年的近20年的社会主义建设进程中，毛泽东领导党和人民艰苦创业，自力更生，到1978年，我国已建立起独立的比较完整的工业体系和国民经济体系。原有的工业部门和新建的石油工业等都有发展。农业生产基本条件有了明显改善。科学技术有新的发展，成功发射了“两弹一星”，国防建设和整个国家的实力有很大增强。与此同时，培养和造就了一大批全国经济文化建设方面的领导骨干和专业队伍，为我国社会主义现代化建设奠定了物质技术基础。三是对中国社会主义建设道路和模式进行了创新性的理论探索，为中国特色社会主义道路的开创，为中国特色社会主义理论体系的形成提供了理论前提和思想准备。这是一个方面。另一方面，毛泽东的失误又为中国特色社会主义道路的形成和中国特色社会主义的发展提供了重要的历史经验教训。

纵观毛泽东20多年的社会主义建设道路的探索和实践，尽管没能走出一条适合中国国情的社会主义建设道路，但是，以毛泽东为核心的党的第一代中央领导集体始终没有放弃把马克思主义与中国实际相结合的努力，始终没有放弃社会主义前途的选择以及对科学社会主义原则的坚持，他们的探索，在中国社会主义思想发展史上有着重要的地位和意义。探索所取得的积极成果，为十一届三中全会后以邓小平为核心的党中央所继承，成了邓小平理论的一个重要理论来源；探索过程中出现的失误，为邓小平等人所纠正，成为创立邓小平理论的契机；正反两方面的经验，特别是犯错误的历史经验，教育了党和人民，促使人们反思和觉醒，重新探索社会主义建设道路。

## 二、历史的伟大转折和中国特色社会主义道路的开辟

### 1. 历史的伟大转折

任何一次历史性的转折都不是轻而易举就能实现的。1976年10月粉碎“四人帮”斗争的胜利，从危难中挽救了党，挽救了革命。但由于以“两个凡是”为代表的党内“右”倾教条主义错误思想的严重阻挠，我们党和国家的工作陷入了在徘徊中前进的局面。面对这种情况，邓小平代表党心民心，以伟大马克思主义者的革命胆略和理论勇气，提出“‘两个凡是’不符合马克思主义”，要“完整准确地理解毛泽东思想”，矛头直指当时在党内严重存在的“左”倾教条主义。紧接着，邓小平通过抓科技和教育战线的拨乱反正，从实践方面冲破“两个凡是”错误思想的束缚。1978年5月开始的“关于真理标准的大讨论”，开始解放人们的思想，使人们认识到实践是检验真理的唯一标准，“两个凡是”的错误思想在这个马克思主义哲学基本原理面前终于站不住脚了。这场大讨论为十一届三中全会的胜利召开作了思想上的准备。1978年12月中旬，为十一届三中全会作准备的中共中央工作会议召开，邓小平在会议闭幕会上作了题为《解放思想，实事求是，团结一致向前看》的讲话，这个讲话实际上是十一届三中

全会的主题报告。

作为具有伟大历史转折意义的十一届三中全会，它的主要历史功绩，一是通过解放思想打破党内存在的僵化半僵化状态，恢复了马克思主义实事求是的思想路线，使“一个党，一个国家，一个民族，如果一切从本本出发，思想僵化，迷信盛行，那它就不能前进，它的生机就停止了，就要亡党亡国”的思想开始深入人心。二是停止使用以阶级斗争为纲的口号，把党和国家的工作重心转移到社会主义现代化建设上来，澄清了共产党作为执政党应当坚持的政治路线，使“阶级斗争年年讲，月月讲，天天讲”成为历史上的过眼烟云。三是平反冤假错案，解决历史遗留问题，恢复党的民主集中制和正确的组织路线，使以邓小平为核心的党的第二代中央领导集体得以形成。四是提出要正确地改革同生产力迅速发展不相适应的生产关系和上层建筑，指出“实现现代化，要求大幅度地提高生产力，也就必然要求多方面地改变同生产力发展不相适应的生产关系和上层建筑，改变一切不适应的管理方式、活动方式和思想方式，因而是一场广泛、深刻的革命”。同时，还提出在自力更生的基础上积极发展同世界各国平等互利的经济合作以及加强社会主义民主和法制等，开辟了一条改革开放的强国之路。总之，十一届三中全会纠正了“文化大革命”的错误，恢复了党的正确的思想路线、政治路线和组织路线，指明了党和国家前进的方向。正如《关于建国以来党的若干历史问题的决议》所说：“胜利前进的航道已经打通。”十一届三中全会的伟大历史功绩使中国陷入严重挫折的社会主义建设峰回路转，走上了一条崭新的中国特色社会主义之路。因此，可以得出这样的结论：十一届三中全会开辟了中国特色社会主义道路，这次具有伟大历史转折意义的会议理所当然地成为中国特色社会主义道路的历史起点。

2. 中国特色社会主义道路的开辟

在吸取第一代中央领导集体对中国社会主义建设道路曲折探索的经验教训基础之上，我们党始终坚持解放思想、实事求是的思想路线，第一次比较系统地初步解决了中国这样经济、文化比较落后的国家如何建设社会主义、如何巩固和发展社会主义的一系列基本问题，成功开辟了一条有中国特色社会主义建设道路。

中国特色社会主义道路是在以毛泽东同志为核心的第一代中央领导集体对社会主义建设规律探索的基础上，由以邓小平同志为核心的第二代中央领导集体在改革开放的伟大事业中带领全党全国各族人民所开创，以江泽民同志为核心的党的第三代中央领导集体和以胡锦涛同志为总书记的党中央所发展的唯一正确的道路。

中国特色社会主义道路奠基于邓小平。作为中国改革开放和现代化建设的总设计师，邓小平顺应时代潮流，把中国社会主义的历史方位定位在社会主义初级阶段，以一系列新思想、新观点丰富和发展了马克思主义的社会主义学说，实现了科学社会主义在中国的第二次历史性飞跃，开创了中国特色社会主义事业的新局面。在党的十一届三中全会以后，邓小平不仅领导否定了“两个凡是”、“以阶级斗争为纲”的错误理论和实践，科学评价了毛泽东同志和毛泽东思想，扭转了党和国家的工作中心，提出了建设有中国特色社会主义的命题，亲自主持制定党在社会主义初级阶段的基本路线和基本纲领，启动改革开放和现代化建设的伟大征程，取得了举世瞩目的伟大成就。以他名字命名的邓小平理论，在总结我国社会主义胜利和挫折的历史经验并借鉴其他社会主义国家兴衰成败的历史经验的基础上，首次系统地回答了“什么是社会主义，怎样建设社会主义”这一当代中国最大的历史性课题，在中国社会主义的发展道路、发展阶段、根本任务、发展动力、外部条件、政治保证、战略步骤、党的领导和依靠力量以及祖国统一等一系列基本问题上开辟了马克思主义的新境界。

中国特色社会主义道路发展于江泽民和胡锦涛。从十三届四中全会到十六大，以江泽民同志为主要代表的当代中国共产党人，继续推进中国特色社会主义的理论和实践的双重探索，形成了“三个代表”重要思想。在邓小平理论的基础上，进一步回答了“什么是社会主义，怎样建设社会主义”的问题。党的十六大以来，以胡锦涛同志为总书记的党中央，立足于国内外形势的发展变化，不断推进实践基础上的理论创新，在中国特色社会主义建设的新的历史起点上，围绕“实现什么样的发展、怎样发展”这一重大历史课题，先后提出贯彻落实科学发展观、构建社会主义和谐社会、加强党的执政能力建设和先进性建设、建设社会主义新农村、建设创新型国家、建设社会主义核心价值体系以及坚持走和平发展道路、建设和谐世界等一系列重大战略思想。进一步丰富和发展了中国特色社会主义理论体系，有力地推动了中国特色社会主义事业的顺利前进。

## 三、开辟中国特色社会主义道路解决的三大问题

在中国特色社会主义的伟大发展历程中，我们党依次回答了三大问题：“什么是社会主义，怎样建设社会主义”；“建设什么样的党，怎样建设党”；“实现什么样的发展，怎样发展”。坚持和发展了马克思主义，推进了马克思主义中国化的不断创新。以邓小平同志为核心的党的第二代中央领导集体创造性地回答了“什么是社会主义，怎样建设社会主义”，创立了邓小平理论，这是中国特色社会主义理论体系的开篇。以江泽民同志为核心的党的第三代中央领导集体在进一步回答了“什么是社会主义，怎样建设社会主义”的同时，创造性地回答了“建设什么样的党，怎样建设党”的问题，创立了“三个代表”重要思想，这是中国特色社会主义理论体系与时俱进的新成就。十六大以来，以胡锦涛为总书记的党中央在继续深入回答前两个问题的基础上，创造性地回答了“实现什么样的发展，怎样发展”，提出了科学发展观等重大战略思想，这是中国特色社会主

义理论体系的最新成果。这些理论成果同毛泽东思想一样，都是中华人民共和国60年建设和发展的伟大精神财富和思想指南。

关于“什么是社会主义，怎样建设社会主义”，这是正确解决中国社会主义建设道路的关键，也是开创中国特色社会主义新局面的关键，只有紧紧抓住这一首要的根本问题并加以解决，中国社会主义建设正确道路问题才能得到解决。邓小平总结我国和外国社会主义建设的经验教训，认为根本问题是出在“什么是社会主义，怎样建设社会主义”这个问题还没有搞清楚。实际上毛泽东在探索过程中已经提出了“什么是社会主义，怎样建设社会主义”的问题。在1961年6月中央工作会议上，毛泽东曾说道：“现在同志们解放思想了，对于社会主义的认识，对于怎样建设社会主义的认识，大为深入了。”（《毛泽东文集》第8卷，人民出版社1999年版，第277页）虽然毛泽东如此说，但在实际上就全党来说，并没有解决好这个问题，只是提出了问题。在继承毛泽东思想的基础上，邓小平集中地解答了这一难题，第一次科学地、系统地回答了“什么是社会主义，怎样建设社会主义”这个中国特色社会主义的首要的基本问题。1985年，邓小平在接见外宾时谈道：“我们总结了几十年搞社会主义的经验。社会主义是什么，马克思主义是什么，过去我们并没有完全搞清楚。”邓小平同志旗帜鲜明地引导全党在“什么是社会主义，怎样建设社会主义”这个首要的基本问题上解放思想。他明确指出：贫穷不是社会主义，发展太慢也不是社会主义；平均主义不是社会主义，两极分化也不是社会主义；封闭不是社会主义，照搬外国也不是社会主义；没有民主就没有社会主义，没有法制也没有社会主义建设；不重视物质文明搞不好社会主义，不重视精神文明也搞不好社会主义；计划经济不等于社会主义，市场经济不等于资本主义，社会主义可以搞市场经济……他认为，社会主义最大的优越性就是共同富裕，这是体现社会主义本质的东西。在1992年“南方讲话”中，邓小平同志对社会主义本质作出了独创性的科学概括：“社会主义的本质，是解放生产力，发展生产力，消灭剥削，消除两极分化，最终达到共同富裕。”这是对“什么是社会主义”的科学结论。在“怎样建设社会主义”的问题上，邓小平在党的十二大上郑重提出：“把马克思主义的普遍真理同我国的具体实际结合起来，走自己的道路，建设有中国特色的社会主义，这就是我们总结长期历史经验得出的基本结论。”以邓小平同志为代表的中国共产党人在总结新中国成立以后特别是十一届三中全会以后的经验基础上，在研究国际经验和世界形势的基础上，解放思想、实事求是，坚决摒弃“以阶级斗争为纲”的错误方针和路线，科学确定了时代主题，正确判断我国正处在社会主义初级阶段，制定了党在社会主义初级阶段的基本路线，提出了改革开放的一系列方针、政策和策略，提出并制定了分“三步走”基本实现社会主义现代化的发展战略。在社会主义改革开放总设计师邓小平的领导和推动下，中国进入了经济社会快速发展轨道。

邓小平回答了“什么是社会主义，怎样建设社会主义”，这就进一步回答了“什么是马克思主义，怎样坚持和发展马克思主义”，大大推进了马克思主义的中国化、时代化。1992 年春，邓小平指出，世界上赞成马克思主义的人会多起来的，因为马克思主义是科学。它运用历史唯物主义提示了人类社会发展的规律。马克思主义是打不倒的。打不倒，并不是因为大本子多，而是因为马克思主义的真理颠扑不破。实事求是是马克思主义的精髓。对如何坚持、发展马克思主义，邓小平深刻地指出：“我们历来主张世界各国共产党根据自己的特点去继承和发展马克思主义，离开自己国家的实际谈马克思主义，没有意义。”他还进一步指出：“我们搞社会主义，把工作重心放在经济建设上，没有丢马克思、没有丢列宁、也没有丢毛泽东。老祖宗不能丢啊，问题要把什么叫社会主义搞清楚，把怎么样建设和发展社会主义搞清楚。”邓小平坚持和发展毛泽东思想，推进了马克思主义中国化的不断前进，实现了马克思主义中国化理论创新的第二次飞跃，创立了中国特色社会主义理论体系，开创了中国特色社会主义的伟大事业。

在解决了“什么是社会主义，怎样建设社会主义”问题的同时，中国特色社会主义又面临解决“建设一个什么样的执政党”这一重大问题。1989 年我国的“六·四”政治风波和 1992 年的苏联解体、东欧剧变，使党面临着 20 世纪 80 年代末至 90 年代初国内外政治风波的严峻考验，执政党建设问题，严肃而又迫切地摆在了全党面前。在 1980 年党的十一届五中全会上，邓小平强调要进一步明确党在中国特色社会主义现代化建设中的地位和作用，尖锐地提出要弄清楚“执政党应该是一个什么样的党，执政党的党员应该怎样才合格，党怎样才叫善于领导?”他要求全党要按照十一届三中全会确立起来的马克思主义思想路线和政治路线，把我们党建设成为有战斗力的马克思主义政党，成为领导全国人民进行社会主义物质文明和精神文明建设的坚强核心。“六·四”政治风波发生之后，邓小平及时地向党的第二代中央领导集体提出要聚精会神抓党的建设的重要交代。

从十三届四中全会到党的十六大的 14 年间，以江泽民同志为核心的党中央集中全党智慧，在总结党成立以来 80 多年的历史经验和现实经验的基础上，按照邓小平“你们要聚精会神抓党的建设”的要求，以改革创新的精神集中力量抓党的建设，根据新情况、新要求提出了党的建设新的伟大工程的重要决策，把党的建设新的伟大工程同中国特色社会主义建设伟大事业结合起来，相辅相成，互相促进，集中回答了“建设一个什么样的执政党，怎样建设执政党”的问题，创造性地提出了“三个代表”重要思想，继承和发展了马克思列宁主义、毛泽东思想，推进了中国特色社会主义理论体系的进一步创新，实现了党的指导思想的与时俱进。“三个代表”重要思想不仅回答了党的建设的重大问题，同时也进一步回答了“什么是社会主义，怎样建设社会主义”的问题。以江泽民同志为核心的党的第三代中央领导集体高举邓小平理论伟大旗帜，团结和带领全党、全军和全国各族人民，从容应对一系列关系到我国主权和安全的国际突发事件，战胜在政治、经济领域和自然界出现的困难和风险，经受住一次又一次考验，排除各种干扰，保证了改革开放和现代化建设的航船始终沿着正确的方向破浪前进，积极推进社会主义市场经济体制改革，坚持和发展了党的基本理论、基本路线、基本纲领、基本经验，改革开放和现代化建设取得了举世瞩目的新发展，把中国特色社会主义事业全面推向21世纪。

党的十六大以来，我国进入中国特色社会主义发展的新阶段，新世纪新阶段向我们党提出了“实现什么样的发展，怎样发展”的事关中国特色社会主义事业发展的重大问题。在新世纪新阶段我国改革发展的关键时期，以胡锦涛同志为总书记的党中央，为实现全面建设小康社会的宏伟目标和社会主义现代化建设第三步战略目标，提出“坚持以人为本、全面协调可持续的科学发展观”，强调“按照统筹城乡发展、统筹区域发展、统筹经济社会发展、统筹人与自然和谐发展、统筹国内发展和对外开放的要求”，继续把中国特色社会主义推向前进。科学发展观，其实质是在新的历史条件下，从全局和战略的高度进一步回答“实现什么样的发展，怎样发展”这个根本问题。全面落实科学发展观，就要提高全党按照科学发展观的要求领导发展的能力；把按照科学发展观推动发展作为党执政兴国的第一要务；把不断满足人民群众日益增长的物质文化需要作为发展的最终目的；在发展中着眼于促进人的全面发展，不断提高人们的思想道德素质、科学文化素质和健康素质；在发展中把推进经济建设同推进政治建设、文化建设统一起来，把发展社会主义市场经济同发展社会主义民主政治、建设社会主义先进文化、建设社会主义生态文明和构建社会主义和谐社会统一起来；在经济发展中实现速度与结构、质量与效益的有机结合，走出一条科技含量高、经济效益好、资源消耗低、环境污染少、人力资源得到充分发挥的新型工业化道路；在发展中正确处理改革、发展、稳定的关系，把改革的力度、发展的速度和社会可承受的程度统一起来；在发展中进一步利用好国际国内两个市场、两种资源，以开放促改革、促发展。科学发展观，是我们继承和发展党的三代中央领导集体关于发展的一系列重要思想，从新世纪新阶段党和国家事业发展全局出发提出的重大战略思想，反映了我们党对发展问题的新认识，是中国特色社会主义理论体系的重要组成部分。

## 第二节 中国特色社会主义道路的基本内涵、基本特征和特点

### 一、中国特色社会主义道路的基本内涵

从中国特色社会主义这一科学命题的提出，到中国特色社会主义道路的确立和发展，中国共产党在改革开放和社会主义现代化建设的过程中，对中国特色社会主义道路内涵的认识逐步深化。

关于中国特色社会主义道路的内涵，2003 年 12 月，胡锦涛在纪念毛泽东诞辰 110 周年座谈会上的讲话中曾经作过论述："我们要坚持的道路，就是邓小平同志开辟的、以江泽民同志为核心的党的第三代中央领导集体坚持并发展了的中国特色社会主义道路。坚持这条道路，就要坚持中国共产党的领导和社会主义制度，坚持并在实践中不断完善有利于推动中国特色社会主义事业蓬勃发展的各方面的体制制度和方针政策，更好地实现社会主义现代化和中华民族的伟大复兴。坚持这条道路，就要坚持走和平崛起的发展道路，坚持在和平共处五项原则的基础上同各国友好相处，在平等互利的基础上积极开展同各国的交流和合作，为人类和平与发展的崇高事业作出贡献。"这是对中国特色社会主义道路内涵的最初表述。

随着中国特色社会主义事业的不断向前发展，中国共产党对中国特色社会主义道路内涵的认识逐步深化。胡锦涛在党的十七大报告中，总结了改革开放近 30 年来的基本经验，进一步阐述了中国特色社会主义道路的科学含义："中国特色社会主义道路，就是在中国共产党领导下，立足基本国情，以经济建设为中心，坚持四项基本原则，坚持改革开放，解放和发展社会生产力，巩固和完善社会主义制度，建设社会主义市场经济、社会主义民主政治、社会主义先进文化、社会主义和谐社会，建设富强、民主、文明、和谐的社会主义现代化国家。"这个界定，包括了"一个中心，两个基本点"的基本路线，涵盖了中国特色社会主义事业"四位一体"的总体布局，提出了我国发展的战略目标。

第一，中国特色社会主义道路，从政治上看，就是坚持中国共产党的领导，坚持人民当家作主和依法治国的有机统一，坚持依法治国和以德治国相统一，不断完善人民代表大会制度、中国共产党领导的多党合作和政治协商制度、民族区域自治制度以及基层群众自治制度，在坚持四项基本原则的前提下积极稳妥地推进政治体制改革。

第二，中国特色社会主义道路，从经济上看，就是坚持以公有制为主体，多种所有制共同发展的基本经济制度，坚持以按劳分配为主体，多种分配方式并存

的分配制度，以经济建设为中心，以改革开放为动力，实现社会主义基本制度和市场经济的有机结合，发展社会主义市场经济，转变经济发展方式，实现国民经济又好又快发展。

第三，中国特色社会主义道路，从文化上看，就是坚持马克思主义在意识形态领域的指导地位，发展社会主义先进文化，建设社会主义精神文明，建设社会主义核心价值体系。坚持为人民服务、为社会主义服务和“百花齐放，百家争鸣”的方针，在马克思主义指导下，引领社会主义文化的多样化发展。促进公益性文化事业和经营性文化产业协调发展，推动社会主义文化的大发展大繁荣。

第四，中国特色社会主义道路，从社会建设上看，就是按照民主法治、公平正义、诚信友爱、充满活力、安定有序、人与自然和谐相处的总要求和共同建设、共同享有的原则，在以改革促进经济发展的同时，通过深化收入分配制度，健全社会保障体系，完善社会管理，着力解决人民最关心、最直接、最现实的利益问题，使全体人民学有所教、劳有所得、病有所医、老有所养、住有所居，努力形成全体人民各尽其能、各得其所而又和谐相处的局面，推动建设和谐社会，为发展提供良好的社会环境。

上述四个方面的基本内涵，包括六个基本要点：

（1）中国共产党的领导。中国特色社会主义道路是中国共产党领导人民长期探索、奋力开拓的。中国共产党的领导是坚持走这条道路的根本政治保证。离开中国共产党的领导，中国就会走上别的道路。

（2）路线引领。就是以经济建设为中心、坚持四项基本原则、坚持改革开放的基本路线。党的基本路线是在深刻认识社会主义初级阶段基本国情、准确把握我国社会主义建设根本任务的基础上制定的，反映了我国社会主义现代化建设的规律，集中体现了我国各族人民的根本利益和愿望要求。党的十七大报告从党和国家生命线的高度，进一步强调了坚持党的基本路线的极端重要性。坚持党的基本路线不动摇，关键是以经济建设为中心不动摇。以经济建设为中心是兴国之要，是我们党和国家兴旺发达和长治久安的根本要求。党和国家的各项工作都要服务和服从于经济建设这个中心，而不能离开这个中心，更不能干扰这个中心。四项基本原则是立国之本，是我们党和国家生存发展的政治基石；改革开放是强国之路，是我们党和国家发展进步的活力源泉，是发展中国特色社会主义的强大动力。必须坚持把以经济建设为中心同四项基本原则、改革开放这两个基本点统一于发展中国特色社会主义的伟大实践，任何时候都决不能动摇。这是我们事业经受风险考验、不断向前发展的最可靠的保证。

（3）制度依托。一个国家所走的道路，首先是社会制度问题，也就是坚持哪一种社会制度。社会制度包括基本制度和具体制度（即体制）。它对一个国家的发展有着至关重要的作用。现阶段，中国特色社会主义制度，在经济方面，坚持以公有制为主体、多种所有制经济共同发展的基本经济制度，坚持以按劳分配为主体、多种分配方式并存的分配制度，建立和完善社会主义市场经济体制；在政治方面，坚持以工人阶级为领导和以工农联盟为基础的人民民主专政，坚持人民代表大会制度、中国共产党领导的多党合作和政治协商制度、民族区域自治制度以及基层群众自治制度等；在文化方面，坚持马克思主义在意识形态领域的指导地位。坚持走中国特色社会主义道路，首先是坚持中国特色社会主义制度，并以它为依托，促进中国的发展，同时又不断完善社会主义制度。

（4）发展内涵。一个国家最重要的是发展。中国经济文化落后，发展尤为迫切。发展是硬道理，是党执政兴国的第一要务，是中国特色社会主义道路的主线。问题是实现什么样的发展和怎样发展？我们党通过长期探索，对发展内涵的认识不断拓宽和深化，从两个文明建设到三个文明建设，特别是在党中央提出构建社会主义和谐社会以后，把中国特色社会主义事业的总体布局从经济建设、政治建设、文化建设“三位一体”拓展为经济建设、政治建设、文化建设、社会建设“四位一体”。在这个总体布局中，必须坚持以经济建设为中心，全面推进社会主义市场经济、社会主义民主政治、社会主义先进文化和社会主义和谐社会建设，促进社会全面进步。它反映了我们党对社会主义尤其是中国特色社会主义规律性的认识更加深化了。

（5）路径选择。发展有一个选择什么样的方法和路径问题。路径最根本的是改革开放，展开一点有两类：一类属于动力系统，一类属于条件系统。在发展动力方面，一要坚持科学发展，二要坚持改革发展，三要坚持开放发展。在发展条件方面，一要坚持稳定发展，二要坚持和谐发展，三要坚持和平发展。

（6）目标指引。就是建设富强、民主、文明、和谐的社会主义现代化国家。早在20世纪50年代，毛泽东同志就提出，要调动一切积极因素，把我国建设成强大的社会主义国家。改革开放初期，邓小平同志从我国基本国情出发，设计了分“三步走”基本实现现代化的战略目标。党的十五大对第三步战略目标提出了“小三步走”的发展规划，即通过到2010年、到2020年和到2050年的三个发展阶段，基本实现现代化，建设富强、民主、文明的社会主义现代化国家。党的十七大提出了实现全面建设小康社会奋斗目标的新要求，同时把促进和谐作为现代化建设的重要内容，明确提出要建设富强、民主、文明、和谐的社会主义现代化国家。坚持这一发展目标，要求我们不断解放和发展生产力，不断提升全社会的文明水平，促进人的全面发展，在更大程度和更高层次上造福于全体人民，不断谱写人民美好生活新篇章。

## 二、中国特色社会主义道路的基本特征

中国特色社会主义道路有三个方面的基本特征：科学发展、和谐发展与和平

发展。

第一，科学发展。中国特色社会主义坚持走科学发展的道路。科学发展，是在社会发展问题上客观规律性和主体选择性的辩证统一。科学发展的核心是以人为本，这是经济社会发展的根本目的，其意旨在坚持实现以人的全面发展为目标，让改革发展的成果惠及全体人民。全面、协调、可持续，是科学发展观的基本要求。即通过统筹兼顾的根本方法，促进经济、政治、文化和社会建设的全面推进，促进现代化建设各个环节、各个方面相协调，促进生产力和生产关系、经济基础和上层建筑相协调，促进经济发展与人口、资源、环境相协调，确保经济社会永续发展。

中国特色社会主义科学发展道路的选择，既是基于现阶段中国发展所面临问题的考虑，也是基于对整个世界负责任的考虑。中国是世界上最大的发展中国家，具有发展中国家二元结构的典型特征。人口多、底子薄，自然地理条件和人口资源分布差异很大，城乡和区域发展差距也很大。改革开放虽然取得了巨大的成就，但中国仍处于并将长期处于社会主义初级阶段的基本国情并没有发生根本的变化。新世纪新阶段，中国发展呈现出一系列新的阶段性特征，经济社会发展同人口、资源、环境压力之间的矛盾逐渐突出。深刻把握中国发展面临的新课题、新矛盾，自觉走科学发展道路，是中国特色社会主义在“实现什么样的发展、怎样发展”这个基本问题上的创造性探索。

第二，和谐发展。中国特色社会主义在推进科学发展的过程中，积极构建社会主义和谐社会。中国所要努力构建的和谐社会，是中国共产党领导全国人民共同建设、共同享有的和谐社会。民主法治、公平正义、诚信友爱、充满活力、安定有序、人与自然和谐相处，这六个方面的内容既是社会主义和谐社会的价值内涵，也是中国构建社会主义和谐社会努力实现的价值目标。我们希望通过社会主义和谐社会的构建，最终实现广大人民群众各尽所能、各得其所、和谐相处的社会局面。

随着中国经济社会快速发展，社会矛盾日益凸显，社会公平问题提上议事日程，这是我国提出构建社会主义和谐社会的一个重要背景。说到底，和谐发展道路就是一条避免两极分化，最终达到共同富裕的道路。我国和谐发展道路的选择，是我国走科学发展道路的必然结果。科学发展与和谐发展相辅相成，有机统一。实现我国的和谐发展，关键是在坚持科学发展的同时，有效地协调社会各方面的利益关系，化解社会矛盾。中国特色社会主义的社会制度，不仅是实现科学发展的制度保证，也是实现和谐发展的制度保证。我国将进一步发挥社会主义的制度优越性，有效处理中国特色社会主义事业中的重大关系，着力解决广大人民群众最关心、最直接、最现实的利益问题，推动和谐社会的建设走向深入。

第三，和平发展。中国的发展是世界发展的一个重要组成部分。中国特色社会主义的发展既关乎中国人民的根本利益，也同世界的和平与发展密切相关。走和平发展道路，不仅符合中国人民的根本利益，也符合人类进步的时代潮流。其核心思想是：中国既通过维护世界和平来发展自己，又通过自身的发展来促进世界和平；中国永远不称霸，永远不搞扩张；在国内追求科学发展、和谐发展的同时，推动建设持久和平、共同繁荣的和谐世界。随着经济全球化、世界格局多极化的深入发展，中国共产党和中国政府明确提出，中国将始终不渝地走和平发展道路，这是根据时代发展潮流和自身根本利益作出的战略抉择，是向国际社会和世界人民作出的郑重承诺和庄严宣告。这一昭告的特殊意义在于，中国的发展，从根本上说，主要依靠自身的力量和不断改革创新。即使中国将来富强了，也永远不称霸，永远做维护世界和平、促进共同发展的坚定力量。中国正为此作不懈地探索和努力。

中国共产党人作为发展中国特色社会主义的核心力量，把科学发展、和谐发展、和平发展的根本原则作为指导发展的核心理念，这个核心理念就是科学发展观的要旨。

## 三、中国特色社会主义道路的特点

中国特色社会主义道路，标志着中国共产党在60年社会主义建设的实践中，对社会主义发展规律认识的不断升华。中国特色社会主义道路正日益显示出其鲜明的特点。

第一，中国特色社会主义道路具有时代性和方向性。时代性是指中国特色社会主义道路的探索与开创，始终和和平与发展的“新时代”密不可分。十二大以来，党的历次代表大会报告的主题都紧紧围绕和体现和平与发展这一时代主题，党的一切路线、方针和政策都体现了和平与发展这一时代主题特征。方向性是指中国特色社会主义道路始终坚持社会主义的方向，表现在我们始终坚持以科学社会主义理论的指导；始终坚持社会主义制度的基本特征；始终坚持以实现共产主义为最终目标，在科学社会主义理论的指导下，坚持并不断完善、健全社会主义制度，使之日趋成熟，直至最后过渡到共产主义。

第二，中国特色社会主义道路具有继承性和发展性。继承性是指中国特色社会主义道路，从毛泽东领导中国共产党和中国人民开始全面建设社会主义，探索中国自己的社会主义建设道路开始，经过邓小平、江泽民、胡锦涛一代一代中央领导集体继承下来的。发展性是指以邓小平、江泽民、胡锦涛为核心的一代又一代中央领导集体，在继承的基础上，不断丰富和发展中国特色社会主义道路。以毛泽东同志为核心的党的第一代中央领导集体，建立了社会主义制度，为当代中国一切发展进步奠定了根本政治前提和制度基础。以邓小平同志为核心的党的第二代中央领导集体，指引全党全国各族人民在改革开放的伟大征程上阔步前进，开创了中国特色社会主义建设道路。以江泽民同志为核心的党的第三代中央领导集体，带领全党全国各族人民继承、发展并成功地将中国特色社会主义伟大事业胜利地推向21世纪。以胡锦涛同志为核心的新一届中央领导集体，着力推动科学发展、促进社会和谐，在全面建设小康社会实践中坚定不移地把中国特色社会主义伟大事业继续推向前进。

第三，中国特色社会主义道路具有开拓性和创新性。与时俱进，开拓创新，不断丰富特色，是中国特色社会主义道路的又一重要特征。从毛泽东提出的正确认识和处理两类不同性质的矛盾，走中国工业化的道路等关于社会主义建设的宝贵思想，到邓小平提出的社会主义本质论、社会主义初级阶段理论，到江泽民提出的“三个代表”重要思想，到胡锦涛提出的科学发展观、社会主义核心价值体系、构建社会主义和谐社会，都体现了中国特色社会主义道路的开拓性和创新性。

第四，中国特色社会主义道路具有全面性和协调性。中国特色社会主义是以经济建设为重点的全面发展、全面进步的社会，经济、政治、文化、社会全面发展是中国特色社会主义道路的基本特征。改革开放以来，我们党坚持以经济建设为中心，全面推进经济社会发展，把中国特色社会主义建设发展为经济建设、政治建设、文化建设、社会建设“四位一体”的目标，突出了中国特色社会主义全面发展的特点。中国特色社会主义道路是协调发展之路，协调区域发展、协调城乡发展、协调国内发展与对外开放是中国特色社会主义道路的显著特征。

第五，中国特色社会主义道路是以人为本的道路。以人为本是马克思主义的基本原则，也是中国共产党全心全意为人民服务的根本宗旨的体现，以人为本强调人民的主体作用，强调党的一切奋斗和工作都是为了造福人民。要始终把实现好、维护好、发展好最广大人民的根本利益作为党和国家一切工作的出发点和落脚点，尊重人民主体地位，发挥人民首创精神，保障人民各项权益，走共同富裕道路，坚持发展依靠人民，发展为了人民，发展的成果为人民所共享，促进人的自由和全面发展。以人为本贯穿于发展中国特色社会主义的全过程，彰显了中国特色社会主义的发展理念，是中国特色社会主义道路的突出特征。

## 第三节　中国特色社会主义道路的意义

### 一、中国特色社会主义道路的意义

60年来，中国共产党领导人民开创的中国特色社会主义事业在理论上和实践上都具有重大的意义。我们走的是一条通过开放，推进社会主义自我完善和发展的正确之路，是一条走向富强、民主、文明、和谐，走向现代化，实现全体人民共同富裕的成功之路。正是因为开辟了中国特色社会主义道路，中国人民的面貌、社会主义中国的面貌、中国共产党的面貌发生了历史性变化。中国特色社会主义的巨大成就引起国际社会普遍关注，而中国特色发展道路也被看做一种全新的发展模式而为世界所瞩目。中国特色社会主义道路的开辟及其取得的巨大成功，不但对中国，而且对世界都具有重要意义。

第一，中国特色社会主义道路是中华民族的伟大复兴之路。历史和现实无可辩驳地证明，走中国特色社会主义道路是中国人民在实践中所作出的正确选择，是实现民族振兴、国家富强、人民幸福、社会和谐的必由之路，体现在：

（1）中国特色社会主义道路是一条强国之路。新中国成立60年来，特别是改革开放30多年来，在中国特色社会主义道路上，我们实现了国家的富强，一个昔日落后的、任人欺凌和宰割的国家，变成了一个令世界瞩目的、对世界经济政治文化产生越来越大影响的国家。60年间，我国经济不断迈上新台阶，综合国力显著增强，国际地位和影响力显著提高。到2008年，我国GDP总量已经达到314 045万亿元，折合成美元为46 000亿美元，相当于美国GDP总量的32.1%，日本的94.2%，位居美国和日本之后，居世界第3位。对外贸易总额达到25 616亿美元，居世界第2位。2008年年末国家外汇储备19 460亿美元，比1952年增加近14 000倍，由长期以来的外汇短缺国一跃而成为世界第一外汇储备大国。2008年，我国的综合国力排在世界第4位，社会主义中国以前所未有的雄姿屹立在世界东方。四川汶川特大地震抗震救灾工作的胜利，奥运会的成功举办，在抗击金融危机中的不俗表现以及新中国成立60周年的盛大阅兵式，都向世界展示了中国强大的国力。

（2）中国特色社会主义道路是一条富民之路。在中国特色社会主义的道路上，我们不仅实现了国家的强大，还实现了人民的富裕和幸福。全国各族人民的总体生活水平与30年前相比有了不可同日而语的明显提高，整体进入了小康社会，并向更高水平的小康社会迈进。到1978年，人民群众的生活水平虽然有所改善，但仍处在温饱不足状态。经过60年的发展，尤其是改单开放30多年的发展，人民生活由温饱不足走向小康，到2000年总体上实现小康，并逐步向全面实现小康转变。我国城镇居民人均可支配收入由1949年的不足100元提高到2008年的15 781元，农村居民人均纯收入由44元提高到4 761元。2008年年底城乡居民人民币储蓄存款余额达21.8万亿元，比1952年年底增加2.5万倍。股票、债券等金融资产规模不断扩大。城镇居民拥有的财产性收入占全部收入比重由无到有，上升到2008年的2.3%。人均国内生产总值在由1952年的119元上升到1978年的381元后，迅速提高到2008年的22 698元，扣除价格因素，2008年比1952年增长32.4倍。根据世界银行资料，2008年我国人均国民总收入已经达到 2 770 美元，按照世界银行的划分标准，我国已经由长期以来的低收入国家跃升至世界中等偏下收入国家行列。对于我国这样一个经济发展起点低、人口基数庞大的国家，在 60 年之内能够取得这样的进步，是一个了不起的成绩。电视机、电冰箱、手机、电脑等电器的普及，汽车、商品房大量进入普通居民的消费，这既是国家经济实力的象征，也是人民生活水平提高的标志。同物质生活水平的提高相适应，人民群众的精神生活水平也有了相应的提高，中国人民不但腰包鼓了，而且精神状态更加自信、自强了。

（3）中国特色社会主义道路是一条实现人的全面自由发展之路。在中国特色社会主义的道路上，我们不仅实现了人民的富裕和幸福，还实现了人的全面自由发展。教育改革和发展成就显著，基本普及九年义务教育、基本扫除青壮年文盲的目标如期实现，高等教育进入大众化阶段；精神文明建设不断加强，文化事业和文化产业日益繁荣。人们的精神面貌发生深刻变化，竞争意识、创新意识、效率意识不断增强，人民群众从来没有像今天这样充满蓬勃的朝气和创造的活力。

（4）中国特色社会主义道路是一条健党之路。这条道路的开辟和取得的巨大成功，使中国共产党更加健壮和坚强。正是在领导全国各族人民实践中国特色社会主义道路的征程中，党的执政能力、党的工作作风、党的民主建设都有了进一步增强和改善。中国改革开放 30 多年来的巨大变化是中国共产党领导实现的，这是一个谁也否认不了的事实。中国特色社会主义道路的开辟和取得的巨大成功，集中反映了党的先进性，是使党的建设的新的伟大工程不断取得新进展的坚实基础。强国、富民、健党这三者是结合在一起的，体现了走中国特色社会主义道路的“综合效应”。这种综合效应，在 2008 年汶川特大地震抗震救灾的伟大壮举中得到了集中的、强烈的体现。正是由于国力增强了，抗震救灾才有了过去所没有的物质基础；正是由于老百姓手头有钱了，才能踊跃地捐款捐物；正是由于党的执政能力提高了，才能作出人民赞扬、举世称道的优秀表现。在抗震救灾中高扬的伟大民族精神，也是同中国特色社会主义道路的开辟和进展密不可分的。从一定意义上可以说，汶川特大地震抗震救灾的伟大壮举和必然取得的胜利，也是对中国特色社会主义道路伟大意义的一个证明。

第二，中国特色社会主义道路对世界各国的发展，具有重要的借鉴意义。中国特色社会主义道路的开辟和已经取得的巨大成果，不仅证明了社会主义制度的科学性和优越性，而且给世界上发展中国家实现发展提供了可以借鉴的宝贵经验。体现在：

（1）中国特色社会主义道路是人类追求文明的一条新路。中国特色社会主义道路之所以是人类追求文明的一条新路，是因为它是一条和平发展的道路，表现为中国通过争取和平的国际环境来发展自己，又以自己的发展来维护世界和平、促进共同发展；表现为坚持与其他国家和民族互利共赢的开放战略，遵循《联合国宪章》和国际关系准则，在国际事务中弘扬民主、和睦、协作、共赢精神。中国特色社会主义的这种和平发展的国际战略，意味着我们把中国传统文化倡导的“和而不同”视为人类各种文明协调发展的真谛；主张世界各国文明的多样性是人类社会的基本特征，也是人类文明进步的动力。因此，这就使中国在参与经济全球化中，利用经济全球化提供的机遇实现自身发展的成功经验具有世界意义。

（2）中国特色社会主义道路为发展中国家摆脱贫困提供了宝贵的借鉴。中国特色社会主义道路不仅使中国在经济建设上取得了举世瞩目的伟大成就，而且在消除贫困上也取得了举世瞩目的成就。到2008年，我国绝对贫困人口由2.5亿减少到1 479万，30年内，我国的减贫人数占全球减贫人数的比重超过了70%，第一个提前实现了“联合国千年发展目标”中贫困人口比例减半的目标。中国在消除贫困落后方面的成就，得到各方面的称赞，特别得到了一些发展中国家的推崇。中国在经济迅速发展的同时，使上亿人摆脱了贫困，在扶贫和社会进步方面取得了空前的成就，为世界许多国家，尤其是发展中国家消除贫困和落后提供了宝贵的经验借鉴。

（3）中国特色社会主义道路彰显了社会主义是人类发展的必由之路。中国特色社会主义道路的开辟和已经取得的巨大成就，证明了社会主义制度优越于资本主义制度，证明了中国特色社会主义道路是一条和平发展之路，是一条促进共同发展、建设和谐世界之路。它的成功向世界证明了社会主义是人类发展的必由之路。

## 二、中国特色社会主义的历史必然性

中国共产党领导中国人民探索中国特色的社会主义发展道路，具有历史的必然性，因为：

（1）近现代中国的时代特征及中国社会的独特个性，决定了中国新民主主义革命道路、社会主义革命道路和社会主义建设道路的特殊性。毛泽东在探索中国式革命道路时摆脱了苏联模式的束缚，带领全党全国各族人民赢得了民族解放和国家独立，创建了社会主义制度，用实践证明了中国式革命道路的成功与伟大。同样，在他逝世以后在社会主义的发展道路问题上，中国共产党强调走自己的路，不把书本当教条，不照搬外国模式，也是符合中国社会发展的客观规律的，是中国历史发展的必然。

（2）中国特色社会主义适应了国际环境变化的客观要求。当今之世，知识经济已成为一种新的经济形态，新一轮全球化空前加速，国际竞争的中心已经从军事对抗，转移到实质是以经济科技实力为基础的综合国力的较量。面对这一变化，世界各国顺应时代潮流，重新调整了发展战略，力争占据有利的地位。面对时代与历史条件的重大变化，中国共产党的工作重点、路线、对内对外的方针政策，以及党的战略思想，如果不能适应时代特征和国际环境的变化，自觉地进行历史性调整，仍然固守马克思的"本本"和封闭的、僵化凝滞的苏式社会主义经济、政治模式，用高度集中的计划经济抑制新的生产要素的增长，用高度集中的政治权力打压新的社会要素的孕育，用铁板一块的意识形态禁锢创新智慧，那么在新一轮技术革命和全球化浪潮中就只能错失机遇，甚至可能重蹈落后挨打的覆辙。中国特色社会主义正是主动应对这一严峻挑战的产物。

## 三、坚定不移地走中国特色社会主义道路

从1840年鸦片战争至今，围绕实现中华民族复兴，封建主义道路、资本主义道路、社会主义道路，在中国历史的大舞台上反复经受检验。历史已经充分证明，只有社会主义才能救中国，只有社会主义才能发展中国、实现中华民族伟大复兴。站在新的历史起点上，完成实现中华民族伟大复兴的历史使命，必须高举中国特色社会主义伟大旗帜，坚持中国特色社会主义理论体系，坚定不移地走中国特色社会主义道路。

中国特色社会主义道路是立足中国现实，能够解决中国问题唯一正确的道路；是中国共产党人在长期的社会主义实践中，历尽艰难，在改革开放的伟大进程中找到的唯一正确道路。在当代中国，坚持中国特色社会主义道路，就是真正坚持社会主义，正如胡锦涛在庆祝中华人民共和国成立60周年大会上的讲话中指出的，"我们将坚定不移坚持中国特色社会主义道路，全面贯彻执行党的基本理论、基本路线、基本纲领、基本经验，继续解放思想，坚持改革开放，推动科学发展，促进社会和谐，推进全面建设小康社会进程，不断开创中国特色社会主义适应新局面，谱写人民美好生活新篇章"。

坚定不移地走中国特色社会主义道路，是因为：

（1）中国特色社会主义道路坚持了科学社会主义的基本原则。科学社会主义基本原则是各国社会主义实践的理论基础，否定科学社会主义的基本原则，就会背离社会主义的发展道路。中国共产党在探索中国特色社会主义道路的过程中，始终坚持科学社会主义的基本原则。这些基本原则主要有：在经济上，坚持以经济建设为中心，坚持通过解放和发展生产力完善社会主义制度，坚持通过发展促进社会公平正义，解放生产力，发展生产力，消灭剥削，消除两极分化，最终达到共同富裕，坚持以公有制为主体、多种所有制经济共同发展的基本经济制度，坚持以按劳分配为主、多种分配方式并存的分配制度。在政治上，强调坚持四项基本原则，坚持中国共产党领导的多党合作和政治协商制度，坚持和完善人民代表大会制度，坚持民族区域自治制度。在文化上，坚持为人民服务、为社会

主义服务和“百花齐放，百家争鸣”的方针，繁荣和发展社会主义文化。正因为我们始终坚持了科学社会主义的基本原则，才使我国始终沿着社会主义的方向胜利前进。

（2）中国特色社会主义道路符合中国的实际，体现了中国特色。中国特色社会主义一以贯之地把握住了我国社会主义初级阶段的基本国情，认清了我国的发展阶段，深刻认识和全面贯彻了社会主义初级阶段的基本路线。中国特色社会主义道路，是植根于中国大地现实土壤中的活生生的社会主义，是符合我国基本国情的社会主义，具有鲜明的中国特色。中国特色社会主义道路根据我国实际和时代特征赋予了科学社会主义以鲜明的中国特色，因而能够使社会主义在中国的大地上真正活跃起来，创造性地解决中国的发展问题，成为中华民族伟大复兴的必由之路。

（3）中国特色社会主义道路与时代发展相一致，体现了时代特征。在当代，和平与发展是当今世界的两大主题，国际竞争的中心已经从军事对抗，转移到实质是以经济科技实力为基础的综合国力的较量。中国特色社会主义道路，体现了这一时代特征，强调和平发展，强调以经济建设为中心，通过大力发展生产力来增强国家的综合国力，用和平的方式实现国家和民族的复兴。

（4）中国特色社会主义道路借鉴了人类文明的优秀成果，是符合人类发展规律的社会主义。在开辟中国特色社会主义道路的实践中，中国共产党不仅突破了苏联模式，而且还正确对待和分析世界各种制度的优劣，通过及时了解世界范围内先进生产力和先进文化的发展趋势，大胆借鉴和利用人类文明的优秀成果，坚持不懈地推进开放，使中国特色社会主义不仅包含着丰富的内涵而且具有自己的鲜明特点。其中之一，就是中国特色社会主义借鉴了人类文明的优秀成果，是符合人类社会发展规律的社会主义。

坚定不移地走中国特色社会主义道路，就要做到：

（1）始终坚持中国共产党的领导不动摇。中国共产党是以马克思主义理论为指导的党，能够科学把握中国社会的发展规律，正确指明中国社会的发展方向。中国共产党又是一个植根于人民的党，以实现好、维护好、发展好最广大人民的根本利益为自己的奋斗目标，最能凝聚广大人民群众的力量。中国共产党还是一个与时俱进的党，总能根据时代发展的要求来审视自己，不断加强和改进自身建设。正是在中国共产党的领导下，中国人民以前所未有的主人翁姿态和高涨热情投入革命、建设和改革，彻底改变了国家的落后面貌，迎来了民族复兴的光明前景。事实雄辩地证明，中国共产党是中国特色社会主义事业的坚强领导核心，也是实现中华民族伟大复兴的坚强领导核心。坚定不移地走中国特色社会主义道路，在中国特色社会主义道路上实现中华民族伟大复兴，要求我们始终坚持中国共产党的领导，把推进中国特色社会主义伟大事业同推进党的建设的新的伟大工程结合起来，加强党的执政能力建设和先进性建设，提高党的领导水平和执政水平以及拒腐防变和抵御风险能力，使党始终成为中国特色社会主义事业的坚强领导核心。

（2）始终坚持党的基本路线不动摇。党的“一个中心，两个基本点”的基本路线，是基于我国正处于并将长期处于社会主义初级阶段这个最大国情而制定的。改革开放以来的实践证明，这条基本路线是党和国家的生命线、人民群众的幸福线。以经济建设为中心是兴国之要，是我们党、我们国家兴旺发达和长治久安的根本要求；四项基本原则是立国之本，是我们党、我们国家生存发展的政治基石；改革开放是强国之路，是我们党、我们国家发展进步的活力源泉。坚定不移地走中国特色社会主义道路，在中国特色社会主义道路上实现中华民族伟大复兴，要求我们始终坚持党的基本路线，须臾不可偏离，丝毫不可偏废。

（3）始终坚持人民的历史主体地位不动摇。中华民族复兴的过程，也是中国人民创造历史的过程。在近代中国，无数中华儿女为拯救民族危亡进行了不屈不挠的斗争，推动了中国历史进步。中国共产党成立后，中国人民在党的领导下，更是迸发出推动历史进步的巨大力量。我们党也正是紧紧依靠人民，从人民中汲取智慧和力量，才开创了中国特色社会主义道路。坚定不移地走中国特色社会主义道路，在中国特色社会主义道路上实现中华民族伟大复兴，要求我们始终坚持人民的历史主体地位，紧紧依靠人民群众，最广泛、最充分地调动人民的积极性、主动性、创造性。

（4）始终坚持中国特色社会主义理论体系不动摇。包括邓小平理论、“三个代表”重要思想以及科学发展观等重大战略思想在内的中国特色社会主义理论体系，是我们党探索中国特色社会主义道路的理论升华。这个理论体系，坚持和发展了马克思列宁主义、毛泽东思想，凝结了几代中国共产党人带领人民不懈探索实践的智慧和心血，是马克思主义中国化的最新成果，是党最可宝贵的政治财富和精神财富，是全国各族人民团结奋斗的共同思想基础。坚定不移地走中国特色社会主义道路，在中国特色社会主义道路上实现中华民族伟大复兴，要求我们始终坚持中国特色社会主义理论体系，把坚持马克思主义基本原理与推进马克思主义中国化结合起来，让当代中国马克思主义的真理光芒照亮民族复兴的道路。

# 第四章

# 中国社会主义制度优越性的政治制度基础

中国共产党在领导人民为实现人民民主而不懈奋斗的过程中，建立了人民代表大会制度、中国共产党领导的多党合作和政治协商制度、民族区域自治制度和基层民主自治制度，这是我国的根本政治制度。我国的政治制度是符合我国国情的，具有旺盛不竭的生命力和巨大优越性的政治制度。中国特色社会主义的政治制度，为中国社会主义制度优越性的发挥奠定了坚实的政治制度基础。

## 第一节　人民代表大会制度

### 一、人民代表大会制度是我国的根本政治制度

人民代表大会制度是我国人民当家作主的根本政治制度，是我国的政权组织形式。中华人民共和国的一切权力属于人民。人民行使国家权力的机关是全国人民代表大会和地方各级人民代表大会。全国人民代表大会和地方各级人民代表大会都由民主选举产生，对人民负责，受人民监督。国家行政机关、审判机关、检察机关都由人民代表大会产生，对它负责，受它监督。全国人民代表大会是最高国家权力机关；地方各级人民代表大会是地方国家权力机关。

在我国实行人民代表大会制度，是我们党把马克思主义基本原理同中国具体实际相结合的伟大创造，是近代以来中国社会发展的必然选择，是中国共产党带领全国各族人民长期奋斗的重要成果，反映了全国各族人民的共同利益和共同愿望。

1840 年鸦片战争后，由于帝国主义列强的入侵和封建统治的腐败，中国逐渐沦为半殖民地半封建国家。积贫积弱、灾难深重的中国向何处去？各个阶级、各个阶层、各种社会势力围绕在中国建立什么样的政治制度和政权组织形式，进行了艰苦地探索，展开了长期争论和激烈斗争。

旧中国落后在什么地方？一开始有人认为落后在技术上，因此就有了“洋

务运动”。甲午战争的失败，不仅令洋务运动破产，也让许多人认识到，与日本明治维新取得的成功相比，中国还落后在政治制度上。这样就有了康有为、梁启超的“百日维新”运动。他们试图依靠光绪皇帝推行新政，制定宪法，建立议会。但是，“戊戌变法”既不可能得到人民大众的理解和支持，也不能被清王朝以慈禧为代表的顽固派所接受，君主立宪制以失败而告终，而封建专制制度也终于走到了历史尽头。

辛亥革命胜利后，孙中山试图把西方的立法权、行政权、司法权与中国传统的考试权、监察权结合在一起，建立资产阶级共和制度。但是，“三权分立”制度也好，“五权分立”制度也罢，在历史上并没有站住脚。袁世凯不仅解散了参议院，甚至还废除共和，复辟帝制。在随后的十几年间，参议院成为北洋军阀的玩偶和道具。北洋军阀搞伪宪闹剧，既制造了一片混乱，也宣告了资产阶级共和制度在中国的破产。

抗战胜利后，国民党政府为了欺骗人民，召开了“国民大会”，制定了所谓“宪法”。但是，即使这样的“宪法”，也根本没有得到真正实施。蒋介石集团彻底暴露了假民主、真独裁的面目，把中国人民推入全面内战的血雨腥风之中。

近代中国的政治发展道路一再见证，在封建专制制度解体过程中，君主立宪制在中国行不通；在封建专制制度解体之后，“三权分立”的资产阶级共和制在中国也行不通，建立西方资本主义政治制度的尝试屡遭失败。

中国要建立什么样的制度才能从根本上保证人民当家作主？回答和解决这个历史课题的责任，历史地落在了中国共产党人的肩上。以毛泽东为代表的中国共产党人遵循马克思主义国家学说，借鉴巴黎公社和俄国十月革命的经验，在带领中国人民为推翻“三座大山”而浴血奋战的同时，对建立新型人民政权及其组织形式进行了长期探索和实践。早在第一次国内革命战争和第二次国内革命战争时期，我们党就创造了罢工工人代表大会、农民协会和工农兵代表苏维埃。抗日战争和解放战争时期，又建立了各阶级阶层代表人士参加的参议会和各族各界人民代表会议。在为实现人民民主而不懈奋斗的过程中，中国共产党深刻总结近代中国政治发展的历程和建立新型人民民主政权的实践，得出了一个重要的历史性结论，这就是：新民主主义革命胜利后建立的政权，只能是工人阶级领导的、以工农联盟为基础的人民民主专政；同这一国体相适应的政权组织形式，只能是民主集中制的人民代表大会制度。

人民代表大会制度是我国的根本政治制度，原因如下：

第一，人民代表大会制度是符合中国国情、体现中国社会主义国家性质、能够保证中国人民当家作主的政治制度。新中国成立60年特别是改革开放30多年来，人民代表大会制度不断巩固和发展，显示出强大的生命力和巨大的优越性。人民代表大会制度为人民当家作主创建了最好的组织形式。我国是工人阶级领导的、以工农联盟为基础的人民民主专政的社会主义国家。这是我国的国体，也决定了我们国家的根本性质。我国《宪法》关于“中华人民共和国的一切权力属于人民”、“人民行使国家权力的机关是全国人民代表大会和地方各级人民代表大会”的规定，确立了国家制度的核心内容和基本准则，体现了国家权力的归属问题。人民代表大会制度是根据一切权力属于人民的原则，在普选基础上选举各级人大代表，组成国家权力机关，由国家权力机关产生其他国家机关。人民代表大会制度彻底否定了中国历史上社会政治生活中少数剥削阶级对人民大众的政治压迫，否定了延续几千年的少数剥削阶级的特权，在中国历史上第一次建立起人民大众管理国家、管理社会的国家体制，实现了人民当家作主。

第二，人民代表大会制度为社会主义制度奠定了坚实的政治基础。全国人民代表大会和地方各级人民代表大会都由民主选举产生，对人民负责，受人民监督。各级人民代表大会真正代表人民的利益，按照人民的意志制定法律法规、决定重大事项、选举和任免国家机构领导人员、监督国家行政机关、审判机关和检察机关的工作，从根本上保证人民在国家生活中的主人翁地位；依法实行民主选举、民主决策、民主管理、民主监督，保证人民享有广泛的民主、自由和人权，有利于广泛动员和组织人民群众投身中国特色社会主义建设、管理国家和社会事务、管理经济和文化事业，把全国各族人民的力量凝聚起来，万众一心，有领导、有秩序地朝着国家的发展目标前进。

第三，人民代表大会制度为国家机构协调高效运转确立了规范的政权架构。人民代表大会作为国家权力机关统一行使国家权力，坚持民主集中制原则，集体行使职权，集体决定问题。各级人民政府作为同级国家权力机关的执行机关，根据人民代表大会及其常委会制定的法律法规或作出的决议依法行政，各级人民法院、人民检察院作为司法机关，依照人民代表大会及其常委会制定的法律法规公正司法。国家行政机关、审判机关、检察机关由人民代表大会产生，对它负责，受它监督，保证国家权力机关、行政机关、审判机关、检察机关合理分工，协调一致地工作，有利于国家统一有效地组织各项事业，集中力量办大事，提高效率。

第四，人民代表大会制度为维护国家统一和民族团结提供了有力的制度保障。我国有23个省（包括台湾在内）、5个自治区、4个直辖市，在香港、澳门还设立了两个特别行政区。在中央统一领导下，合理划分中央和地方的职权，充分发挥中央和地方两个积极性。各少数民族聚居的地方实行民族区域自治，民族自治地方的国家机关行使宪法和法律赋予的一般地方国家机关职权，并享有宪法和法律赋予的自治权。这既有利于保证国家的统一，又有利于发挥地方的主动性和积极性；既有利于实现民族平等，保障各少数民族的合法权利和利益，又有利于促进民族自治地方的发展，维护民族的团结和国家的统一。

## 二、人民代表大会制度的内容

我国的人民代表大会制度，包括以下几方面的内容：

（1）明确了国家的主人是人民。《中华人民共和国宪法》第二条第一款规定："中华人民共和国的一切权力属于人民。"这是人民代表大会制度中的核心问题，即国家权力的归属问题，也是国家其他权力如行政权、司法权的来源问题，正如毛泽东同志所指出的"我们的权力是从哪里来的？是人民给的。"

（2）明确了人民行使权利的途径和方法。《中华人民共和国宪法》第二条第二款规定："人民行使国家权力的机关是全国人民代表大会和地方各级人民代表大会。"这就是说，人民行使国家权力、管理国家事务，不是直接的，而是通过选举产生人大代表，由人大代表组成各级人民代表大会来行使的。

（3）明确了各级人民代表大会同人民的关系。《中华人民共和国宪法》第三条第二款作了规定："全国人民代表大会和地方各级人民代表大会都由民主选举产生，对人民负责，受人民监督。"这一规定，对于保证各级人民代表大会真正代表人民利益、按照人民的意志行使国家权力，从而保证人民在国家生活中的主人翁地位，具有重要作用。

（4）明确了各级人民政府、人民法院、检察院同各级人大的关系。《中华人民共和国宪法》第三条第三款规定："国家行政机关、审判机关、检察机关都由人民代表大会产生，对它负责，受它监督。"由此可见，在我国，行政权和司法权都不是独立的，它们都要由作为国家权力机关的人民代表大会产生，并且要对人大负责，受人大监督。我国的国家体制，是人民代表大会统一行使国家权力。在这个前提下，对于国家的行政权、审判权、检察权和武装力量的领导权，也都有明确的划分，使国家权力机关和行政、审判、检察机关等其他国家机关能够协调一致地工作。这是我们同西方一些国家实行的"三权分立"体制最根本的不同，同时也同列宁讲过的"议行合一"的苏维埃体制不同，是适合中国国情、有中国特色的国家体制。

（5）明确了中央和地方的关系。我国历史上就是一个单一制的国家，我们不实行联邦制，但我们要总结和吸取历史经验，注意发挥中央和地方两个积极性。所以《中华人民共和国宪法》第三条第四款规定："中央和地方的国家机构划分，遵循在中央的统一领导下，充分发挥地方的主动性、积极性的原则。"

（6）明确了少数民族管理国家的方式。《中华人民共和国宪法》第四条第三款规定："各少数民族聚居的地方实行区域自治，设立自治机关，行使自治权。各民族自治地方都是中华人民共和国不可分离的部分。"这是一条非常重要的规定，它规定了我国在少数民族聚居的地方实行的是民族区域自治制度，而不是民族自决制度。它既保证了少数民族能够充分享有和行使管理地方国家事务的权力，又维护了民族的团结和国家的统一。

## 三、我国人民代表大会制度和西方政治制度的区别

一个国家实行什么样的政治制度，归根结底是由这个国家的国情和性质决定的。资本主义社会讲的民主是资产阶级的民主，实际上是垄断资本的民主，无非是多党竞选、三权分立、两院制或者多院制。我们实行的人民代表大会制度，是共产党领导下的人民民主制度，不能搞西方那一套。

我国人民代表大会制度与西方资本主义国家政体有本质区别。人民代表大会制度是适应我国社会主义国家性质的政权组织形式，体现了国家的一切权力属于人民，从根本上否定了“金钱民主”和资本统治。在我国，人民是国家和社会的主人。人民当家作主的途径和形式多种多样，最根本、最重要的就是通过人民代表大会掌握国家政权，行使国家权力。人民经过民主选举产生自己的代表，组成各级人民代表大会。各级人民代表大会都由民主选举产生，代表人民行使国家权力，保证了把国家、民族的前途和命运牢牢地掌握在人民手中。资本主义国家虽然标榜“主权在民”，但实质上是“金钱民主”和资本统治。在资本主义国家，少数人凭借资本的强势可以左右弱势的社会中下层的民主诉求，金钱的魔力足以压迫多数人对资本的专制保持沉默。

我国人民代表大会与西方议会有本质区别。人民代表大会制度是中国共产党在国家政权中充分发扬民主、贯彻群众路线的最好实现形式，确立了中国共产党的领导地位和执政地位，在政治框架中排除了“多党竞选”和“多党轮流执政”。中国共产党是中国特色社会主义事业的领导核心，是执政党。各民主党派是参政党，不是在野党，更不是反对党。西方资本主义国家实行多党制或两党制，有执政党，有反对党或在野党，各党派明争暗斗，但无论哪个党派上台执政，都不可能真正代表人民利益，都是极力维护自己及其代表的利益集团的利益。西方议会是各党派争权夺利的场所。人民代表大会是中国共产党对国家和社会事务实施领导的国家权力机关，各级人民代表大会中没有议会党团，也不以界别开展活动。无论是人民代表大会，还是常委会或专门委员会，都不按照党派分配席位。我们的人大代表、常委会组成人员、专门委员会组成人员，无论是共产党员，还是民主党派成员或者无党派人士，肩负的都是人民的重托，都在中国共产党领导下依法履行职责，为人民服务，没有西方议会中各党派的钩心斗角、相互倾轧。必须坚持中国共产党对国家政权机关的领导，各级政权机关，包括国家权力机关、行政机关和司法机关，都必须自觉接受党的领导，绝不搞两党制、多党制，更不搞“多党竞选”、“多党轮流执政”。

我国人民代表大会和“一府两院”的关系与西方国家国家机关间关系有本质区别。人民代表大会制度是以人民代表大会为基础和核心构建起来的政权体

系，国家行政机关、审判机关、检察机关都由人民代表大会产生，对它负责，受它监督，不像资本主义国家不同利益集团、政治派别之间尔虞我诈和互相拆台。在我国，各国家机关虽然分工不同、职责不同，但目标是完全一致的，都是在中国共产党领导下，在各自职权范围内独立负责地进行工作。人民代表大会与同级国家行政机关、审判机关、检察机关是产生与被产生、决定与执行、监督与被监督的关系，不是相互掣肘，不是唱对台戏。这是我国人民代表大会制度的重要特征，与西方国家议会、政府、法院“三权分立”有着本质不同，不会导致议而不决、决而不行和效率低下。

我国的人大代表与西方议员有本质区别。人民代表大会制度实行民主集中制原则，各级人大的代表由民主选举产生，集体履行职权，不像西方许多国家那样实行上院（参议院）、下院（众议院）“两院制”。我们的人大代表，来自各地区、各民族、各方面、各社会阶层，具有广泛的代表性，不像西方议员是某党某派的代表。我们的人大代表，工作和生活在人民中间，同人民群众保持着密切联系，有各自的工作岗位。我们的人大代表，是通过会议的方式依法集体行使职权，而不是每个代表个人直接去处理问题，各级人大常委会办事机构是代表的集体参谋助手和服务班子。每个代表或常委会组成人员无论职务高低，无论来自什么职业和地域，都是平等的，每人只有一票，每票效力相同，最后按照多数人的意见作出决定。

## 四、人民代表大会制度的优越性

人民代表大会制度作为我国的根本政治制度，具有巨大的优越性，表现在以下几方面：

第一，人民代表大会制度是最能体现我们党执政理念的民主政治制度。中国共产党在中国执政，并能长期执政，这是历史的选择、人民的选择。中国共产党既是中国工人阶级的先锋队，又是中国人民和中华民族的先锋队，是中国特色社会主义事业的领导核心，代表着中国先进生产力的发展要求、先进文化的前进方向、最广大人民的根本利益。中国共产党除了代表最广大人民的根本利益，没有自己的特殊利益，始终坚持权为民所用、情为民所系、利为民所谋。中国共产党的根本宗旨是全心全意为人民服务，执政理念是立党为公、执政为民，党的全部任务和责任，是带领人民实现自己的利益。无论是战争年代浴血奋战推翻“三座大山”，无论是建立社会主义制度、开展大规模的社会主义建设，还是进行改革开放和社会主义现代化建设，归根到底，都是为了实现好、维护好、发展好最广大人民的根本利益。在中国，中国共产党是唯一的执政党。共产党执政的实质，就是领导、支持和保证人民当家作主，最广泛地动员和组织人民群众依法管理国家事务，管理经济和各项社会事业，领导人民群众最大限度地实现自己的利益。新中国60年建设的实践证明，人民代表大会制度能够把坚持党的领导和坚持人民当家作主有机地结合起来，把尊重社会发展规律和尊重人民群众的主体地位有机地结合起来，把为崇高理想而奋斗和为最广大人民谋利益有机地结合起来。

第二，人民代表大会制度是最能保证人民当家作主的民主政治制度。任何一个国家的国家政权，都是国体和政体的统一。我国是人民当家作主的社会主义国家，我们国家的国体是工人阶级领导的、以工农联盟为基础的人民民主专政。这就决定了我们国家的政体必须是最能保障最广大人民根本利益的政体，最能反映全国各族人民共同意志的政体，最便于人民群众管理国家和社会事务的政体，归根到底一句话，必须是最能确保人民当家作主的政体。我国人民在中国共产党的领导下，在认真总结长期进行人民政权建设经验教训的基础上，从我国的具体实际出发，选择人民代表大会制度作为我们国家的政体，这是非常正确的。人民代表大会制度明确规定：中华人民共和国的一切权力属于人民，人民行使国家权力的机关是全国人民代表大会和地方各级人民代表大会；国家机构实行民主集中制原则，全国人民代表大会和地方各级人民代表大会都由选民或选举单位民主选举产生，对人民负责、受人民监督；国家行政机关、审判机关、检察机关，都由人民代表大会选举或表决产生，对人民代表大会负责、受人民代表大会监督；人民代表大会及其常委会决定重大问题必须经过充分讨论，然后付诸表决，按少数服从多数的原则作出决定；人民代表大会代表具有广泛的代表性，除被剥夺政治权利者外，中华人民共和国年满18周岁的公民，不分民族、种族、性别、职业、家庭出身、宗教信仰、教育程度、财产状况、居住期限，都有选举权和被选举权；人民代表大会代表除具有与会权、审议权、表决权、选举权等基本权利之外，还具有提名权、建议批评权、询问权、质询权、视察权；人民代表大会代表在人民代表大会各种会议上的发言和表决，不受法律追究，县级以上各级人民代表大会代表，在人民代表大会开会期间，非经本级人民代表大会主席团许可，在本级人民代表大会闭会期间非经本级人民代表大会常务委员会许可，不受逮捕或刑事审判；人民代表大会代表必须按照宪法和法律的要求，认真履行应尽的责任和义务，依法认真行使职权，必须与选民或选举单位保持密切的联系，并自觉接受选民和原选举单位的监督。由此可见，我国的人民代表大会制度，是最具实质性、广泛性、代表性、合理性的政权组织形式，是最能保证人民当家作主的民主政治制度。

第三，人民代表大会制度是最符合中国国情的民主政治制度。人类政治文明发展的历史和现实情况表明，世界上不存在放之四海而皆准的、普遍适用的民主政治模式。一个国家实行什么样的民主政治制度，归根结底是由这个国家的国情决定的。我国实行人民代表大会制度，与我国必须坚持中国共产党领导一样，都是人民的选择，历史的选择。历史为什么要选择人民代表大会制度，人民为什么要选择人民代表大会制度，很重要的一条，就是人民代表大会制度与中国的文化传统、生产力发展水平、国内外政治环境相适应，符合中国的基本国情。1840年以后，由于西方列强的入侵和封建政权的腐败，中国逐渐沦为半殖民地、半封建国家，中国人民饱受凌辱和苦难。从那时起到中华人民共和国成立这100多年的时间里，中国社会各阶级、各阶层中的有识之士，围绕中国究竟应该建立什么样的政治制度，采取什么样的政权组织形式，展开了长期的争论，进行了艰辛的探索。争论与探索的结论是，摆脱了“三座大山”压迫的中国，只能走人民当家作主的社会主义道路，而不能走别的什么道路，走别的道路只能是死路一条；在人民当家作主的社会主义制度下，只能采取人民代表大会这一政权组织形式，照搬西方多党制、三权分立、两院制的政治模式不符合中国国情，是注定要失败的。新中国成立以来，特别是改革开放以来的实践证明，人民代表大会制度不仅是最适合我国人民民主专政的社会主义性质的民主政治制度，而且是最能保证国家长治久安，促进全国各族人民大团结，调动社会各方面积极性的民主政治制度。

第四，人民代表大会制度是最重效率、最有效率的民主政治制度。我国是人民当家作主的社会主义国家，在经济上要创造比资本主义高得多的劳动生产率，在政治上也应追求更高的执政效率。尤其是我国正处于并将长期处于社会主义初级阶段，面临着发达国家在经济上、科技上长期占优势的巨大压力，要实现全面建设小康社会和社会主义现代化的奋斗目标，实现中华民族的伟大复兴，必须发挥比较优势，把握有利条件，扬长避短，趋利避害，讲求效率，取得发展的主动权。否则就会丧失机遇，陷于被动。多年来的民主政治建设的实践证明，我国的人民代表大会制度，是世界上最重效率、最有效率的政治制度。社会主义国家有一个最大的优越性，就是干一件事情，一旦下定决心，作出决定，就立即执行，不受牵扯。我国作为发展中大国，要实现既定的发展目标，赶超发达国家，其政治制度建设必须确立保护公民权利、维护社会秩序和集中社会资源、促进跨越式发展的双重目标。我国成功推进工业化和社会主义现代化的实践说明，人民代表大会制度，完全具备保障公民权利、维护社会秩序和集中社会资源、促进跨越式发展的双重功能，它既注重公平、又讲求效率。我们必须长期坚持，不能动摇。

第五，人民代表大会制度是与时俱进、充满生机和活力的民主政治制度。创新是一个民族的灵魂，是一个国家兴旺发达的不竭动力。人民代表大会制度，是我们党在政权建设上把马克思主义的基本原理与中国具体实际相结合的伟大创举，是对社会主义民主政治建设的伟大创新，体现了国家政权组织形式的发展趋势。人民代表大会制度之所以具有强大的生命力和巨大的优越性，就是因为它是一个开放的制度体系，具有与时俱进的优秀品格，能够根据社会主义现代化各个时期的发展需要，不断地进行改革和自我完善，不断地汲取和借鉴全人类共同创造的政治文明成果。人民代表大会制度，是最能保障人民当家作主的社会主义民主政治制度，这是被实践证明了的。但这一制度建设还处于初级阶段，受历史和现实、国际和国内、理论和实践、经济和文化等多种因素的影响，不可避免地存在一些不尽如人意的地方，它的实现形式、运作机制、工作程序等还需要进一步完善，它在充分发挥自身作用、改进选举制度、提升代表素质、提高立法质量、加强民主监督、完善工作和组织制度等方面还有待进一步加强。但是，健全和发展人民代表大会制度，必须本着有利于加强和改善党的领导，有利于发挥社会主义制度的政治优势，有利于调动最广大人民的积极性，有利于国家统一、民族团结和社会稳定，有利于促进经济发展和社会进步的原则来进行；必须坚持正确的政治方向，始终以不断发展着的马克思主义为指导，不搞指导思想的“多元化”；始终坚定不移地走中国特色社会主义政治发展道路，既要积极借鉴人类共同创造的政治文明成果，又要坚持独立自主的原则，不照搬西方民主政治的制度模式；始终坚持民主集中制原则，坚持人民代表大会统一行使权力，严格依法依程序办事，集体决定问题，集体行使权力；始终坚持走群众路线，坚持以人为本，把维护好、实现好、发展好最广大人民的根本利益作为完善人民代表大会制度的出发点和归宿；始终把坚持党的领导、人民当家作主、依法治国统一于社会主义民主政治建设的伟大实践，统一于社会主义现代化建设的全过程，推动人民代表大会制度与时俱进，使社会主义民主更加完善，社会主义法制更加健全，依法治国的基本方略得到全面落实，全国各族人民的经济、政治、文化权益得到切实保障。

## 五、坚持和完善人民代表大会制度

由于我国的人民代表大会制度具有巨大的优越性，我们就要进一步把人民代表大会制度坚持好、发展好，把新形势下人大的各项工作做得更生动、更扎实、更有效。

我国的社会主义民主政治制度，既坚持了科学社会主义关于民主理论的基本原理，又吸收了人类政治文明发展的有益成果。这种民主政治制度适合中国国情，鲜明地体现了中国特色社会主义民主政治的本质和特点，具有自己的优势和强大生命力，任何时候都绝不能动摇、削弱和丢掉这个制度。这是关系巩固中国社会主义制度、关系全国各族人民根本利益的重大原则问题，绝不能有丝毫的含糊。世界上许多国家的历史告诉我们，发展民主只能走自己的道路，脱离本国实际，脱离国情，脱离经济社会发展的客观要求，盲目照搬别国模式，不但实现不了人民发展民主的愿望，反而会给人民利益和经济社会发展造成损失甚至灾难。我们要积极借鉴人类社会创造的文明成果包括政治文明的有益成果，但绝不照搬西方那一套，绝不搞多党轮流执政、“三权分立”、两院制。要认清资产阶级民主固有的弊端和虚伪性，认清社会主义民主与资本主义民主的本质区别，切不可照搬照抄外国政治制度的模式。对于西方一些敌对势力对我国实施西化、分化的政治图谋，要时刻保持足够的警惕，保证中国特色社会主义民主政治建设始终沿着正确的方向不断向前推进。

坚持中国特色社会主义道路，具体到民主政治建设方面，就是要坚持走中国特色社会主义政治发展道路，坚持党的领导、人民当家作主、依法治国的有机统一，不断推进社会主义民主政治制度自我完善和发展。社会主义越向前发展，越要求社会主义民主向前发展。社会主义民主政治建设是随着经济发展、社会进步而不断探索、创造和前进的过程，不可能一蹴而就，毕其功于一役。中国特色社会主义事业搞多久，发展社会主义民主政治就要搞多久。我们在发展社会主义民主政治方面已经取得了巨大的成就，但我国社会主义民主制度还不完善，距离社会主义现代化建设的需要和实现人民当家作主的要求还有相当的差距。发展民主是一项十分重要而又极其艰巨的任务，要在党的领导下，从我国的国情出发，有步骤、有秩序地推进社会主义民主政治的逐步发展。

胡锦涛指出：“人民代表大会制度是中国人民当家作主的重要途径和最高实现形式，是中国社会主义政治文明的重要制度载体。”坚持和完善人民代表大会制度，是我们发展社会主义民主政治、建设社会主义政治文明的重要内容。坚持人民代表大会制度，就是要高举人民民主的旗帜，坚持人民代表大会制度的根本性质和基本内容，坚持人民当家作主，坚持人民代表大会统一行使国家权力，坚持各级人大及其常委会集体行使职权，坚持中国共产党的执政地位，保持人民代表大会制度的主要特征、特点和特色。必须积极稳妥地推进政治体制改革，把人民代表大会制度发展好。充分发挥人民代表大会制度的优越性和独特功效。完善和发展人民代表大会制度，没有现成模式可以照搬，要靠我们在实践中探索和创新。站在新的历史起点上，我们必须勇于开拓、勇于创新，把各级人大建设成为名副其实的权力机关，建设成为全面担负起宪法和法律赋予的各项职责的工作机关，建设成为同人民保持密切联系的代表机关，推动人民代表大会制度与时俱进、不断自我完善和发展。

## 第二节　中国共产党领导的多党合作和政治协商制度

### 一、中国共产党领导的多党合作和政治协商制度的基本内容和功能

中国共产党领导的多党合作和政治协商制度是中华人民共和国的一项基本的

政治制度，是具有中国特色的政党制度。这一制度的基本内容包括以下几个方面：

（1）中国共产党是执政党，各民主党派是参政党，中国共产党和各民主党派是亲密战友。中国共产党是执政党，其执政的实质是代表工人阶级及广大人民掌握人民民主专政的国家政权。各民主党派是参政党，具有法律规定的参政权。其参政的基本点是：参加国家政权，参与国家大政方针和国家领导人选的协商，参与国家事务的管理，参与国家方针、政策、法律、法规的制定和执行。

（2）中国共产党和各民主党派合作的首要前提和根本保证是坚持中国共产党的领导和坚持四项基本原则。

（3）中国共产党与各民主党派合作的基本方针是：长期共存，互相监督，肝胆相照，荣辱与共。这一方针是多党合作的思想基础。“十六字方针”不仅有利于互相监督，有利于政治民主，对多党合作的政党体制也起了稳定和强化的作用。

（4）中国共产党和各民主党派以宪法和法律为根本活动准则。

（5）共产党和民主党派的合作形式是多种多样的，如吸收民主党派人士参加国家政权，邀请民主党派代表列席共产党的代表大会，通过各种座谈会、恳谈会直接听取各民主党派的意见等等。在各种合作形式中，中国人民政治协商会议是最重要的组织形式，是中国共产党与各民主党派进行合作的重要渠道和场所。

中国共产党领导的多党合作和政治协商制度具有以下几个方面的功能：

（1）政治参与。中国共产党领导、多党派合作，共产党执政、多党派参政，是中国多党合作制度的特征。这一基本制度为各民主党派的政治参与开辟了制度化渠道，把各种社会力量纳入政治体制，巩固和扩大人民民主专政国家政权的基础；调动各方面积极性，广集民智，广求良策，推动执政党和政府决策的科学化、民主化。

（2）利益表达。人民内部在根本利益一致的基础上存在着具体利益的差别和矛盾。特别是随着社会主义市场经济的发展，经济体制深刻变革、社会结构深刻变动、利益格局深刻调整、思想观念深刻变化。多党合作与政治协商制度能够有效反映社会各方面的利益、愿望和诉求，畅通和拓宽社会利益表达渠道，协调利益关系，照顾相关者利益。

（3）社会整合。我国现代化建设的艰巨性和复杂性，要求政治制度具备高度的社会整合功能。多党合作和政治协商制度以中国共产党领导为前提，又有各民主党派的广泛合作，从而形成强大的社会整合力。在建设中国特色社会主义大目标下，中国共产党紧密团结民主党派和无党派人士，形成高度的政治认同，促进政治资源的优化配置，调动各方面的积极性。

（4）民主监督。中国共产党与各民主党派互相监督，有利于强化体制内的监督功能，避免由于缺乏监督而导致的种种弊端。各民主党派反映和代表着各自所联系群众的具体利益和要求，能够反映社会上多方面的意见和建议，能够提供一种中国共产党自身监督之外更多方面的监督，有利于执政党决策的科学化、民主化，克服官僚主义和各种消极腐败现象。

（5）维护稳定。多党合作和政治协商制度以合作、协商代替对立、争斗，不仅能够避免政党互相倾轧造成政局不稳，而且能够有效化解各种社会矛盾和冲突，最大限度地减少社会内耗，保持政治稳定和社会和谐。

## 二、中国共产党领导的多党合作和政治协商制度是符合我国国情的政治制度

中国共产党领导的多党合作和政治协商制度，是我们党把马克思主义政党学说和统一战线理论与中国具体实际相结合的伟大创造，是我们党同各民主党派、无党派人士长期团结奋斗的重大理论成果和实践成果，具有历史的必然性。

鸦片战争后，中国逐步沦为半殖民地半封建社会。帝国主义和封建主义互相勾结，阻碍中国社会向前发展，中华民族危难深重，中国人民无法享有民主权利。为了改变国家、民族的悲惨命运，一代又一代的中国人奋起抗争。20世纪初，中国民主革命的先行者孙中山发动和领导了具有资产阶级民主革命性质的辛亥革命，推翻了清朝封建统治，建立了中华民国。随后，中华民国临时政府颁布《临时约法》，全盘照搬西方议会政治，允许人们结社结党。一时间，各类政治团体蜂拥而起，政党多达300多个，围绕国会选举，各党派展开激烈竞争，国民党最终赢得胜利。但随着袁世凯刺杀宋教仁、解散国民党、取消国会、恢复帝制，民族资产阶级及其政党热切向往的议会制和多党制彻底破产，中国走向军阀混战、四分五裂的局面。民国初年的议会制和多党制，是当时仁人志士对中国社会发展道路的探索，相对于封建专制是一个历史性进步，但这不仅为中外反动势力所不容，而且根本不能解决中国社会的主要矛盾和问题，无法成为解救中国的济世良方。

近代以来，中国民主政治发展的潮流和趋势，决定了一党专制在中国同样行不通，注定要被时代和人民所抛弃。国民党蒋介石集团建立的代表大地主大资产阶级利益的政权，独揽国家一切权力，推行“一个党、一个主义、一个领袖”，实行一党专制。抗战爆发，迫于国内外压力，国民党政府表面上允许中共和其他党派合法存在，但始终不忘“溶共”、“防共”、“限共”和“反共”，打击和迫害民主进步力量。抗战胜利后，国民党拒绝中国共产党提出的建立民主联合政府的政治主张，公然撕毁停战协定和政协协议，发动全面内战，最终导致政治上的孤立、经济上的崩溃和军事上的溃败。毛泽东曾经指出：“不论是对于过去历史上说，对于当前任务上说，对于中国社会性质上说，所谓一党主义都是没有根据

的，都是做不到的，行不通的。”

1921年成立的中国共产党，把马克思列宁主义与中国实际相结合，提出了新民主主义革命纲领，团结全国各革命阶级为实现民族独立、人民解放和国家富强、人民幸福而奋斗。在抗日战争和解放战争时期成立的各民主党派，其社会基础是民族资产阶级、城市小资产阶级以及同这些阶级相联系的知识分子和其他爱国分子，有着反帝、爱国、民主的政治要求，是中国社会的进步力量。中国共产党在领导新民主主义革命走向胜利的伟大斗争中，确立了在中国各种革命力量中的领导核心地位。1948年4月，中国共产党提出召开新政治协商会议，成立民主联合政府的主张，得到各民主党派和无党派人士热烈响应。1949年9月中国人民政治协商会议的召开，标志着中国共产党领导的多党合作和政治协商制度的正式确立，中国共产党与各民主党派和无党派民主人士共同参加新中国国家政权建设。

中国近现代史正反两方面的经验和教训说明，中国民主政治建设，必须从中国的基本国情出发，盲目照搬别国政治制度和政党制度模式，是不可能成功的；实行独裁专制统治，违背历史发展规律和人民意志，也必然归于失败。中国共产党领导的多党合作制度的形成和发展，是历史的必然选择，是马克思列宁主义与中国实际相结合的产物，是中国共产党和各民主党派总结中国人民智慧的结晶，体现了中华民族和而不同、兼容并蓄的优秀文化传统，具有鲜明的中国特色。

## 三、在多党合作中，必须坚持中国共产党的领导

在多党合作中，中国共产党的领导是多党合作的重要前提和根本保证。中国近现代的历史充分证明了这样一个道理：没有共产党，就没有新中国，有了中国共产党，中国的面貌就焕然一新了。中国共产党的执政地位是在长期的革命斗争中逐步形成的，是近现代中国历史发展的必然，是中国人民的正确选择。

历史的主体是人民，历史的选择最终要通过人民的选择来实现。人民群众之所以信任、选择和支持中国共产党，就是因为中国共产党是为人民服务的，是能够满足人民需要的。在旧中国，广大人民群众最迫切的要求，是推翻帝国主义、封建主义和官僚资本主义的统治和压迫，获得民族独立和人民解放。中国共产党适应人民的需要，领导人民推翻了“三座大山”，建立了人民当家作主的国家。新中国成立后，已经获得解放站起来的中国人民希望国家繁荣富强，过上幸福美好的生活。中国共产党适应这种需要，领导人民为恢复和发展国民经济而奋斗，并顺应社会历史发展的客观规律，走上了社会主义道路，取得了社会主义建设事业的伟大成就。中国共产党的执政地位是人民拥护和选择的结果。

在新的历史条件下，广大人民群众的根本利益，从根本上说，就是要解放和发展生产力，实现国家的繁荣富强和人民的富裕幸福，实现中华民族的伟大复

兴。在当代中国，能够团结和带领人民实现这个宏伟目标的政治力量，只有中国共产党。

第一，坚持中国现代化建设的正确方向，需要中国共产党的领导。摆脱国家贫穷落后状态，实现社会主义现代化和中华民族的伟大复兴，是中国人民的百年追求和梦想。近代中国的历史反复证明，企图通过走资本主义道路实现中国的现代化，是根本不可能的，资本主义道路解决不了中国的问题，不能实现民族复兴的历史任务。只有坚持中国共产党的领导，坚定走中国特色社会主义道路，才能保证现代化建设的正确方向，才能制定和执行正确的路线、方针、政策，保证现代化建设事业不断取得进步，从而实现中华民族的伟大复兴。

第二，维护国家统一、社会稳定和谐，需要中国共产党的领导。没有国家的统一和社会的稳定，就没有国家的繁荣和人民的安居乐业。维护国家统一和社会稳定，历来是中国各族人民最关切的头等大事。近代中国，深受帝国主义的侵略、军阀混战和社会动荡之害。中国人民对此刻骨铭心。在新的历史条件下，中国共产党作为中国各族人民根本利益的忠实代表，以中国特色社会主义理论为指导，凭借其丰富的执政经验和驾驭全局的能力，统筹经济和社会等各方面的发展，努力构建社会主义和谐社会，能够维护国家的统一和社会的和谐稳定。

第三，正确处理各种复杂的社会矛盾，把亿万中国人民团结凝聚起来，共同建设美好的社会主义，需要中国共产党的领导。中国幅员辽阔，人口众多，并且，城乡之间、地区之间、行业之间的发展不平衡，差异比较大。在经济建设和社会发展中，面临着各种复杂的社会矛盾。只有正确调整和协调各方面的利益关系，才能最大限度地调动一切积极因素，集中一切资源、智慧和力量，解决关系国计民生的重大问题，保证经济社会的可持续发展。在当代中国，只有中国共产党才能总揽全局，协调各方，正确处理各种复杂的社会矛盾，顺利解决前进中的各种困难和问题，才能凝聚人心、汇聚力量，共同建设美好社会。正如江泽民所指出的："要把十几亿人的思想和力量凝聚起来，共同建设中国特色社会主义，没有中国共产党的领导是不可设想的。"

第四，应对复杂的国际环境的挑战，需要中国共产党的领导。当前，经济全球化和世界多极化在曲折中发展，科学技术发展日新月异，综合国力的竞争日趋激烈，国际上的敌对势力仍然在对我国实行西化和分化战略。在复杂的国际形势下，只有以坚强的政治核心把全国各民族人民团结起来，才能保证我国真正走上独立自主的和平发展道路。中国共产党就是这样一个能够把人民组织起来、团结起来，走独立自主的和平发展道路的政治核心。

在中国，要团结和凝聚全国各族人民，通过改革进一步解放和发展社会生产力，促进国民经济又好又快发展，实现社会主义现代化建设的宏伟目标，关键在党。党的领导、党的建设是经济建设和改革开放取得成功的根本保证。中国各族人民从亲身经历中深切认识到这一点，坚定不移地选择了中国共产党的领导。

## 四、人民政协是中国共产党领导的多党合作和政治协商的重要机构

中国人民政治协商会议是中国人民爱国统一战线的组织，是中国共产党领导的多党合作和政治协商的重要机构，也是中国政治生活中发扬民主的重要形式。人民政协的主要职能是政治协商、民主监督、参政议政。人民政协的政治协商是中国共产党领导的多党合作的重要体现，是党和国家实行民主决策的重要环节，是党提高执政能力的重要途径。政治协商就是中国共产党同各民主党派、人民团体和各方面的代表人士，在共同遵守宪法和基本路线的基础上，就有关国家事务和地方事务的重大问题，进行各种形式的充分讨论，集中各方面提出的正确意见，采取协商一致的原则解决问题。人民政协的民主监督是我国社会主义监督体系的重要组成部分，是在坚持四项基本原则的基础上通过提出意见、建议的方式进行政治监督。它是参加人民政协的各党派团体和各族各界人士通过政协组织对国家机关及其工作人员的工作进行监督，也是中国共产党在政协中与民主党派和无党派之间进行的相互监督。人民政协的参政议政是人民政协履行职能的重要形式，也是党政领导机关经常听取参加人民政协的各民主党派、人民团体和各族各界人士的意见和建议、切实做好工作的有效方式。人民政协的参政议政是对政治、经济、文化和社会生活中的重要问题以及人民群众普遍关心的问题，展开调查研究，反映社情民意，进行协商讨论，通过调查报告、提案、建议和其他形式，向党和国家机关提出意见和建议。党的十七大提出了加强和改进人民政协的新任务，这就是：支持人民政协围绕团结和民主两大主题履行职能，推进政治协商、民主监督、参政议政建设；把政治协商纳入决策程序，完善民主监督机制，提高参政议政实效；加强政协自身建设，发挥协调关系、汇聚力量、建言献策、服务大局的重要作用。

## 五、中国共产党领导的多党合作和政治协商制度与西方国家政党制度的区别

中国共产党在领导人民进行革命、建设和改革的实践中，坚持从中国国情出发，既没有照搬照抄西方国家的两党制和多党制，也没有效仿包括当时苏联和东欧社会主义国家实行的一党制，而是与各民主党派和无党派人士一起，创立和发展了中国共产党领导的多党合作和政治协商制度这一新型政党制度形式，成为世界政党制度发展中的伟大独创。中国共产党领导的多党合作和政治协商制度与西方国家政党制度有本质的区别。

第一，资本主义国家的政治制度和政党制度是建立在生产资料私有制基础上

的难以调和的利益矛盾，这决定了资产阶级各政党之间必然处于互相竞争，甚至争斗不休的状态。其政党关系的突出特点是彼此竞争、互相倾轧。中国共产党对各民主党派和无党派人士的领导，主要是政治领导，即政治原则、政治方向和重大方针政策的领导。各民主党派和无党派人士与中国共产党长期共存、互相监督、肝胆相照、荣辱与共，共同致力于中国特色社会主义事业。

第二，两党制和多党制国家的执政党通常主导和独占国家权力，并为其所代表的利益集团谋取最大的政治和经济利益。其他政党作为在野党或反对党，由于不能直接参与政府管理国家事务，往往对执政党采取对立的态度和做法，为反对而反对，使其执政效果受到很大的牵制和影响。在当代国际政治舞台上，所谓“跛脚总统”、“跛脚内阁”屡见不鲜。在我国，中国共产党作为执政党，依法长期执政，是历史和人民的选择，是宪法明确赋予的。民主党派作为亲密友党，参加国家政权，参与国家大政方针和国家领导人选的协商，参与国家事务的管理，参与国家法律法规的制定和执行，在国家政治生活中发挥着重要作用，是参政党，不是在野党，更不是反对党。

第三，两党制、多党制和议会制作为资本主义国家的民主实现形式，其主要特点是通过选举方式实现政党轮流执政，以维护资产阶级的根本利益。有时为了选票也会考虑民众的意愿，但其本质是金钱政治，有钱人的游戏。我国是人民当家作主的社会主义国家，全国人大代表来自各地区、各民族、各方面、各社会阶层，人口再少的民族也至少有一名代表。人民政协则按民族、界别、党派和人民团体，通过充分的民主协商推举产生委员。这种广泛的代表性，使我国的政治制度建构于坚实的社会基础之上，使中国特色社会主义民主具有西方民主不可比拟的真实性、包容性和广泛性。

## 六、坚持和完善中国共产党领导的多党合作和政治协商制度

纵观新中国60年的历史，中国共产党领导的多党合作和政治协商制度深深根植于中国的政治土壤之中，符合中国特色社会主义事业的发展要求和全国各族人民的根本利益，在我国经济社会发展中发挥着极其重要的作用，显示出广阔的发展前景。这一基本制度的巨大优越性主要表现在：

第一，能够促进科学发展，实现社会全面进步。任何政党制度的好坏优劣，最终都体现在能否促进生产力发展和推动社会进步上。中国共产党的坚强领导，保证了国家对经济建设和社会发展的统一规划和部署。各民主党派和无党派人士始终围绕国家发展要务，认真考察调研，积极献计献策。如2008年，各民主党派通过深入调研，向中共中央、国务院提出多个建议和意见。民革中央《关于大学生村官到村任职的几点建议》、民建中央《关于加强农村环保工作的建议》、台盟中央《关于构建“海峡经济区”的几点建议》等，都得到中央的高度重视

并采纳。据不完全统计，20 世纪 90 年代以来，各民主党派中央先后就三峡工程、西部大开发、抗击“非典”、宏观调控、建设社会主义新农村、建立三江源生态补偿机制试验区、发展职业教育等事关国计民生的问题，向中共中央、国务院及有关方面提出重大建议 200 多项，各民主党派地方组织提出各项建议 9 万多项，其中许多意见和建议被采纳，产生了显著的经济效益和社会效益。

第二，能够更好地实现和发展人民民主，推进社会主义政治文明建设。改革开放以来，无论是党的全国代表大会和中央全会通过的各项决定，还是国家经济社会发展中长期规划、宪法修改、政府工作报告等，中共中央、国务院事先都以召开民主协商会、座谈会、情况通报会的形式，广泛听取党外人士的意见和建议，坚持协商于决策之前和执行决策过程之中，并已基本形成一项制度。各地党委、政府也就当地经济社会发展问题广泛征求党外人士的意见、建议。这些都有力地推动党和政府决策的科学化、民主化，对实现党的领导、人民当家作主和依法治国的有机统一，起到了积极推动作用。

第三，能够保持国家政局稳定和社会安定团结，推进社会主义和谐社会建设。社会的安宁与和谐是每个公民幸福的重要保证。然而，与西方多党制相衔接的是政治选举中的竞争、对抗和抹黑。在不少实行多党制的国家和地区，各政党为上台执政进行残酷争斗，为选票甚至不惜挑起族群矛盾、制造社会对立，给社会发展带来沉重灾难。西方国家竭力向发展中国家输出多党竞争的“民主制度”，带给发展中国家的却是长期的社会纷争，甚而内战频发、民不聊生。与此形成鲜明对比的是，我国的多党合作和政治协商制度强调民主协商，中国共产党和各民主党派在坚持社会主义初级阶段的基本理论、基本路线、基本纲领和基本经验方面，形成了高度政治认同和强大社会凝聚力。新中国成立以来特别是近 30 多年来，我国保持政治稳定、经济发展、社会进步和人民安居乐业的一条重要经验，就是始终坚持和完善中国共产党领导的多党合作和政治协商制度。如果舍此而搞“多党制”，无疑是自取其祸、自乱其国。

第四，能够推进人民民主专政国家政权建设，增强党和国家的活力。民主党派成员和无党派人士进入人大、政府、政协和司法机关担任领导职务，同中共干部建立良好的合作共事关系，是我国多党合作和政治协商制度的重要内容，也是加强党的执政能力建设和国家政权建设的基本要求。目前，全国各级政府和司法部门担任县处级以上领导职务的党外干部有 3.2 万人，31 个省区市政府基本上都有民主党派或无党派人士担任副省长、副主席、副市长或助理。这些做法调动了党外干部的积极性、主动性和创造性，使优秀人才源源不断地聚集到党和国家的事业中来。同时，各级政府部门和司法机关还聘请党外人士担任特约监察员、检察员、审计员和党风监督员。他们积极发挥民主监督作用，帮助中国共产党不断提高拒腐防变和抵御风险的能力。

我国正处于实现社会主义现代化和中华民族伟大复兴的关键阶段，处于发展的“黄金期”与社会矛盾的“凸显期”。中国人民的最大利益、根本利益是抓住机遇、实现发展。中国共产党领导的多党合作和政治协商制度已经走过了60年的光辉历程，其间也经历过各种风风雨雨。实践证明，作为国家的一项基本政治制度，它不是封闭的、一成不变的，而是开放的、与时俱进的，经得起历史考验，具有无比广阔的发展前景。这一具有鲜明中国特色的政党制度，凝结着中华民族的巨大智慧。我们当代人有责任倍加珍惜，始终坚持，不断发展和完善。在这个问题上，我们决不能动摇、不能懈怠，更不能折腾。2007年10月，党的十七大报告指出，要坚持和完善中国共产党领导的多党合作和政治协商制度，不断推进社会主义政治制度自我完善和发展。多党合作和政治协商制度由此呈现出新的发展局面。

## 第三节　民族区域自治制度和基层民主自治制度

### 一、民族区域自治制度

1. 民族区域自治制度的内容

民族区域自治制度，是指在国家统一领导下，各少数民族聚居的地方实行区域自治，设立自治机关，行使自治权的制度。民族区域自治制度是我国的基本政治制度之一，是建设中国特色社会主义政治的重要内容。

民族区域自治制度就是在统一的祖国大家庭里，在国家的统一领导下，以少数民族聚居的地区为基础，设立自治机关，行使自治权，自主地管理本民族、本地区的内部事务，行使当家作主的权利。

2. 民族自治地方自治机关的自治权

（1）民族立法权。民族自治地方的人民代表大会有权依照当地的政治、经济和文化的特点，制定自治条例和单行条例。自治条例规定有关本地方实行民族区域自治的基本问题；单行条例规定有关本地实行民族区域自治的某一方面的具体事项。自治条例、单行条例可以对国家法律和政策作出变通性规定。自治区的自治条例和单行条例，须报全国人民代表大会常务委员会批准后生效。

（2）变通执行权。上级国家机关的决议、决定、命令和指标，如果不适合民族自治地方实际情况，自治机关可以报经上级国家机关批准，变通执行或者停止执行。

（3）财政经济自主权。民族自治地方的自治机关具有较大程度的财政经济自主权，并可以享受国家的照顾和优待。凡是依照国家规定属于民族自治地方的财政收入，都应当由民族自治地方的自治机关自主安排使用。民族自治地方的财政收入和财政支出的项目，由国务院按照优待民族自治地方的原则规定。

（4）文化、语言文字自主权。民族自治地方的自治机关享有一定程度的文化自主权。民族自治地方的自治机关在执行公务的时候，依照本民族自治地方自治条例的规定，使用当地通用的一种或者几种语言文字。同时使用几种通用的语言文字执行公务的，可以实行区域自治的民族的语言文字为主。

（5）组织公安部队权。民族自治地方的自治机关依照国家的军事制度和当地的实际需要，经国务院批准，可以组织本地方维护社会治安的公安部队。

（6）少数民族干部具有任用优先权。自治区主席、自治州州长、自治县县长由实行区域自治的民族的公民担任；民族自治地方的人民代表大会常务委员会应当由实行区域自治的民族的公民担任主任或者副主任。民族自治地方的人民代表大会中，除实行区域自治的民族的代表外，其他居住在本行政区内的民族特别是少数民族也应有适当名额的代表，而且对人口较少的民族的代表名额和比例分配将依法给予适当的照顾。民族自治地方的人民政府的组成人员以及政府所属工作机构中，要尽量配备少数民族的干部，对基本符合条件的少数民族干部要优先配备。

3. 民族区域自治制度是符合我国国情的基本政治制度之一

实行民族区域自治是中国共产党遵循马克思列宁主义关于民族问题的理论，根据中国国情，总结人民民主革命过程中民族工作的经验，在中华人民共和国成立之初确定的国策，是中国各民族人民共同选定的正确道路，是中国民主主义革命胜利后，各民族在国内实行平等、团结、联合的最适当形式。符合各民族人民的共同利益和发展要求。

第一，统一多民族国家的长期存在和发展，是我国实行民族区域自治的历史依据。中国在历史上长期就是一个集中统一的国家，各民族之间虽然有战有和，有统有分，但在漫长的历史进程中，各民族的团结统一，始终是我国民族关系的主流。

第二，近代以来在反抗外来侵略斗争中形成的爱国主义精神，是实行民族区域自治的政治基础。近代以来，在共同反抗外来侵略的斗争中，中国人民体会到，各民族人民只有紧密团结和联合起来，才能维护国家的主权统一和领土完整；只有实现国家的独立自主和繁荣富强，各民族人民才能拥有真正的自由、平等、发展和进步。

第三，各民族大杂居、小聚居的人口分布格局，各地区资源条件和发展的差异，是实行民族区域自治的现实条件。在长期的历史发展进程中，我国各民族频繁迁徙，逐步形成了大杂居、小聚居的人口分布格局。汉族作为中国人口最多的民族遍布全国；少数民族人口虽少，并且主要聚居在广大边疆地区，但在内地所有县以上的行政区都有居住。这种你中有我、我中有你、相互依存的人口分布状况，决定了在一些少数民族聚居的地方，建立不同类型和不同行政级别的民族自治地方，有利于民族关系的稳定和各民族的共同发展。

4. 民族区域自治制度是解决民族问题的伟大创举

民族区域自治制度体现了民族因素与区域因素、政治因素与经济因素、历史因素与现实因素、制度因素与法律因素的有机结合，实现了我国社会主义多民族国家在民主基础上的高度统一，具有鲜明的中国特色，在国际上被誉为解决民族问题的“中国模式”。

民族区域自治制度创造了多民族国家结构的新形式。由于国情和民族状况的差异，世界各国的国家结构形式多种多样，其中联邦制和单一制是两种主要形式。联邦制国家由相对独立的邦、州、省或共和国为单位组成；单一制国家由若干行政区域组成，权力集中于中央机构。我国在解决和处理民族问题上，既没有盲目效仿实行联邦制，又没有简单沿袭中国历史上的单一制，也没有照抄照搬其他国家的单一制，而是立足中国国情，创造性地将民族自治和区域自治有机地结合起来。确立和实行民族区域自治制度，这是对国家结构形式的伟大创造。

民族区域自治制度创造了多民族国家民族关系发展的新形式。民族关系是多民族国家中至关重要的社会政治关系。处理民族问题的不同制度模式对多民族国家中的民族关系发展会产生很大的影响。我国实行的民族区域自治制度，从国家制度层面尊重各民族的差异性和自主性，重视和强调各民族之间相互学习、相互帮助，推动各民族和睦相处、和衷共济、和谐发展，为不断巩固和发展平等、团结、互助、和谐的社会主义民族关系提供了重要保证，这是对民族关系发展形式的伟大创造。

民族区域自治制度创造了各民族共同繁荣发展的新模式。发展问题是民族问题的关键。能否实现各民族共同繁荣发展，是衡量一个国家的民族政策和制度模式的根本标准。我国的民族区域自治制度，坚持国家帮助、发达地区支援与民族地区自力更生相结合，既努力缩小民族地区与发达地区的发展差距，又努力缩小民族地区内部的发展差距；既支持发展水平较高的民族更好地前进，又着力帮助特困少数民族、人口较少民族、边疆少数民族加快发展步伐；既推进民族地区经济发展和社会进步，又注重民族地区生态建设和环境保护，这是对各民族共同繁荣发展模式的伟大创造。

民族区域自治制度探索了民主实现形式的新途径。民族问题不仅是一个社会问题，也是一个民主政治发展问题。解决民族问题的制度模式，实质上是一个国家民主政治的一种实现形式，体现着一个国家民主政治发展的程度。我国民族区域自治制度确保了少数民族的各项权利得以实现，在国家法律框架下，少数民族有实现权利诉求的渠道。我国《宪法》和《中华人民共和国民族区域自治法》规定，各民族一律平等，国家保障各少数民族的合法权利。在实践中，我国通过设立不同级别的民族自治区域，尽可能使所有少数民族都能享受自治权利，维护本民族的民主权益，真正实现了各族人民群众都能当家作主，都能广泛参与国家和本民族内部事务的管理，这是对民主实现形式的伟大创造。

5. 民族区域自治制度的优越性

民族区域自治制度既是党和国家尊重民族情感、尊重各民族主体地位、尊重民族创造精神的体现，又是公平正义、团结互助与共同繁荣在民族发展问题上的反映，得到了各族人民的衷心拥护，符合中国特色社会主义事业的发展要求和全国各族人民的根本利益。民族区域自治制度具有巨大的优越性，表现在：

第一，民族区域自治制度能够保障少数民族当家作主的权利，形成以自治民族为主、各民族共同管理本地区事务的政治局面。民族区域自治制度是建立在保证民族地方自治权的依法行使、保障少数民族合法权益基础上的，是实现少数民族当家作主、自主管理本民族内部事务的重要途径和制度保障。新中国成立后，党和国家在对少数民族进行科学识别的基础上，依据各地各少数民族聚居人口的多少和区域的大小，确定民族自治地方，建立人民民主政权，广大少数民族翻身解放，成为共和国和自己土地上的真正主人。目前，我国已建立 5 个自治区、30 个自治州、120 个自治县（旗）。55 个少数民族中，有 44 个少数民族实行了民族区域自治，实行区域自治的少数民族人口占少数民族总人口的 71%，民族自治地方面积占全国总面积的 64%。各民族自治地方依法成立了自治机关，并合理配备实行区域自治的民族和其他少数民族的人员，切实保障了自治机关内各民族的代表性。民族自治地方的自治区主席、自治州州长、自治县县长全部由实行民族区域自治的少数民族公民担任。同时，每个民族都有全国人大代表和全国政协委员，人口在百万以上的民族都有全国人大常委和全国政协常委。国家还采取多项措施，大量培养少数民族各级干部和各类科学技术、经营管理等专业人才，少数民族干部和专业人才队伍的数量已由新中国成立初期的 3 万人发展到现在的 290 多万人，少数民族管理本民族事务的能力不断提高。民族区域自治制度的实施，从根本上保证了少数民族当家作主的权利，极大地激发了各族干部群众的主人翁意识，调动了他们为建设民族自治地方作贡献的积极性和创造性。

第二，民族区域自治制度能够实现民族地区经济社会又好又快发展，不断提高各族人民群众物质文化生活水平。加快少数民族和民族地区的发展，切实提高少数民族群众的生活水平，是我国民族区域自治制度的根本要求，是我们党的民族政策与其他一切剥削阶级民族政策的本质区别。我们党始终高度重视少数民族和民族地区经济社会发展。新中国成立后，特别是从“一五”计划开始，国家在民族自治地方安排了一批重点建设项目，使原来一些发展程度较低的少数民族跨越了几个社会发展阶段，与全国其他兄弟民族共同走上社会主义道路，并初步奠定了民族地区现代工业的基础，极大地解放和发展了民族地区的生产力，实现了中华民族发展史上最广泛最深刻的社会变革。改革开放以来，国家进一步加大扶持力度，制定了一系列促进少数民族和民族地区发展的优惠政策，实施了西部大开发等重大战略，少数民族和民族地区经济社会已进入“跨越式”发展的快车道，民族地区国内生产总值由1978年的324亿元增加到2006年的20 518亿元，增长了约63倍。“十五”期间，民族地区生产总值年均增速达11.7%，高于全国平均水平。“西气东输”、“西电东送”、青藏铁路等一大批重点工程开工建成。同时，国家大力发展少数民族地区的文化、教育、卫生等社会事业，少数民族群众的物质文化生活水平得到了全面提高。实践证明，民族区域自治制度有利于更好地实现党和国家的方针、政策同本民族、本地区的实际相结合，采取适合民族特点的发展方式，推进少数民族和民族地区经济建设和各项社会事业的全面发展。

第三，民族区域自治制度能够增进各民族之间的交流、交往，巩固和发展平等、团结、互助、和谐的社会主义民族关系。民族区域自治制度始终强调坚持民族平等，加强民族团结，推动民族互助，促进民族和谐，有利于各民族人民把热爱祖国的情感与热爱本民族的情感有机地结合起来，为社会主义新型民族关系的建立、巩固和发展提供了有力保障。新中国成立后，党和国家通过民主改革和社会主义改造，建立民族自治政权，彻底废除了民族剥削与民族压迫制度，并始终致力于消除民族歧视和隔阂。1951年中央政府发布指示，将历史遗留下来的歧视或侮辱少数民族的称谓、地名、碑碣、匾联等分别予以禁止、更改、封存和收管，先后组织了两次大规模的少数民族语言调查，到2003年年底已有22个少数民族使用28种本民族文字，全国有1万多所学校实行民族语、汉语“双语”教学。同时，党和国家大力推进民族团结进步事业，在全社会广泛开展民族团结宣传教育和民族团结进步创建活动。民族自治地方的自治机关保障各少数民族都有按照传统风俗习惯生活、进行社会活动的权利和自由，提倡少数民族在衣食住行、婚丧嫁娶各方面实行科学、文明、健康的新习俗。在党和国家民族政策的正确指引下，“三个离不开”（即汉族离不开少数民族，少数民族离不开汉族，各少数民族之间也相互离不开）的思想观念深入人心，平等、团结、互助、和谐的社会主义新型民族关系不断得到巩固和发展。

第四，民族区域自治制度能够有效抵御境内外分裂势力的破坏和渗透，维护国家统一和领土完整。民族问题与国家统一、领土完整、边疆巩固和社会稳定密切相关。民族区域自治制度把国家的集中统一和民族的平等自主结合起来，既坚持了国家政治制度的权威性，又照顾到各少数民族的实际情况；既维护了少数民族的根本利益，又统筹兼顾到各少数民族的具体利益，能够有效地协调民族关系，化解民族矛盾，增强各族群众对中华民族的认同感和归属感。新中国成立以来，由于民族区域自治制度的成功实施，我国各民族形成了统一的国家意识和公民意识，自觉地把国家利益放在首位，有力地抵御了国内外分裂势力的破坏和渗透，保证了国家统一、领土完整、边疆稳固和社会安定。

6. 坚持和完善民族区域自治制度

坚持和完善民族区域自治制度，必须始终高举中国特色社会主义旗帜。民族区域自治制度作为我国的一项基本政治制度，是中国特色在民族问题上的集中体现，是中国特色社会主义事业的重要组成部分。在当代中国，坚持和完善民族区域自治制度，必须把中国特色社会主义作为前进的航标和指引，始终坚持走中国特色社会主义道路，始终坚持中国特色社会主义理论体系。要在各族群众中广泛开展中国特色社会主义教育，大力宣传中国特色社会主义事业取得的伟大成就，使全国各族人民牢固树立中国特色社会主义的共同理想和信念，坚定走中国特色社会主义道路的信心和决心，使中国特色社会主义真正成为坚持和完善民族区域自治制度的根本保障。

坚持和完善民族区域自治制度，必须立足实现全面建设小康社会奋斗目标的新要求。实现全面建设小康社会的宏伟目标，需要全国各族人民共同参与；全面建设小康社会的伟大成果，应由全国各族人民共同享有。没有少数民族和民族地区的全面小康，就没有全国的全面小康。要坚持和完善民族区域自治制度，始终着眼于实现全面建设小康社会的目标，最大限度地激发少数民族和民族地区广大干部群众的干劲与热情，最大限度地把全国各族人民的智慧和力量凝聚起来，为夺取全面建设小康社会新胜利提供强大动力。要深入贯彻落实科学发展观，加大对民族地区的发展扶持力度，转变少数民族和民族地区的经济发展方式，增强发展的协调性，有效开发利用自然资源，抓好环境保护和生态文明建设；加强少数民族和民族地区的文化建设，运用现代科技手段开发利用和保护民族文化的丰厚资源，努力提高少数民族群众的科学文化素质；按照学有所教、劳有所得、病有所医、老有所养、住有所居的要求，加快推进以改善民生为重点的社会建设，全面提高少数民族和民族地区人民群众的生活水平。

坚持和完善民族区域自治制度，必须坚定不移地发展社会主义民主政治。民族区域自治制度是我国社会主义民主的重要体现，坚持和完善这项制度是发展社会主义民主政治、建设社会主义政治文明的重要方面。要着眼于坚持走中国特色社会主义政治发展道路，全面贯彻落实《中华人民共和国民族区域自治法》，逐步建立比较完备的具有中国特色的民族法律法规体系，保证民族自治地方依法行使自治权，切实维护和保障少数民族和民族自治地方的合法权益；要和各族群众政治参与积极性的不断提高相适应，进一步加强民族地区的人才资源开发和少数民族干部队伍建设，重视培养选拔少数民族干部，为坚持和完善民族区域自治制度不断培育和增添新的力量。

坚持和完善民族区域自治制度，必须着眼于维护民族团结和国家统一。国家的统一，人民的团结，国内各民族的团结，既是中华民族的根本利益，也是少数民族的根本利益。坚持和完善民族区域自治制度，必须始终着眼于巩固全国各族人民的大团结，着眼于增强中华民族的凝聚力，坚持国家利益和中华民族利益高于一切的原则，广泛开展民族团结进步宣传教育和创建活动，大力弘扬以爱国主义为核心的中华民族精神，使“三个离不开”的思想进一步深入人心，进一步巩固和发展平等、团结、互助、和谐的社会主义民族关系；必须积极预防和妥善处理影响民族团结与社会稳定的事件，坚决打击境内外敌对势力的渗透、破坏和分裂活动，切实维护民族团结、社会稳定和国家统一的大好局面，为开创中国特色社会主义事业新局面、实现中华民族伟大复兴创造良好的社会环境。

## 二、基层民主自治制度

1. 基层民主自治

基层民主是我国广大工人、农民、知识分子和各阶层人士，在城乡基层政权机关、企事业单位和基层自治组织中依法直接行使民主权利。基层民主自治制度主要是指我国的基层群众性自治制度，是指基层群众性自治组织形式及其运作方式。它是基层群众性自治组织自我教育、自我管理、自我服务的方式、方法、程序的总和，是人民直接参与管理国家事务和社会事务的一种形式，是作为国家制度民主的具体化，是社会主义民主广泛而深刻的实践。

党的十七大首次把基层群众自治制度纳入中国特色社会主义民主政治制度的基本范畴。十七大报告明确指出：“人民依法直接行使民主权利，管理基层公共事务和公益事业，实行自我管理、自我服务、自我教育、自我监督，对干部实行民主监督，是人民当家作主最有效、最广泛的途径，必须作为发展社会主义民主政治的基础性工程重点推进。”因为，一方面，发展基层民主是发展社会主义民主的基础性工作。在我国，人民是国家的主人，保证工人阶级和广大劳动群众行使管理国家、管理经济和社会事务的权利，首先必须保证他们在基层的政治、经济、文化和其他社会事务中当好家作好主，这是实现工人阶级和广大劳动群众在整个国家的经济、政治、文化和社会生活中当家作主的基础。另一方面，基层民主是社会主义民主最广泛的实践，发展基层直接民主，有利于提高全体人民的民主素养，为发展社会主义民主进一步创造条件。

改革开放以来，随着我国经济的发展和社会的进步，全国各地城乡基层民主不断扩大。公民有序的政治参与渠道增多，民主的实现形式日益丰富。目前，我国已经建立了以农村村民委员会、城市居民委员会和企业职工代表大会为主要内容的基层民主自治体系。广大人民群众在城乡基层群众性自治组织中，依法直接行使民主选举、民主决策、民主管理和民主监督的权利，对所在基层的公共事务和公益事业实行民主自治，已经成为当代中国最直接、最广泛的民主实践。

2. 基层民主自治的主要内容

第一，农村基层民主政治建设。中国13亿人口中有8亿多在农村。如何扩大和发展农村基层民主，使农民在所在村民委员会真正当家作主，充分行使自己的民主权利，是中国民主政治建设的重大问题。经过多年的探索和实践，中国共产党领导亿万农民找到了一条适合中国国情的推进农村基层民主政治建设的途径，这就是实行村民自治。村民自治是广大农民直接行使民主权利，依法办理自己的事情，实行自我管理、自我教育、自我服务的一项基本制度。它发端于20世纪80年代初期，发展于80年代，普遍推行于90年代，已成为在当今中国农村扩大基层民主和提高农村治理水平的一种有效方式。我国《宪法》规定了村民委员会作为农村基层群众性自治组织的法律地位。中国的《村民委员会组织法》对村民委员会的性质、职能、产生程序和任期等相关问题作了明确规定，使农村基层民主自治走上健康发展的轨道。目前，全国31个省、自治区、直辖市已经制定或修订了《村民委员会组织法》实施办法或村委会选举办法，使村民自治有了更加具体的法律法规保障。

民主选举、民主决策、民主管理和民主监督是村民自治的主要内容。

（1）民主选举。按照《宪法》、《村民委员会组织法》等法律法规，由村民直接选举或罢免村民委员会成员。村民委员会由主任、副主任和委员三至七人组成，每届任期三年。在选举过程中，村民委员会成员候选人由村民直接提名和参加投票选举，当场公布选举结果，做到公正、公开、公平。村民的参选热情高涨，据不完全统计，全国农村居民的平均参选率在80%以上，有的地方高达90%以上。截至2004年年底，中国农村已建立起64.4万个村民委员会。全国绝大多数省、自治区、直辖市都普遍完成了五至六届村委会换届选举。

（2）民主决策。凡涉及村民利益的重要事项，都由村民会议或村民代表会议讨论，按多数人的意见作出决定。鉴于中国农村千差万别，村庄规模大小不一，在一些人数较多、居住分散的村庄，村民会议面临难组织、难召开的实际困难，通过设立村民代表会议，较好地解决了这个问题。目前，中国85%的农村已经建立了实施民主决策的村民会议或村民代表会议制度。

（3）民主管理。依据国家法律法规和有关政策，结合本地实际情况，由全体村民讨论制定或修改村民自治章程或村规民约。村民委员会和村民按照被形象地称为“小宪法”的自治章程，实行自我管理、自我教育和自我服务。目前，中国80%以上的村庄制定了村民自治章程或村规民约，建立了民主理财、财务审计、村务管理等制度。

（4）民主监督。村民通过村务公开、民主评议村干部、村民委员会定期报告工作、对村干部进行离任审计等制度和形式，监督村民委员会工作情况和村干部行为。特别是村务公开，得到了村民的普遍欢迎。

村民自治的成功实践，是中国共产党领导亿万农民发展中国特色社会主义民主政治的伟大创举。扩大农村基层民主，实行村民自治，大大激发了广大农民当家作主的积极性、创造性和责任感，掀开了中国农村民主政治建设的新篇章。

第二，城市社区民主政治建设。城市居民委员会是中国城市居民实现自我管理、自我教育、自我服务的基层群众性自治组织，是在城市基层实现直接民主的重要形式。新中国成立后，即在全国各个城市普遍建立居民委员会，实现城市居民对居住地公共事务管理的民主自治。1982 年，城市居民委员会制度首次写入我国《宪法》。1989 年，全国人大常委会制定了《城市居民委员会组织法》，为城市居民委员会发展提供了法律基础和制度保障。1999 年，国家在全国 26 个城市开展了社区建设的试点和实验工作。此后，在全国开展了社区建设示范活动。到 2004 年年底，全国城市已经建立了符合新型社区建设要求的 71 375 个居民委员会。目前，城市社区建设正在由点到面、由大城市向中小城市、由东部地区向西部地区推进，以完善城市居民自治，建设管理有序、服务完善、环境优美、文明祥和的新型社区正在全国展开。

城市社区居民自治的主要内容是实行民主选举、民主决策、民主管理和民主监督。

（1）在民主选举方面，选举的形式经历了由候选人提名到自荐报名，由等额选举到差额选举，由间接选举到直接选举，并打破了地域和身份的限制，民主程度不断提高。近年来，城市社区居民直选蓬勃发展。国家有关部门对 26 个试点城区的调查表明，城市社区居民对社区居民委员会直选持积极参与的态度，超过九成选民参加了投票。通过直选成立的社区居民委员会呈现出年轻化、知识化和职业化的趋势。

（2）在民主决策方面，社区居民是民主决策的主体，通过社区居民会议、协商议事会、听证会等有效形式和渠道，对社区内公共事务进行民主决策。在民主管理方面，居委会依法办事，按照社区居民自治章程和规约规范工作，努力增强居民当家作主意识，实现“社区的事大家管”。

（3）在民主监督方面，实行居民委员会事务公开，凡是居民关心的热点、难点问题和涉及全体居民切身利益的重大事务，都及时向居民公开，并通过召开居民评议会，听取居民意见，接受居民监督。

第三，职工代表大会制度建设。职工代表大会，是保证职工对企事业单位实行民主管理的基本制度。在中国，职工在企事业单位中享有的当家作主的民主权利，主要通过职工代表大会制度来实现。新中国成立后即在公有制企业中实行了职工代表会议制度，1957 年后在全国普遍推行了这一制度。中国《宪法》、《全民所有制工业企业法》、《劳动法》、《工会法》和《全民所有制工业企业职工代表大会条例》等法律法规，均对职工代表大会制度作了相应规定。依据有关法律，职工代表大会具有五项职权：对企业生产经营、发展计划和方案有审议建议权；对工资、奖金、劳动保护、奖惩等重要规章制度有审查通过权；对有关职工生活福利等重大事项有审议决定权；对企业行政领导干部有评议监督权；对厂长有推荐或选举权。

在中国，职工代表大会具有广泛的群众基础，代表中不仅有工人，而且有科技人员、管理人员和其他工作人员，能够代表全体职工民主管理企业。职工代表大会闭幕后，由企业工会委员会作为职工代表大会的工作机构，负责职工代表大会的日常工作。从1998年起，厂务公开在国有企业、集体企业及其控股企业开始实施，并逐步向非公有制企业拓展。截至2004年年底，中国已建立工会的企事业单位有173.2万个；全国基层工会所在企事业单位建立职工代表大会的有36.9万个，覆盖职工7 836.4万人；实行厂务公开的有31.6万个，覆盖职工7 061.2万人。目前，建立工会组织的公有制企业中有52.8%建立职工代表大会，覆盖职工3 502.6万人，占已建立工会公有制企业职工的72.9%；建立工会组织的非公有制企业中有32.6%建立职工代表大会，覆盖职工2 787万人，占已建工会非公有制企业职工的46.7%。

改革开放以来，职工代表大会和其他形式的企事业单位的民主管理制度在实行民主管理，协调劳动关系，保障和维护职工合法权益，推进企事业单位的改革、发展、稳定等方面发挥了不可替代的作用。国家坚持全心全意地依靠职工办企业的方针，随着改革开放的深入，将努力推动各类所有制企事业单位建立和完善民主管理制度，切实解决在这方面存在的突出问题，确保职工的民主权利和合法权益得到落实。

# 第五章

# 中国社会主义制度优越性的经济制度基础

以公有制为主体，多种所有制经济共同发展是我国的基本经济制度。以按劳分配为主体，把按劳分配和按生产要素分配相结合的分配制度是我国的基本经济特征。社会主义市场经济体制，社会主义经济制度是同我国社会主义初级阶段基本国情相适应的，能够解放和发展生产力的经济制度。中国特色的社会主义经济制度，为中国社会主义制度优越性的发挥奠定了坚实的经济制度基础。

## 第一节　公有制为主体的社会主义所有制结构

### 一、我国社会主义初级阶段的所有制结构

所有制结构是指各种不同所有制形式在一定社会形态中的地位、作用及其相互关系。生产资料所有制是生产关系的基础，社会主义基本经济制度首先体现在生产资料的社会主义公有制上。在我国社会主义初级阶段，由生产力发展状况决定，其所有制结构必然是以公有制为主体，多种所有制经济共同发展。以公有制为主体，多种所有制经济共同发展的基本经济制度，符合我国社会主义初级阶段这个基本的和最大的实际，顺应了时代潮流和人民愿望。实践证明，中国的所有制结构，是经过当代中国发展实践检验的最现实、最有效的选择。

公有制经济，是指生产资料归全体劳动者或部分劳动者占有的生产资料所有制形式。公有制经济不仅包括国有经济和集体经济，还包括混合所有制经济中的国有成分和集体成分。

国有经济，即社会主义全民所有制经济，是指生产资料归国家所有的一种经济类型，它是同较高的社会化生产力相适应的一种公有制形式。它的公有化程度比较高，基本上实现了劳动者在生产资料所有关系上的平等，实现了劳动者与生产资料的直接结合。全民所有制的生产资料不再是剥削手段，而成为全体人民谋福利的工具。它为社会主义经济在全社会自觉保持国民经济的协调发展提供了可

能。在我国现阶段，由国家代表全体人民来占有生产资料，所以称为国有经济。国有经济在国民经济中处于主导地位，国有制经济的主导作用主要体现在控制力上。国有经济控制着国民经济的发展方向，控制着经济整体运动趋势，控制着重要稀缺资源。

社会主义集体所有制经济，是指由部分劳动群众共同占有生产资料的一种公有制形式。集体所有制经济是劳动群众根据自愿互利的原则，实行独立经营、自负盈亏的合作经济。在社会主义条件下，集体所有制经济是社会主义性质的经济。它在集体经济组织的范围内实现了劳动者与生产资料在所有关系上的平等，劳动者和生产资料的直接结合，不存在剥削关系，劳动者之间是一种平等、互助、合作的关系。在我国现阶段，集体所有制经济主要有农村集体所有制经济和城镇集体经济。集体所有制经济是社会主义公有制经济的重要组成部分，在国民经济中发挥着重要的作用。集体所有制经济可以体现共同富裕的原则，可以广泛吸收社会资金，有利于发展生产、满足人民群众生活需要、繁荣市场、稳定物价、扩大就业和出口，可以增加公共积累和国家收入。支持、鼓励集体经济的发展，对于发挥公有制经济的主体作用，巩固工农联盟、加强人民民主专政都具有重要的作用。

公有制的主体地位主要体现在两个方面：一是公有资产在社会总资产中占优势。这是从量上看，公有资产与非公有资产相比要有数量上的优势。公有资产在数量上的优势是就全国而言的，由于一些原因，在不同的地区、不同的产业可以有所差别。二是国有经济控制国民经济命脉，对经济发展起主导作用。公有资产光有数量优势还不行，国有经济必须要控制国民经济命脉，对经济发展起主导作用。这是对公有制经济中国有经济的地位和作用的界定。就公有资产本身来说，不仅要有量的优势，更要注重质的提高。

公有制经济的主体地位是由社会主义的性质以及它在国民经济中的作用决定的。

（1）社会主义公有制经济是与社会化大生产相适应的，是同社会发展的方向相一致的。

（2）公有制经济是社会主义制度的基本特征，是社会主义社会的经济基础，只有依靠作为主体的公有制经济的力量，社会主义国家才能充分利用经济手段引导个体经济、私营经济和外资经济沿着有利于社会主义的方向发展。

（3）国有经济控制着国民经济的命脉，拥有现代化的物质技术力量，控制生产和流通。

（4）社会主义公有制经济是满足社会成员日益增长的物质文化需要，实现劳动人民经济上、政治上的主人翁地位和全体社会成员共同富裕的不可缺少的物质保证。

在坚持公有制经济的同时，还要积极发展非公有制经济。非公有制经济是我国现阶段除了公有制经济形式以外的所有经济结构形式。目前，我国的非公有制经济主要包括个体经济、私营经济和外资经济。

个体经济是指劳动者个人占有生产资料。并以个人（包括家庭成员）劳动为基础，劳动所得由个体劳动者支配的一种私有经济。个体经济规模小，经营灵活，一般来说，它是同分散的生产力相适应的。私营经济是指以生产资料私有和雇工劳动为基础的，并以盈利为目的和按资分配为主的一种经济类型。私营经济是个体经济发展的必然趋势，在本质上与个体经济一样，是一种私有制的经济形式。在社会主义市场经济条件下，私营经济具有双重的性质。一方面，私营经济具有资本主义私有制的一般性质，即私人占有和支配生产资料，依靠雇佣劳动进行生产和经营。另一方面，它是在社会主义公有制经济占主体地位的条件下产生和发展的，它的生产经营活动与公有制经济有着密切的联系，并在社会主义国家法律规定的范围内进行活动。同时，它的雇工的基本的政治、经济权利得到国家法律的保护。外资经济是指国外投资者根据我国有关涉外经济的法律法规，以合资、合作或独资的形式在大陆境内开办企业而形成的一种经济类型。包括中外合资经营企业、中外合作经营企业和外资企业三种形式。

非公有制经济是我国社会主义市场经济的重要组成部分，在我国经济和社会发展中具有重要的作用，表现在：

第一，由于非公有制经济具有自主经营、自负盈亏、决策经营方面的独立性和灵活性等特点，在市场经济条件下，它们具有比较强的竞争力和适应能力。通过非公有制经济在市场上和公有制经济的公平的、激烈的竞争，一方面，有利于促进整个社会主义经济的发展；另一方面，也有利于推动公有制经济的市场化改革进一步深入，从而增强公有制经济的活力，促进社会生产力的发展。

第二，公有制经济具有强大的经济实力，在满足社会需要方面起着重要作用。但是，由于公有制经济在经营方式、服务形式等方面存在的不足，不能完全满足人民群众日益增长的、复杂的社会需要，非公有制经济在经营上的灵活性和形式上的多样性，方便了人民群众的生活，满足了生活多层次、多样化的需要。

第三，非公有制经济在增加就业机会，缓解就业压力方面有着特殊的作用。非公有制经济对劳动力的就业具有比较强的吸纳能力，个体经济、私营经济广泛涉及社会各个领域，创造了大量的就业机会，私营经济和外商投资企业还拥有大量的资金，充分利用这部分资金，对于扩大就业、缓解就业压力具有重要的意义。

第四，非公有制经济的不断发展还有利于我国的对外开放。非公有制经济生产的产品是我国出口商品的重要组成部分，发展非公有制经济有利于扩大出口，特别是利用外商投资企业掌握的各种国际贸易渠道，有利于我国商品更多地进入国际市场，扩大我国商品在国际市场上的占有率和竞争力。通过外商投资企业，还可以引进先进的生产技术和管理经验，提高我国的生产力水平，促进我国社会主义市场经济的发展。

## 二、毫不动摇地巩固和发展公有制经济

公有制为主体，是我国社会主义市场经济的重要特征。坚持社会主义初级阶段的基本经济制度，就要坚持公有制的主体地位，毫不动摇地巩固和发展公有制经济，促进社会主义市场经济健康发展。毫不动摇地巩固和发展公有制经济，对于发挥社会主义制度的优越性，全面建设小康社会具有十分重要的意义。

毫不动摇地巩固和发展公有制经济，需要对社会主义公有制经济有一个正确的理解。从理论上看，不是任何一种形式上属于共同所有的企业和组织都是社会主义公有制。社会主义公有制作为一种生产关系，其实质和核心是全体社会成员或者部分社会成员共同占有生产资料，实现人们在生产资料面前的平等。在社会范围内，对生产资料支配、使用，以及由此取得的收益都必须服从于和服务于他们的共同意志和需要。任何个人和少数人都不能利用生产资料为自己牟取私利。把握社会主义生产资料公有制这一实质，就不会把一些以“社会所有”或“公众所有”的名义出现的企业和组织混同于社会主义公有制。因为这些企业或组织中不同的个人或集团，对该企业或组织占有的生产资料并不具有平等的权利和利益，而是以个人出资多少为依据来确定他们权利的大小和利益的多寡，真正的经济大权始终掌握在极少数人手中，因此，不符合社会主义生产资料公有制占有关系的平等和收益公有的基本特征。

毫不动摇地巩固和发展公有制经济，必须全面认识公有制经济的含义。过去我们把公有制经济局限于全民所有制和集体所有制两种形式，原因在于我国当时不存在其他公有制形式。改革开放以来，随着中外合资、中外合作以及各种跨所有制相互参股等企业的发展，特别是随着在深化企业改革进程中发展以资本为纽带、通过市场形成的具有较强竞争力的跨地区、跨行业、跨所有制和跨国经营的大企业集团的出现以及实行改组、联合、兼并等形式的出现，如果对公有制经济的理解还只局限于全民所有制和集体所有制两种形式，显然脱离了我国当前的实际。实践表明，公有制经济不仅包括国有经济和集体经济，还包括混合所有制经济中的国有成分和集体成分。把这部分公有成分纳入公有制经济范围之内，有助于正确判断作为主体的公有制经济的比重，有助于更大胆地探索公有制的实现形式，更好地坚持公有制经济的主体地位和发挥国有经济的主导作用。

毫不动摇地巩固和发展公有制经济，还要努力寻找能够极大地促进生产力发展的公有制的实现形式。公有制经济的性质和实现形式是两个不同层次的问题，公有制经济的性质体现在所有权的归属上，坚持公有制的性质，根本的是坚持国

家和集体对生产资料的所有权。所有制作为生产关系的基础，是公有制和私有制、社会主义和资本主义的区别。而所有制的实现形式是采取怎样的经营方式和组织形式的问题，它不具有“公”与“私”、姓“社”与姓“资”的区分。同样的所有制可以采取不同的实现形式，而不同的所有制可以采取相同的实现形式。因为实现形式要解决的是发展生产力的组织形式和经营方式问题，只要能够有利于生产力的发展，公有制的实现形式可以而且应该多样化，一切反映社会化生产规律的经营方式和组织形式都可以大胆利用。要根据社会化生产规律的要求，采取多样化的经营方式和资产组织形式，使国有经济在更大的范围内获得广阔的发展空间。

在当前，毫不动摇地巩固发展公有制经济，需要采取以下三个方面的措施：

第一，深化国有企业改革，提升国有企业素质。

公有制经济的主体和核心是国有经济。经过多年努力，国有企业改革取得巨大进展，已经展示出良好的发展势头。但要不断发展和壮大国有经济，发挥其在巩固和发展公有制经济中的主体和核心作用，还要继续深化国有企业改革。要以科学发展观为指导，建立和完善现代企业制度，加快国有大中型企业的公司制、股份制改革；建设强有力的领导班子，建设优秀的工人队伍和科技人员队伍，并进行体制创新、机制创新、制度创新、管理创新和科技创新，用最先进的技术装备国有企业。从宏观上看，要进一步推进国有资本向关系国家安全和国民经济命脉的重要行业和关键领域集中，积极探索和建立国有经济发展的多种企业形式，加快形成一批拥有自主知识产权和知名品牌、竞争力较强的优势企业。同时，也要减轻国有企业沉重的历史包袱，减轻其税负以外的沉重负担，让国有企业放下包袱轻装上阵。

第二，重视发展集体经济和合作经济。

集体经济、合作经济是公有制经济的重要组成部分。党的十七大报告指出：“推进集体企业改革，发展多种形式的集体经济、合作经济。”经过多年以来的以明晰产权为重点的改革，我国的集体经济已取得较大发展。改革后的集体企业多以股份制企业或股份合作制企业出现，它们在农村经济的发展中仍起着重大作用，是建设社会主义新农村的重要力量。巩固和发展农村集体经济，需要深化农村改革，对于产权不够清晰的集体企业，要进行改制，改造成股份制或股份合作制企业。对于已经改制的股份制或股份合作制企业，需要对其运行机制、管理体制和制度进行完善，使集体企业真正成为具有独立的财产权、经营决策权、自负盈亏和独立承担风险的法人实体和市场主体。同时，要积极推进农民专业合作组织建设。各种农民专业合作组织对提高农民组织化程度、降低交易费用、提高农民市场谈判地位、增强应对自然与市场风险能力、提高规模效益等，均具有重要作用。各级政府及相关部门应把扶植农民专业合作组织作为建设社会主义新农村、发展和壮大集体经济的重要工作提上日程。不同类型的农民专业合作组织也要加强自身建设，构建和完善适应其发展的机制和制度，增强适应市场经济的能力，提升市场竞争力。

第三，加强对公有资产的管理和监督。

党的十七大报告指出："加快建设国有资本经营预算制度。完善各类国有资产管理体制和制度。"2002 年党的十六大明确提出改革国有资产管理体制的方针以来，从中央到地方都成立了国有资产管理委员会，强化国有资产管理。根据十七大报告精神，今后要进一步完善国有资产管理体制，加快建设国有资本经营预算制度，探索国有资本有效的经营形式，提高资本的营运效率。特别需要强调的是，对国有企业、国有控股企业及参股企业的生产、供应、销售、分配、资产评估、产权变更、产权交易、企业投资、企业效益等，应进行严格的审计，防止虚报浮夸和少报、瞒报，防止国有资产流失；对于已经流失的国有资产，要采取有效手段坚决收回，对责任人依法严处。同时，也要加强对集体资产的管理。应对集体资产管理的现状进行调研，总结经验，找出问题，提出对策，出台加强集体资产管理的法规，成立相应的组织机构，清理集体资产，建立和完善集体资产的管理体制、机制和制度，提升集体资产经营效益。对于已经流失的集体资产要予以追回，对责任人依法处置。

## 三、积极鼓励、支持和引导非公有制经济的发展

毫不动摇地鼓励、支持和引导非公有制经济的发展，是坚持和完善社会主义初级阶段基本经济制度必须遵循的又一基本原则。

毫不动摇地鼓励、支持和引导非公有制经济的发展，从根本上说是由它们在社会生产力中不可替代的地位和作用决定的。虽然经过 60 年的发展，特别是 30 多年的改革开放，我国生产力水平有了很大程度的提高，但是，总体来说，人口多、底子薄、生产力不发达和发展不平衡的状况没有根本改变，我国仍然处于并将长期处于社会主义初级阶段。社会主义初级阶段的生产力水平和发展的不平衡性，给非公有制经济的发展留下了广阔的空间。鼓励、支持和引导非公有制经济的发展，对于充分调动社会各方面的积极性，促进经济增长、扩大就业、活跃市场和满足人民群众多样化的需要等方面具有重要作用。

毫不动摇地鼓励、支持和引导非公有制经济的发展，还因为它们是社会主义市场经济的重要组成部分，在加强社会主义市场经济体制建设方面有着不可替代的作用。表现在：一是市场经济要求市场主体多元化，非公有制经济的存在和发展提供了多种市场经济主体，为完善社会主义市场经济体制提供了必不可少的条件。二是通过市场竞争，促进作为主体的公有制经济，特别是促进国有经济加快市场化改革，提高经营管理水平，增强市场竞争力。三是外资企业的进入不仅会

带来资金、先进的技术和先进的管理经验，而且还会带来一些与社会化生产规律和市场经济体制相适应的经营方式和资本组织形式，为我国公有制经济特别是国有经济的体制创新提供借鉴。因此，在发展社会主义市场经济，全面建设小康社会，实现中华民族伟大复兴的进程中，必须把坚持公有制的主体地位同促进非公有制经济的发展统一起来，积极鼓励、支持和引导非公有制经济的发展。

促进非公有制经济的健康发展，既要对它们鼓励、支持，也要对它们进行引导。一方面要放宽市场准人，允许非公资本进入法律法规未禁止进入的基础设施、公用事业及其他行业和领域；非公有制企业在投融资、税收、土地使用和对外贸易方面，与其他企业享受同等待遇。坚持平等保护物权，形成各种所有制经济平等竞争、相互促进的新格局；支持非公有制中小企业的发展，鼓励有条件的企业做大做强，完善保护私人财产的法律制度，为非公有制经济的发展创造良好的环境。另一方面要依法加强监督和管理，引导它们依法经营、照章纳税、诚实守信、保障职工合法利益。要改进对非公有制企业的服务与监管，引导和促进非公有制企业健康发展。

## 四、形成各种所有制经济平等竞争、相互促进的格局

坚持和完善社会主义初级阶段的基本经济制度，应着力于形成各种所有制经济平等竞争、相互促进的新格局。

第一，要坚持平等保护物权。《中华人民共和国物权法》规定，国家实行社会主义市场经济，保障一切市场主体的平等法律地位和发展权利。国家、集体、私人的物权和其他权利人的物权受法律保护，任何单位和个人不得侵犯。平等保护物权是由我国社会主义市场经济的特点决定的。坚持平等保护物权，特别是像保护国家、集体的物权那样平等保护私人物权，有助于完善我国平等竞争、优胜劣汰的市场环境，有助于完善现代产权制度和现代企业制度。

第二，要发展混合所有制经济。改革开放以来，特别是新世纪新阶段以来，国有经济继续发展，总资产和净资产都在不断增加。与此同时，个体经济、私营经济等非公有制经济也在迅速发展，利用外资数量不小。我国实施允许国内民间资本和外资参与国有企业改组改革的政策，使国有资本和各类非国有资本相互渗透和融合，以股份制为主要形式的混合所有制经济迅速发展起来。混合所有制经济的发展，也表明我国公有制特别是国有经济找到了一个与市场经济相结合的形式和途径。

第三，要让各种所有制经济各自发挥优势，平等竞争，相互促进。改革开放30多年来的经验表明，在一般竞争性领域，个体私营经济有其灵活适应市场的优势；而对投资大、建设周期长、规模效益明显、社会效益突出的重要行业和关键领域，国有经济有优势。党和政府的职责在于，创造良好环境，使各种所有制

经济能发挥优势、共同发展。

## 第二节 按劳分配为主体的分配制度

### 一、坚持按劳分配的主体地位

社会主义初级阶段的基本经济制度决定了社会主义初级阶段的个人收入分配制度是以按劳分配为主体、多种分配方式并存的分配制度。这一分配制度是随着我国所有制改革的不断深化和社会主义市场经济体制的不断完善而逐步建立起来的。

在一个社会，分配方式是由生产方式决定的，社会主义初级阶段以公有制为主体，多种所有制经济共同发展的所有制结构，决定了在个人收入分配领域必须实行以按劳分配为主体，多种分配方式并存的分配制度。

按劳分配是社会主义的分配原则。社会主义初级阶段个人收入分配制度，必须坚持按劳分配的主体地位。社会主义之所以必须实行按劳分配是由社会主义公有制和社会生产力的发展水平决定的。社会主义生产资料公有制是实行按劳分配的所有制基础。生产资料的公有制实现了人们在生产资料占有上的平等关系，排除了个人凭其对生产资料的所有权来无偿占有他人的劳动成果。每一个劳动者在共同占有生产资料的基础上为社会提供劳动，社会则根据劳动者向社会提供劳动的数量和质量来进行收入分配。社会主义的生产力发展水平，是实行按劳分配的物质基础。当生产力水平还没有达到高度发达的程度，社会产品还没有极大丰富时，劳动还是人们谋生的手段，还没有成为人们生活的第一需要，人们还不能做到不计报酬地为社会提供劳动，这就决定了社会还不具备实行按需分配的条件。在社会主义初级阶段，由于各种原因，不同的劳动者向社会提供的劳动的数量和质量存在着差别，只有承认这种差别，并在收入分配上体现这种差别，才能充分调动劳动者的生产积极性，促进社会生产力的发展。

坚持按劳分配的主体地位，体现按劳分配是全社会分配领域中占主体地位的分配原则，也体现按劳分配是公有制经济内部主体的分配原则。在社会主义初级阶段，随着经济体制的深入，公有制的实现形式已经发生了深刻的变化，职工持股、法人持股以及同各种非公有制经济的合营等各种形式纷繁多样。因此，企业内部的分配形式也呈现多样化，企业职工收入的来源和形式已经不仅仅是依靠按劳分配。但是，只要企业仍然是公有制企业或公有控股企业，按劳分配就应当是企业职工收入的主要形式，职工收入的主要来源仍然是按劳分配。

坚持按劳分配的主体地位对于坚持中国特色社会主义经济的性质具有重要意义。按劳分配是社会主义公有制在分配方面的体现，只有坚持按劳分配的主体地位，才能体现公有制的主体地位的最终实现和社会主义初级阶段基本经济制度的社会主义性质；才能保证人们之间在平等的经济关系上建立和谐的经济利益关系；才能保证向共同富裕的目标迈进，实现社会主义的本质。

## 二、多种分配方式并存

在社会主义初级阶段，多种分配方式并存是收入分配制度的一大特点。按劳分配以外的多种分配方式，在实质上就是对生产要素的占有状况进行分配。生产要素是多种多样的。归纳起来主要有两大类，一类是各种物质生产条件，如土地、厂房、设备、原材料等；另一类是人的劳动，包括人们在生产过程中提供的活劳动、信息、管理等。实行按生产要素分配，必须健全劳动、资本、信息、管理等生产要素按贡献参与分配的制度，使多种分配方式的实现具有制度上的保证。

按生产要素分配在私有制社会中是不言而喻的，对于社会主义制度而言，是在改革开放的实践中提出的新的课题。在私有制社会之所以实行按生产资料的占有权进行分配，是因为在私有制社会中，生产资料被奴隶主、地主阶级和资产阶级占有。社会主义初级阶段之所以要实行把按劳分配和按生产要素分配相结合的分配制度，是因为在社会主义初级阶段，存在着生产要素的多种所有制。各种生产要素同劳动一起，都是物质财富和使用价值的源泉，是社会生产不可缺少的因素，因此，当它被排他地占有时，必须实行按生产要素分配的原则才能有效地利用它来发展生产。

按生产要素分配的形式主要有三种类型。其一，以劳动作为生产要素参与分配。这里不包括公有制经济中的按劳分配，因为按劳分配得到收入的劳动者不是凭借作为独立的生产要素的所有者以及提供的生产要素的身份来参与分配。这种分配与其他分配方式中凭借提供劳动这个生产要素参与分配具有完全不同的性质。以劳动作为生产要素参与分配的主要是个体劳动者和被雇佣于非公有制经济的雇佣劳动者。个体劳动者的收入是凭借自己的劳动和占有的生产资料从事个体的劳动和经营所取得的收入；被雇佣于非公有制经济的雇佣劳动者取得的劳动收入，实质是劳动者出卖劳动力商品，按劳动力价值得到的收入。其二，劳动以外的生产要素的所有者参与分配。主要包括资本所有者在生产经营活动中凭借资本所取得的利润。生产要素的所有者将自有的货币或资本借给他人经营或存入金融机构所取得的利息；以实物形态资本租借给他人经营或使用取得的租金等。其三，管理和知识产权类的生产要素，如科技发明、创造、信息、专利等参与分配。这类生产要素来自它们所有者的劳动或劳动成果，在当代经济生活中发挥着越来越巨大的作用，在很大程度上决定着企业经营的成败和发展前途。

在社会主义初级阶段，实行按劳分配和按生产要素分配相结合的分配制度，有利于优化资源配置，促进经济发展，有利于最广泛最充分地调动一切积极因素。让劳动、知识、技术、管理和资本的活力竞相迸发，让一切创造财富的源泉充分涌流，促进社会生产力的发展，实现全面建设小康社会的奋斗目标。

## 三、深化分配制度改革

实行以按劳分配为主体、多种分配方式并存的收入分配制度，需要调整和规范国家、企业、个人的分配关系。理顺分配关系事关广大群众的切身利益和积极性的发挥。理顺分配关系，完善分配结构和分配方式，必须深化分配制度改革。

分配制度改革走到今天已经有了实质性的突破，取得了喜人的成绩，在强调效率的同时兼顾了公平，在激励的同时注意了约束，在循旧的基础上进行了革新。可以说，我国收入分配制度改革越来越朝着务实的方向发展，今后，深化分配制度改革，可以考虑主要从以下四个方面进行。

第一，宏观调控收入分配，理顺分配机制，实现共同富裕。我国经济体制改革的目标是建立社会主义市场经济体制，发挥市场对资源配置的基础性作用。实践证明，运用市场手段能够比较充分地解决资源配置问题和调节经济运行，但是在三大利益主体——政府、企业和个人的收入分配方面，有许多不可克服的局限性。更为重要的是，三大利益主体的收入分配结构一旦形成，便不易由市场手段打破，从而使分配制度改革明显触礁。因此，有必要对收入分配进行宏观调控。首先，应合理调整收入总量的分配格局，在总量既定的条件下，合理安排三大利益主体的收入份额或比例，避免因此消彼长关系肥了一方，瘦了另一方。其次，要贯彻“效率优先，兼顾公平”的分配原则，为了发展生产力而合理地拉大收入差距，实现多劳多得，少劳少得，反对平均分配，同时又要防止收入悬殊，从而影响社会安定，制约经济的发展。再次，理顺工资分配制度，建立相应的企事业单位和行政机关工作人员工资制度及相应的激励机制。保证国有资产的保值增值，防止国家税收的流失，确保政府收入的稳定；企业工资分配要以不影响企业正常运转为限，做到在激励员工的同时，使企业经济效益有明显的提高；个人收入分配应该在最低工资标准基础上制定与执行。最后，完善的收入分配机制还需要建立相应的监督机制，使政府、企业与个人的收入在比例协调、互相促进的基础上取得“三赢”局面。

第二，协调城乡经济发展、缩短收入差距，走全民小康之路。城乡二元经济结构造成了居民收入差距的扩大，特别是随着我国城市工业化程度的提高，农业投入相对不足，使城乡居民收入差距超过了合理的限度，对农村居民生活、农业经济的发展乃至整个国民经济的发展都带来了消极的影响。因此，如何提高农民收入，解决农村人口压力；如何提高城镇居民收入，实现城乡居民收入的共同增长，合理缩小收入差距，走全民小康之路，便成为今后分配制度改革的重中之重。正是如此，我们的收入分配应该做好“两手抓”的工作，一手抓城镇居民收入改善，一手抓农村居民收入水平提高。首先，应加快城镇建设，整治城市分配秩序，规范城镇收入分配，理顺分配关系，抑制某些行业或阶层收入的畸形增长；同时，逐步实现农村户籍制度在有序的条件下松动甚至取消，加快农村剩余劳动力向非农产业转移，加快农村人口向城镇转移，支持和鼓励城镇人才到农村创业。还要花大力气做好城镇再就业工程，减少失业人口。其次，通过农业现代化、社会化、市场化、科技化促进农业产业结构的升级，增加农副产品的附加值。再次，应加快社会主义市场体系的培育，力争通过市场的办法去解决发展中的问题，同时不能忽视政府的宏观调控。深化企业体制改革，完善农村土地承包制度，大力发展生产力，促进经济发展。

第三，全面实施西部大开发，促进区域经济平衡发展，缩小东、中、西部贫富差距。我国东部地区与中西部地区差距的扩大有历史因素的累积，政府政策资金在改革之初向东部倾斜，以及东部地区自身存在的诸多有利条件相互叠加所造成。改革开放20年后，中央提出西部大开发战略，目标是促进区域经济的平衡发展，这符合发展的规律，也是全面建设小康社会的必然要求。在西部大开发的过程中，政府与民间要做的事情非常之多，从深化分配制度的改革角度来说主要有几点：一是政府要调整区域经济政策，加快利于中西部的政策的出台，加大支持基础建设投资的力度。对外开放，通过“补血”与“造血”相结合的方针促进中西部地区的发展；二是中西部地区也要加快改革开放的步伐，加快产业结构的调整，实现旧工业、落后产业的产业转型，凭借自身的资源优势发展自己的特色产业、优势产业、并大力发展第三产业，吸引和留住优秀人才；三是广泛推进东、中、西部三区之间多层次、多形式的经济技术合作，加大发达地区对中西部地区的支援力度；四是大力发展教育，增加教育投资，尽快转变观念，扬长避短，发挥区位优势，用足用好政府优惠政策性资金的投入和国内外的支持，化外部条件为内部条件，振兴经济，填平东、中、西部区域经济发展差距的鸿沟，只有这样，才有资格谈共同富裕，也只有在这一历史发展进程中，才能更好地深化分配制度改革。

第四，转变政府职能，依赖市场与政府“两只手”相结合，共同完成分配制度改革的深化。分配制度改革本质上从属于经济体制的改革，经济体制改革的每一步需要分配制度改革的配套，经济体制改革一天不止，分配制度改革也就一天不能落后半步。当然，在分配制度改革的过程中，政府起到了主导作用，用制度变迁的观点来说，这是非常明显的强制性变迁过程。一方面，按劳分配是我国建设社会主义的主要分配方式，在公有制经济中发挥着十分重要的作用，特别是在社会主义市场经济体制建立的过程中，按劳分配在农村农业、城镇工业以及后来的现代企业制度的建立中均有建功，充分地调动了广大劳动人民群众生产、经营的积极性。另一方面，按要素贡献分配是新出现的分配方式，它彻底地突破了价值分配与价值创造之间的纠缠，有利于调动各要素参与生产的积极性，积极地作用于社会主义经济建设，为全面建设小康社会增添了动力。

深化分配制度改革，还需要正确认识和处理“先富”与“共富”的关系。社会主义的根本目标是实现共同富裕，这是社会主义的本质要求。改革开放以前，我们在分配上存在一种误解，即把共同富裕理解为全体人民在同一时间以同等的速度富裕起来，也就是同步富和同等富，如果社会成员的收入出现了较大的差距，就认为是两极分化。在这样的指导思想下，分配制度和分配政策上虽然强调按劳分配，但收入差距太小，形成了事实上的平均主义。平均主义只能是打击先进、鼓励落后，严重挫伤了人们的生产积极性，破坏了社会生产力。实践证明，平均主义既不符合马克思主义，也不符合中国国情，在实践中不利于调动劳动者的生产积极性、促进生产力的发展。改革开放初期，邓小平在总结历史经验的基础上，提出允许和鼓励一部分地区、一部分人先富起来，先富带动后富，逐步实现共同富裕。这意味着我们对共同富裕有了新的认识，即共同富裕决不等于也不可能是完全平均，决不等于也不可能是所有社会成员的同步富和同等富。共同富裕作为一个历史过程，全体社会成员在共同富裕的道路上必然会出现有先有后、有快有慢的不同，这是整个社会走向共同富裕的必由之路。允许和鼓励一部分地区、一部分人先富起来，就会产生巨大的示范作用，影响左邻右舍，对其他地区、其他人起带动作用。这样，就会使整个国民经济不断向前发展，使人民群众比较快地富裕起来。实践证明，这一政策符合社会主义初级阶段的实际，有力地推动了全社会共同富裕的进程。

允许和鼓励一部分地区、一部分人先富起来，还要解决一个依靠什么手段富裕的问题。就是说，先富起来的条件必须和只能是依靠诚实劳动和合法经营。只有诚实劳动和合法经营，才能增加社会财富，为逐步实现共同富裕创造物质基础；才能发挥应有的示范作用，引导和带动其他人一起为发展生产力、增加社会财富去奋斗。离开诚实劳动和合法经营，依靠非法手段发财致富、巧取豪夺，不仅不能增加社会财富，创造实现共同富裕的物质基础，而且会扰乱社会秩序和经济秩序，败坏社会风气，影响劳动群众的生产积极性。从逐步实现共同富裕的目标出发，在处理“先富”与“共富”的关系上，在不同的时期，应该有不同的重点。改革开放初期，社会生产力发展水平低，分配上平均主义严重，应着重解决“先富”的问题。经过30多年的改革开放，社会生产力有了很大的发展，人民群众的生活水平有了较大提高，收入差距不断扩大，则应着重解决“共富”的问题。这样，才能保证我们的发展不会偏离共同富裕的方向。

深化分配制度改革，还需要注重社会公平，防止两极分化。允许和鼓励一部分地区、一部分人先富起来，是承认在经济发展的过程中允许收入差别的存在和在一定范围内的扩大，但是，这并不意味着社会成员之间的收入差距越大越好。因此，在贯彻允许和鼓励一部分地区、一部分人先富起来政策时，还需要解决一个富裕程度差别的扩大不能导致社会产生两极分化的问题。邓小平曾指出：社会主义与资本主义的不同特点就是共同富裕，不搞两极分化。共同富裕是体现社会主义本质的一个东西。如果搞两极分化，情况就不同了，民族矛盾、区域间矛盾、阶级矛盾都会发展，相应的中央和地方的矛盾也会发展，就可能出乱子。社会主义制度应该而且能够避免两极分化。

防止两极分化，必须有针对性地规范收入分配秩序，防止收入高低过于悬殊。改革收入分配制度，规范收入分配秩序，构建合理、公平、公正的社会收入分配体系，关系到最广大人民群众的根本利益，关系到广大干部群众的积极性、主动性、创造性的充分发挥，关系到全面建设小康社会、开创中国特色社会主义事业的全局。

规范收入分配秩序，就是要通过完善分配政策使社会主义初级阶段不可避免存在的收入差距保持在合法和适度的范围内。所谓合法，就是来自诚实劳动和合法经营而产生的收入差距；所谓适度，就是使收入差距保持在合理的范围之内，不能因为收入差距扩大而形成社会矛盾发展到尖锐对立的地步。为此，必须取缔非法收入，整顿不合理收入，调节过高收入。对侵吞公有财产和用偷税逃税、权钱交易等非法手段谋取利益的，坚决依法惩处；对凭借行业垄断和某些特殊条件获得个人额外收入的，必须纠正；要完善个人所得税制，开征有利于调节收入分配的新税种，使收入差距趋向合理，防止两极分化。合法又适度的差距，是发展社会主义市场经济的内在要求，有利于促进生产力的发展，创造共同富裕的物质基础。

总之，坚持和完善社会主义个人收入分配制度，要以有利于发展生产力为出发点，以逐步实现共同富裕为目标，通过深化分配制度改革，加强收入分配宏观调节，在经济发展的基础上，更加注重社会公平，着力提高低收入者的水平，逐步扩大中等收入者比重。有效调节过高收入，坚决取缔非法收入，使全体人民都能享受到改革开放和经济发展的成果，促进共同富裕。

## 四、建立健全社会保障体系

建立与经济发展水平相适应的社会保障体系，是社会稳定和国家长治久安的重要保证。建立多层次的社会保障体系，对深化企事业单位的改革，保持社会稳定，进一步完善社会主义生产经济体制具有重大意义。

社会保障体系包括社会保险、社会救济、社会福利、优抚安置和社会互助、商业保险与慈善事业等。在市场经济条件下，无论企业还是个人都无力单独承担社会保障所涉及的各项内容。因此，动员国家、集体和个人的力量建立覆盖全社会的社会保障体系，对于缓解社会矛盾，保证社会稳定，促进经济发展，具有重要的作用。

建立和健全社会保障体系要以经济发展为基础，要根据经济发展水平合理地确定保障方式和标准，量力而行，循序渐进。经过多年的努力，我国已经基本上形成了适合我国国情的社会保障体系的总体框架。目前，我国社会保障制度的主要内容有：职工的基本养老保险制度、基本医疗保险制度、失业保险制度和城市居民最低生活保障制度。由于我国正处于社会主义初级阶段，生产力发展水平不高，物质基础比较薄弱，城乡之间、地区之间的发展不平衡，需要建立健全与经济发展水平相适应的社会保障体系。目前，我国的社会保障体系还存在着覆盖范围窄、制度不健全、管理基础薄弱等问题。不适应人口老龄化、城镇化和就业方式多样化的要求。要从统筹经济发展与社会建设、统筹劳动就业和社会保障、统筹城镇社会保障和农村社会保障、统筹公平和效率、统筹政府作用与生产效率的高度，进一步健全社会保障体系。

我国是一个发展中的大国，社会经济发展不平衡，居民收入有较大的差距。这不仅决定了建立健全社会保障体系的任务十分艰巨，必须有一个较长的过程，而且也决定了社会保障的方式是多样化的，既要有国家法定的基本保障，也要有补充保险和商业保险，以满足各方面的需要。国家法定的基本保障解决的是人们基本的保障，而较高水平的保障需要通过发展补充保险和商业保险来解决。随着经济的发展和国家与个人财富的增加，保障范围的标准也将适当调整，使更多的居民分享改革发展的成果，体现以人为本的要求。

## 第三节　社会主义市场经济体制

### 一、社会主义市场经济

1. 市场经济

市场经济是一种资源配置方式。所谓资源配置，是指将包括物质资源和人力资源在内的经济资源按比例地分配在各种产品和劳务的生产上，以满足人们各种不同的需要。资源配置一般要达到两个目标：一是通过资源配置而形成的社会供给的比例与社会需求的比例相适应，避免供给与需求的脱节，也就是资源配置的合理性。二是要讲求经济效益，节约资源，做到人尽其才、物尽其用、地尽其力，也就是资源利用的充分性。达到上述两个目标，就说明资源配置是优化的。

市场经济是发达的商品经济。市场经济是同商品经济密切联系在一起的经济范畴。市场经济以商品经济的充分发展为前提，是在产品、劳动力和物质生产要素逐步商品化的基础上形成、发展起来的，在这个意义上可以说市场经济是发达的商品经济。

市场经济的形成，市场要成为社会配置资源的主要手段，必须具备一些基本条件，主要包括：

第一，生产要素商品化。要使资源配置市场化，不仅要求一般消费品和生产资料商品化，而且要求各种生产要素如劳动力、资本、科技、信息等商品化，并在这个基础上形成统一完整的市场体系和反应灵敏的市场机制。

第二，经济关系市场化。一切经济活动，包括生产、交换、分配和消费都要以市场为中心，以市场为导向，听从市场这只“看不见的手”的指挥。

第三，产权关系独立化。市场主体是指那些从事市场经济活动的当事人，主要是企业和居民，必须拥有自己的产权，成为真正意义上的法人实体，有资格参与市场经济活动。

第四，生产经营自主化。生产经营者在国家法律、政策允许的范围内追求经济利益的最大化，自由选择投资地点、行业部门，确保经营范围和经营目标。

第五，经济行为规范化。市场主体追求经济利益，必须讲职业道德，遵守国家法律，履行契约合同，遵守市场规则和市场管理制度，自觉维护社会经济秩序。

商品经济长期而又充分的发展，为市场经济的形成准备了上述条件。商品经济产生在前，市场经济产生在后，发达的商品经济才能称为市场经济。

2. 社会主义市场经济

社会主义市场经济是同社会主义基本制度结合在一起的，市场在国家宏观调控下对资源配置起基础性作用，社会主义市场经济是商品化的商品经济，是市场在资源配置中起基础性作用的经济。社会主义市场经济具有平等性、法制性、竞争性和开放性等一般特征，社会主义市场经济是实现资源优化配置的一种有效形式。社会主义市场经济可以促进生产力的发展，为社会主义制度优越性的发挥提供市场机制保证。

## 二、我国从计划经济向社会主义市场经济的转变

长期以来，不论是马克思主义者，还是西方资产阶级政治家和学者，都把市场经济看成是资本主义特有的经济形式，强调市场经济只能与私有财产制度相联系，认为市场经济与社会主义是根本对立的，从而否定市场经济在社会主义制度下存在与发展的可能性。我国在社会主义制度建立后，逐步形成了高度集中的计划经济体制，这样的选择，在当时我国生产力发展水平十分低下，国民经济基础十分薄弱，现代工业很少的情况下，具有客观必然性，它为迅速、有效地集中全国的经济力量进行大规模的经济建设创造了条件。在百废待兴、执政党威望崇

高、人民群众的政治热情空前高涨的社会主义建设时期，因为有利于快速动员社会资源并集中用于关键部门的重点建设，而在促进社会主义工业化和推动生产力发展方面发挥了积极作用，使我国的经济发生巨大的变化。同时，在当时经济结构简单、科技水平不高、社会利益关系相对单纯的情况下，计划经济体制也能够比较顺利地运行。20 世纪 50 年代，计划经济体制在我国社会主义经济建设中发挥了重要的作用。在整个国民经济基础比较薄弱的情况下，我国能够集中主要力量开展由 156 个重大项目为中心的工业建设，比较迅速地建立社会主义工业化的初步基础，并在此基础上初步建立了独立的比较完整的工业体系和国民经济体系……这些与计划经济体制所发挥的作用是分不开的。

但是，高度集中的计划经济体制在运行过程中暴露了不少的问题，其主要弊端是：政企职责不分，条块分割，国家对企业统得过多过死，权力过于集中，忽视商品生产、价值规律和市场机制的作用，分配中平均主义严重。这就造成了企业缺乏应有的自主权。企业吃国家的“大锅饭”、职工吃企业的“大锅饭”的局面，严重压抑了企业和职工的积极性、主动性和创造性，使本来应该充满生机和活力的社会主义经济在很大程度上失去了生机和活力。

十一届三中全会以后，我国开始了改革开放的伟大历史进程，我国经济体制改革的目标选择了社会主义市场经济，是对这一传统观念的突破，使我国的经济体制从计划经济走向社会主义市场经济。我国之所以选择市场经济体制，是因为：

第一，社会主义的根本任务是解放生产力，发展生产力，经济体制改革是解放生产力和发展生产力的必经之路。要发展生产力，就要彻底抛弃那些使生产力发展成为桎梏和束缚的体制，进行大胆的改革，才能有效地促进生产力发展。解放生产力和发展生产力正是邓小平提出搞市场经济的根本出发点。

邓小平曾经指出：问题是用什么方法才能更有效地发展社会生产力。我们过去一直搞计划经济，但多年的实践证明，在某种意义上说，只搞计划经济会束缚生产力的发展。

在计划经济体制上，一方面是统得过多，限制了地方和企业的主动性，限制了企业的活力；另一方面是职工吃企业的“大锅饭”，企业吃国家的“大锅饭”，管理者和生产者的积极性都不能很好地发挥。这两方面都是对生产力的束缚。要摆脱束缚，必须通过改革，从根本上改变束缚生产力发展的经济体制，建立充满生机和活力的经济体制来解放和发展生产力。

第二，任何一个国家，都可以也应该根据自己实际的社会生产力发展状况，实际的国民经济发展状况，来选择发展自己的手段和途径，哪一个手段有利于发展自己，就拿来用之。但是多年来，我们国家一直把计划经济看做是社会主义的，把市场经济看做是资本主义的，为了坚持社会主义必须排斥市场经济。这种传统的认识主要来自于对马克思主义中的个别词语不同条件和情况的照搬照抄。例如：马克思和恩格斯曾经设想，未来的社会主义社会实行计划经济，不存在商品货币关系。我们拿过来就套用，必然产生上述的概念。但是，只要我们认真思考，就可以分析出：马克思、恩格斯提出的只是一个设想，他们并没有讲是必然，他们讲的未来社会，并非是我们现在这个阶段的社会主义。因为马克思和恩格斯考察的是发达的资本主义社会，是在那个基础上建立一个未来的社会主义社会，这就与我们当今实践的社会主义社会有了很大的差距，基础不同，现实不同，又怎么能拿过来照搬照抄。再说，马克思主义是不断发展的，它要在新的实践中，不断丰富自己、发展自己，这才有生命力，才能够称其为科学。我们过去就是有的地方照搬照抄，导致用传统认识来束缚自己，再加上“左”的思想泛滥，不实事求是，造成经济上的重大损失。错误和挫折，促使我们党反思、重新认识传统的计划经济体制，开始在理论和实践上探索新的发展社会主义经济的道路。

早在1979年邓小平就指出：“说市场经济只存在于资本主义社会，只有资本主义的市场经济，这肯定是不正确的。社会主义为什么不可以搞市场经济？这个不能说是资本主义。我们是计划经济为主，也结合市场经济，但这是社会主义的市场经济。”1985年，邓小平指出：“社会主义与市场经济之间不存在根本矛盾。”1992年春，邓小平在“南方讲话”中进一步指出：“计划多一点还是市场多一点，不是社会主义与资本主义的本质区别。计划经济不等于社会主义，资本主义也有计划；市场经济不等于资本主义，社会主义也有市场。计划和市场都是经济手段。”

邓小平这些关于社会主义市场经济的思想，从根本上解决了把社会主义与市场经济对立起来的思想束缚，对我国经济体制改革产生了极大的推动作用，成为我们党制定改革方向和目标的基本理论依据。

具体讲，邓小平带领人民对社会主义市场经济，从冲破思想束缚到正确认识再到改革实践的过程，分为三个阶段：

第一阶段：突破了完全排斥市场调节的大一统的计划经济概念，形成了“计划经济为主，市场经济为辅”的思想。

第二阶段：确认“社会主义经济是公有制基础上有计划的商品经济”的论断，突破长期以来把计划经济同商品经济对立起来的传统观念，重新解释了计划经济的内涵。

第三阶段：从根本上破除了把计划经济和市场经济看做属于社会基本制度范畴的思想束缚，确认建立“社会主义市场经济体制”的改革目标。

我国以建立社会主义市场经济体制为目标的改革实践已经证明，而且将来会进一步证明，社会主义与市场经济不存在根本矛盾，市场经济能够与社会主义基本制度结合在一起，有效促进生产力发展。所以我们说，社会主义也可以搞市场经济。

## 三、社会主义市场经济的基本特征和基本框架

1. 市场经济的一般特征

第一，市场经济是一种自主经济。商品生产者必须是独立的市场主体。

第二，市场经济是平等的经济。它只承认等价交换，不承认任何超市场的特权。

第三，市场经济是竞争经济。为了各自价值的实现，市场主体之间必然激烈竞争，优胜劣汰。因而在市场经济活动中，机会和风险是并存的。这一机制促使企业不断提高自身素质和经营规模，以在竞争中立于不败之地。

第四，市场经济是开放性经济。企业为了获取利润，实现产品的价值，会不遗余力地开拓市场。

通过市场经济一般特征的分析，我们可以看出，市场机制包括供求、价格、竞争三个方面的要求。社会分工的发展，出现了生产的单一性和需求多样性的矛盾，这就使供求双方既相互对立又相互依赖。商品交换则把供求双方联系起来，从而解决供给与需求的矛盾。价格则是把供求双方联系起来的利益纽带，是价值的实现形式。价格协调供求是引导资源流动的指示器，通过价格的双向调节，使供求在新水平上达到平衡。竞争是商品在买方与卖方之间围绕商品价格和质量进行较量，只有竞争才能使价格随供求变化而升降，价格的变化反过来调节供求。竞争是市场活力的灵魂。市场机制就是在供求、价格、竞争之间相互依存和相互制约中发挥节约资源和合理配置资源的功能。当然，市场也不是万能的，资本主义自由放任的市场经济所导致的周期性经济危机，就是市场失灵的严重后果。因而，在20世纪30年代大危机之后，资本主义国家普遍采用计划调节手段来弥补市场的缺陷，这就形成了宏观调控的市场经济。

2. 社会主义市场经济的基本特征

社会主义市场经济不仅具有市场经济的一般规定和特征，同时又是与社会主义基本制度结合在一起的市场经济。

市场经济作为一种资源配置方式，它不属于社会基本制度范畴，不具有姓“资”姓“社”的性质，但它又从来不是同社会基本制度相脱离而孤立存在的。从历史上看，市场经济与资本主义相伴而生、相伴而长，最初以资本主义市场经济的形式存在于世上，但它并不是资本主义的专利，而是人类的共有的一种文明成果，既可为资本主义服务，也可以为社会主义服务，要看市场经济同哪一种社会制度相结合。我们建立社会主义市场经济，就是市场经济同社会主义制度相结合，是在社会主义条件下的市场经济，它作为市场经济，同样是以市场作为主要

手段配置资源的经济，是由市场机制，也就是价值规律调节运行的经济，就这点来说，它与资本主义经济没有什么区别。

社会主义市场经济是市场经济发展的一种新的历史形式，也可以说是市场经济发展的新阶段。它包含着两个方面的规定性，一是市场经济的一般共性，二是社会主义制度本身的特性。社会主义市场经济是在积极有效的国家宏观调控下进行的资源配置，市场对资源配置起基础性作用，能够实现效率与公平的经济体制。

社会主义市场经济的基本特征主要表现在：

第一，在所有制结构上，以公有制为主体，多种所有制经济共同发展，一切符合“三个有利于”的所有制形式都可以而且应该用来为社会主义服务。

第二，在分配制度上，坚持按劳分配为主体，多种分配方式并存的制度。把按劳分配和按生产要素分配结合起来，坚持效率优先、兼顾公平的原则。

第三，在宏观调控上，由于公有制为主体，因而国家对市场的调控具有较雄厚的物质基础，又有牢固的政治基础和广泛的群众基础，所以能够把人民的当前利益与长远利益、局部利益和集体利益结合起来，发挥计划与市场两个手段的长处，把市场调节和宏观调控结合起来。

3. 社会主义市场经济的基本框架

社会主义市场经济的基本框架，主要是三个制度、三个体系。

三个制度是：

第一，建立现代企业制度。以公有制为主体，产权清晰、责权明确、政企分开、管理科学的现代企业制度，是社会主义市场经济的中心环节。

第二，建立以按劳分配为主体，效率优先、兼顾公平的收入分配制度。这是社会主义市场经济体制的动力机制。

第三，建立多层次的社会保障制度。这是社会主义市场经济体制的安全阀和稳定器。

三个体系是：

第一，建立全国统一开放的市场体系。这是社会主义市场经济的核心。

第二，建立以间接手段为主，完善的宏观调控体。这是社会主义市场经济体制的调节器。

第三，健全和完善法律体系。这是社会主义市场经济体制的一项重要内容和组成部分。

## 四、培养市场主体，规范企业制度

1. 企业是市场经济的最基本主体

建立社会主义市场经济体制，保持国民经济持续、稳定、健康发展，关键在于重塑社会主义市场经济的主体。在市场经济条件下，企业是最基本、最重要的市场活动的主体，是市场机制运行的微观基础。在市场经济中的企业，必须遵循市场经济的规则，自主经营、自负盈亏，直接从事生产、流通和服务性的经营活动，追求利益最大化，并依法纳税。

作为市场主体的企业具有以下基本特征：①企业提供产品或服务，直接目的是追求利润；②企业必须进行独立核算，自负盈亏；③企业拥有自主权；④企业是纳税单位。

以上四条，既是市场经济中企业的特征，也是市场经济对其主体的要求。因而，在市场经济条件下，要培育适合社会主义市场经济发展的市场主体，使其成为生产力发展和科技进步的主导力量，成为现代化建设的重要支柱和骨干力量，焕发生机和活力，使他们的经济实力和潜能充分发挥出来，更好地发挥企业在市场经济中的经济功能和社会职能。其经济功能，就是使企业潜在的生产力转化为现实的生产力，不断创造更多的社会财富，推动社会生产规模的不断扩大，提高生产效率，推动社会生产力进步，提高企业的职工素质，培养专门科技人才，促进社会生产力的发展。所谓社会职能，是讲企业能够满足人民群众对产品和服务的需求，创造就业机会，为国家提供财富，推动其他社会和公共事业的发展，能够在国民经济发展和人民物质文化生活水平的提高上发挥重大作用。

2. 市场经济中的企业制度

企业制度是指以产权制度为基础和核心的企业组织和管理制度。在现代市场经济中，现代企业制度是适应市场经济要求的、依法规范的企业制度，一般采用公司制。公司制比其他企业组织形式能更好地适应市场经济的要求。建立公司制的现代企业制度是建立社会主义市场经济体制的重要环节。

## 五、培育和发展社会主义市场体系

1. 社会主义市场体系及其作用

市场是市场经济的舞台。市场状况如何，体系是否完善，机制是否健全，决定着整个经济运行的效益。社会主义市场经济体系是由相对独立又相互联系的各类市场构成的有机统一体，包括消费品市场、生产资料市场、资本市场、劳动力市场、技术市场、信息市场和房地产市场等。完善的市场经济体系是市场经济有效配置资源的条件，是建立社会主义市场经济的重要环节。社会主义市场体系应该是统一、开放、竞争、有序的市场体系。所谓统一性、开放性、竞争性、有序性是它的重要特征。改革开放以来，我国的市场体系有了很大发展，但还不够完善，要形成统一、开放、竞争、有序的市场体系还需要经历一个过程。目前市场发展中存在的主要问题是：市场体系不健全、各类市场发育程度参差不齐、有些要素市场严重滞后、市场竞争机制不健全、市场运行的法规制度建设滞后、由地方保护主义导致的全国统一开放市场体系还没有最终形成。能否形成一个健全的完善的市场体系，事关我国社会主义市场经济体制能否最终建立，因此必须加快社会主义市场体系的培育和发展。

2. 培育和发展社会主义市场体系

完善的市场体系不仅包括市场体系本身的完善性，还包括市场体系功能的健全。根据构建社会主义市场经济体制的要求，从我国当前市场体系的实际状况出发，培育和完善我国的市场体系，主要从以下五个方面入手：

第一，培育市场主体。市场主体是参与市场活动的当事者。有无真正的市场主体，决定着市场能否发育；市场主体的发育状况，决定着市场发育的程度。培育市场主体，首先要转变政府职能，加快国有企业改革，促进多种所有制企业发展，鼓励个人以市场主体身份从事市场活动。

第二，培育要素市场。主要是发展规范金融市场、培育劳动力市场、发展房地产市场、技术市场和信息市场，等等。

第三，健全市场机制。建立由市场决定价格的机制，必须对原有的价格管理体制及其相联系的价格形成机制进行根本改革，必须建立和完善政府的价格控制制度和有关法律体系。

第四，发展市场中介机构。如发展会计师事务所、审计师事务所、律师事务所、公证和仲裁机构、计量和质量检验认证机构、信息咨询机构、资产和信息评估机构，等等。

第五，建立市场秩序规则，加强市场管理。市场经济是法制经济。市场经济的运行要建立在一定的秩序和规则基础之上，完善市场竞争，法律体系就显得尤为重要。因此，要加快建立使市场基本经济关系、市场主体行为和市场交易秩序规范化的法律法规，逐步形成统一、科学和完备的社会主义市场管理的法规体系。同时，还要加强执法部门、社会舆论和群众的监督，保证社会主义市场经济正常健康发展。

## 六、完善宏观调控体系

1. 宏观经济调控的客观必然性

宏观调控是指国家从经济运行的全局出发，按预定的目标通过各种宏观经济政策、经济法规等对市场经济的运行从总量上和结构上进行调节、控制的活动。宏观调控的主体是国家，调控的客体和对象是市场经济运行的过程和结果。

现代市场经济都是有宏观调控的市场经济。在发挥市场基础性作用的前提下，加强宏观调控不仅是弥补市场失灵的一般要求，而且在我国当前市场发育不够健全的情况下，显得尤为重要。因而，建立和完善社会主义市场经济体制，必须健全宏观调控体系。这是发展社会主义市场经济客观的必然要求。

第一，宏观调控是社会化生产的必然要求。社会主义经济发展是建立在社会化大生产的基础之上的，客观上要求由政府进行宏观调控，使国民经济按比例协调发展，避免和减少由于盲目的无政府状态而带来的损失。这也是社会分工越来越细，生产社会化程度越来越高，国民经济各部门之间相互联系、相互制约程度越来越大的要求。

第二，宏观调控是市场经济正常运行的客观要求。市场机制在社会资源配置中，能有效地发挥作用。但它不是万能的，其弱点和不足表现为“市场失灵”。这就需要由国家进行宏观调控。例如，调控涉及总量问题，如就业、总供给和总需求平衡问题、结构协调和通货膨胀等问题。

第三，宏观调控是社会主义经济制度的客观要求。①宏观调控是公有制经济的要求。公有制经济，尤其是国有经济属于广大劳动人民，它的经济活动应该服从社会主义生产目的，这就靠宏观调控在全社会范围内有效地使用人力、物力和财力发展生产，使经济活动符合人民的利益。②宏观调控是加速我国经济发展的客观要求。我国是发展中的社会主义国家，我们要走出一条较为自觉的快速发展道路，必须要求国家对促进经济发挥作用，发挥社会主义优势。③宏观调控是共同富裕的要求。我们的最终目标是达到共同富裕。这一立足点比一般市场经济国家处理效率与公平关系的要求更多，这就必须依靠国家的宏观调控来实现。

2. 宏观调控的目标和手段

社会主义宏观调控的任务和目标，应体现社会主义本质的要求，服从社会主义的生产目的。我国宏观经济调控的具体任务是：保持经济总量的平衡，抑制通货膨胀，促进重大经济结构的优化，实现经济稳定增长。保持经济总量平衡，即保持社会总供给和社会总需求的平衡，是宏观调控的基本目标。只有社会总需求和社会总供给大体平衡时，才能保证国民经济持续、稳定、协调发展。宏观调控的手段有计划手段、经济手段、法律手段、行政手段。

3. 转变宏观经济调控方式和政府职能

社会主义宏观经济调控，是由国家来进行的。宏观经济调控的方式主要有两种：①直接宏观调控，即国家运用行政手段直接协调和控制微观主体的经济行为；②间接宏观经济调控，即国家主要运用经济手段，通过市场机制，影响和引导企业的经济行为，以达到宏观经济调控的目标。在计划经济体制下，国家主要通过指令性计划和行政手段，对企业直接调控，企业成了政府机构的附属品。这种宏观调控方式与市场经济严重背离，必须进行改革和转变：一是由直接管理为主转变为以间接管理为主；二是由进行微观管理转变为主要进行宏观管理；三是从搞项目审批、分钱分物转变为主要利用经济手段搞好规划、协调、监督和服务。

从以上概括，可以清楚地看出，要做到以上提出的转变，必须首先转变政府职能，政府的职能转变主要有三个方面：

第一，实现政企分开。也就是政府和企业的职责分开。政府仅仅行使其行政职能，为社会主义市场经济营造一个公平竞争的发展环境。所有企业作为商品生产者和经营者有独立的生产经营权。这是政府职能转换的关键。

第二，分离政府的社会管理职能和国有资产所有者职能。由于各级人民代表大会直接代表全体人民的根本利益，是全民所有制企业和集体所有制企业的天然董事会，因此由人大作为国有资产的管理机构，进行国有资产的基础性管理工作，对国有资产的保值和增值状况进行监督，制定和执行国有资产经营、管理的法律法规方面具有天然的合法地位，在适当的时候对全民进行公有制企业分红，是社会主义市场经济阶段迈向共同富裕的重要步骤，也是体现社会主义优越性的关键举措。

第三，按照精简、统一、效能的原则，对政府机构进行改革，以适应政企分开的政府国有资产权与宏观经济调控权向各级人大逐步转移的需要。按照市场经济的规律，政府作为管理者的身份，都无法直接或者间接参与市场竞争。将全民所有制企业和集体所有制企业资产逐步移交各级人大，是建立社会主义市场经济的需要，是社会主义共同富裕目标的需要。由于人大在经济上真正强大以后，人民在选举过程中也会更加积极参与，更加谨慎投票，使得人大在政治上才能更加有力地监督政府行为，因此，强化人大地位的政治经济改革也是强化社会主义民主的必由之路。

# 第六章

# 中国社会主义制度优越性的思想文化基础和历史文化底蕴

中国特色社会主义的先进文化和社会主义核心价值体系，为中国社会主义制度优越性的发挥提供了思想文化基础。中华民族在长期的历史发展过程中，创造了辉煌灿烂的古代文明，形成了以爱国主义为核心的民族精神和勤劳勇敢、知耻明辱、业精于勤、勤俭自主等一系列传统美德。以爱国主义为核心的民族精神和中华民族的一系列传统美德，不仅是中华民族能够战胜一切艰难险阻，立于不败之地的精神力量，也为中国社会主义制度优越性的发挥提供了厚重的历史文化底蕴。

## 第一节　发展社会主义先进文化

### 一、发展社会主义先进文化的重要性

文化是一个内涵十分丰富的范畴。广义的文化，是指人类在改造自然和改造社会的过程中所创造的物质财富和精神财富的总和。狭义的文化，是指作为观念形态的、与经济政治并列的，有关人类生活的思想理论、道德风尚、文学艺术、教育和科学等精神方面的内容。先进文化是符合人类社会发展方向、体现先进生产力发展要求、代表最广大人民群众根本利益、反映时代进步潮流的文化。它最基本、最直接的价值取向是崇善和追求先进性。人类文明进步的历史表明，没有先进文化的积极引领，没有人民精神世界的极大丰富，没有全民族创造精神的充分发挥，一个国家、一个民族不可能屹立于世界先进民族之林。在当今世界，文化越来越成为民族凝聚力和创造力的重要源泉，越来越成为综合国力的重要因素。

中国共产党在80多年奋斗的历程中，十分重视文化建设。我们党始终代表着先进文化的前进方向，努力建设和弘扬反映革命、建设和改革要求的新文化。

在这一过程中，我们不仅在文化建设上取得了巨大成就，而且对文化建设规律的认识不断深化。

毛泽东同志十分重视文化的重要作用，认为任何社会没有文化就建设不起来，要把一个被旧文化统治因而愚昧落后的中国，变成一个被新文化统治因而文明先进的中国。在文化建设中，毛泽东提出了一系列的思想和观点，强调建设无产阶级的、民族的、科学的、大众的社会主义新文化，提倡百花齐放、百家争鸣、古为今用、洋为中用，成为社会主义文化建设的重要指导方针。邓小平在探索中国特色社会主义道路的过程中，根据新的历史条件，对社会主义精神文明建设，提出了一系列新的思想，认为社会主义精神文明是社会主义的重要特征，要在建设高度物质文明的同时，建设高度的社会主义精神文明；要一手抓物质文明建设，一手抓精神文明建设，要“两手抓，两手都要硬”；要提高全民族的思想道德素质和科学文化素质，培养有理想、有道德、有文化、有纪律的社会主义新人。在中国特色社会主义实践发展过程中，中国共产党对社会主义文化建设的认识不断深化。江泽民同志曾指出：中国共产党要始终代表中国先进文化的前进方向，坚持以科学的理论武装人，以正确的舆论引导人，以高尚的精神塑造人，以优秀的作品鼓舞人；提出社会主义文化是综合国力的重要标志，建设中国特色社会主义文化，就是以马克思主义为指导，以培养有理想、有道德、有文化、有纪律的公民为根本任务，发展面向现代化、面向世界、面向未来的，民族的、科学的、大众的社会主义文化。这些重要思想，为新时期的文化建设指明了方向。在进入全面建设小康社会的新阶段，以胡锦涛为总书记的党中央把文化建设摆在更加突出的位置，强调要牢牢把握社会主义先进文化的前进方向，兴起社会主义文化建设的新高潮，激发全民族文化创造活力，提高国家文化软实力，使人民精神风貌更加昂扬向上。

80 多年来，中国共产党把马克思主义和我国文化建设的实际相结合，形成了关于文化建设的一系列重要理论成果，创造性地丰富和发展了马克思主义文化建设理论。在当代中国，发展社会主义先进文化，建设和谐文化，就是建设中国特色社会主义文化。中国特色社会主义文化，就其主要内容来说，同改革开放以来我们党一贯倡导的社会主义精神文明是一致的。要实现全面建设小康社会的历史任务和中华民族伟大复兴的宏伟目标，必须牢牢把握社会主义先进文化的前进方向，努力建设中国特色社会主义文化。

努力建设中国特色社会主义先进文化，对于积极推进中国特色社会主义的伟大事业，具有重要的作用：

第一，中国特色社会主义文化是社会主义现代化建设的重要内容。社会主义社会是经济、政治、文化和社会全面发展的社会，物质贫穷不是社会主义，没有民主就没有社会主义，愚昧无知、失去理想、精神贫乏也不是社会主义。社会主义先进文化、社会主义精神文明在观念形态上反映着社会主义物质文明和政治文明的基本特征，同时又对物质文明和政治文明起着巨大的促进作用。只有经济、政治、文化和社会建设都搞好，使它们相互促进、协调发展，中国特色社会主义事业才能顺利推进，实现全面建设小康社会的历史任务和中华民族伟大复兴的宏伟目标才能实现。

第二，中国特色社会主义文化是凝聚和鼓励全国各族人民的重要力量，是综合国力的重要标志。随着世界多极化、经济全球化的深入发展和科学技术的日新月异，文化与经济、政治相互交融的程度不断加深，与科学技术的结合更加紧密，经济的文化含量日益提高，文化的经济功能越来越强，文化已成为国家核心竞争力的重要因素。谁占据了文化发展的制高点，谁就能够更好地在国际竞争中掌握主动权。任何社会的存在和发展，都需要一种普遍的社会认同和凝聚能力，以维护社会的协调和稳定。这种社会认同和凝聚能力主要来源于文化。中国特色社会主义文化通过知识体系、价值观念、思想信仰和行为规范，产生凝聚和激励社会成员的巨大力量。建设中国特色社会主义文化，发展社会主义先进文化，在增强国际竞争力、提高民族凝聚力方面有非常重要的作用。

第三，中国特色社会主义文化为现代化建设提供智力支持、精神动力和思想保证。建设中国特色社会主义文化，发展社会主义先进文化，能够提高劳动者的科学文化素质，为现代化建设提供强大的科学支撑和智力支持，能够提高人民的思想道德素质，使人们在共同利益的基础上，形成共同理想和道德准则，为改革开放提供精神动力，能够引导人们认同和接受社会主义基本经济制度和政治制度，以全面的、辩证的、发展的眼光看待发展中的社会主义，树立正确的世界观、人生观、价值观，增强民族自尊心、自信心、自豪感，为中国特色社会主义建设提供强有力的思想保证。

## 二、中国特色社会主义文化建设的根本任务

中国特色社会主义文化建设的根本任务是适应改革开放和社会主义现代化建设需要，培育有理想、有道德、有文化、有纪律的“四有”公民，提高整个中华民族的思想道德素质和科学文化素质。十一届三中全会后，邓小平在领导改革开放和社会主义建设的过程中，把新时期社会主义事业接班人的基本要求概括为有理想、有道德、有文化、有纪律。在推进中国特色社会主义的实践中，结合新时期的实际，江泽民同志指出：要着力提高全民族的思想道德素质和科学文化素质，为经济发展和社会全面进步提供强大的精神动力和智力支持，培育适应社会主义现代化要求的一代又一代有理想、有道德、有文化、有纪律的公民。在新世纪新阶段，胡锦涛同志特别强调全面建设小康社会，加快推进社会主义现代化，要求我们必须着眼于提高人的素质、促进人的全面发展，加强思想道德建设，发

展教育科学文化，培育有理想、有道德、有文化、有纪律的社会主义公民。

培育有理想、有道德、有文化、有纪律的社会主义公民，是建设社会主义先进文化对公民素质的综合要求。其中，有理想、有道德、有纪律是对于公民思想道德素质方面的要求，有文化是对科学文化素质发展的要求。思想道德素质和科学文化素质是有机统一、相辅相成的，两者相互补充、相互促进、协调发展。这就要求我们正确认识有理想、有道德、有文化、有纪律四者的内在联系。理想是核心和精神支柱，道德是规范和理想的体现，纪律是实现理想、维护道德的重要保证，文化是基础，是形成理想信念、道德情操和纪律观念的重要条件。这四个方面构成了培育社会主义社会公民的整体标准。建设中国特色社会主义文化，发展社会主义先进文化，要始终按照“四有”这样一个整体标准去培育人才，提高人的综合素质，为中国特色社会主义事业提供智力支持和人才支撑。

培育有理想、有道德、有文化、有纪律的社会主义公民，提高全体公民的素质，是促进人的全面发展的需要。促进人的全面发展，是马克思主义关于建设社会主义新社会的本质要求，是建设社会主义各项事业包括文化建设在内所追求的根本目标。建设中国特色社会主义的各项事业，我们进行的一切工作，都要着眼于现实的物质文化生活需要，同时要着眼于人民素质的提高，提高全民族的思想道德素质、科学文化素质和健康素质，也就是促进人的全面发展。实现人的全面发展，是一个长远的理想目标，需要一个长期的艰苦奋斗的过程。在现阶段，加强文化建设就是要按照有理想、有道德、有文化、有纪律的要求来引导人、教育人、培养人，逐步使全体公民树立崇高的理想信念、高尚的道德情操、自觉的纪律观念和较高的文化素质，使创造精神得到充分发挥，精神境界得到极大提高，使人的全面发展程度不断向更高的层次提升。

培育有理想、有道德、有文化、有纪律的社会主义公民，是一个复杂的系统工程，是我国文化建设面临的一项长期艰巨的任务。培育“四有”公民，要坚持以理想信念教育为核心，引导人们正确认识共产主义远大理想和现阶段共同理想的关系，更加坚定对中国特色社会主义的信念，以高尚的思想道德鞭策自己，脚踏实地地为实现党在现阶段的共同理想而不懈努力，扎扎实实地做好自己的本职工作。青少年是祖国的未来，民族的希望。要引导青少年正确认识国家民族的前途和命运，认清自己的社会责任，确立在中国共产党的领导下走中国特色社会主义道路，为实现中华民族伟大复兴而奋斗的远大理想和坚定信念，把个人的成长进步同祖国的繁荣富强紧密联系起来，担负起建设祖国，振兴中华的光荣使命。要引导青少年珍惜年华，刻苦学习，努力掌握为祖国、为人民服务的本领，培养良好的道德品质和文明行为，增强纪律意识和法制观念，做知法、懂法、守法的合格公民。

## 三、社会主义文化建设的基本方针

第一，坚持以马克思主义为指导，为人民服务、为社会主义服务。坚持以什么为指导、为什么服务的问题，是文化建设的根本问题。这不仅决定着文化建设的目标和方向，也决定着文化的性质。建设中国特色社会主义文化，必须坚持以邓小平理论和“三个代表”重要思想为指导，深入贯彻落实科学发展观，坚持社会主义先进文化前进方向，坚持为人民服务、为社会主义服务，把满足人民群众的精神文化需求作为文化建设的出发点和落脚点，不断促进人们思想道德素质和科学文化素质的提高，努力实现最广大人民的文化利益，为全面建设小康社会提供强大的精神动力，创造良好的文化氛围。

第二，坚持百花齐放、百家争鸣的方针。百花齐放、百家争鸣的方针是对文化建设经验的深刻总结，反映了文化发展的内在规律。要在《宪法》规定的范围内，努力营造生动活泼、求真务实的良好氛围，充分发扬学术民主和艺术民主，在学术问题上提倡不同观点和学派的自由讨论，在艺术创作上提倡不同艺术风格和流派的争鸣和切磋，提倡健康说理的批评和反批评。尊重文化发展规律，尊重文化工作者的创造性劳动，弘扬主旋律，提倡多样化，充分调动广大文艺工作者的积极性和创造性，促进学术研究和艺术创作的繁荣发展。注意区分学术问题、思想认识问题和政治问题的界限。对政治问题，要旗帜鲜明，立场坚定；对学术问题，要提倡学术民主、平等讨论、相互切磋；对思想认识问题，要加强针对性指导，努力析事明理，解疑释惑。

第三，坚持贴近实际、贴近生活、贴近群众，不断推进文化创新。鲜活的实际、火热的生活和人民群众的生动实践，是文化发展和创新的丰富土壤和不竭源泉。只有坚持贴近实际、贴近生活、贴近群众，文化建设才能回答和解决现实问题、反映生活本质、满足群众的文化需求。坚持解放思想、实事求是、与时俱进，立足社会主义初级阶段的实际，深入改革开放和现代化建设的实践，在时代的高起点上，不断推动文化观念、内容、形式、体制机制和传播手段的创新，增强文化发展活力。要尊重人民群众的主体地位和首创精神，准确把握群众精神文化需求发展变化的特点，积极探索新形势下服务群众的有效途径和办法，多给人民群众提供优秀精神文化产品，做到文化发展的成果由人民共享。

第四，坚持立足当代又继承民族优秀文化传统，立足本国又充分吸收世界优秀文化传统。文化承接着过去又昭示着未来，既是民族的又是世界的。要结合时代特点对中华民族传统文化加以继承和发扬，使之与当代社会相适应、与现代文明相协调，保持民族性，体现时代性，做到古为今用，推陈出新。要从中国实际出发，对人类文明优秀成果加以积极借鉴，做到洋为中用，博采众长。加强对外文化交流，增强中华文化的国际影响力。

第五，坚持一手抓繁荣，一手抓管理。繁荣是文化建设的永恒主题，管理是文化繁荣发展的有力保障，两者紧密联系，相互促进。要重在建设，把文化建设作为一个持续推进的过程，通过长期坚持不懈的努力，推动社会主义文化发展大繁荣，兴起社会主义文化建设新高潮。要坚持科学管理、依法管理，综合运用法律、行政、经济、行业自律等手段，推进文化领域管理工作法制化、规范化、制度化建设。要树立新的文化发展观，积极推进文化体制改革，解放和发展文化生产力，提高国家文化软实力，不断增强我国文化的国际竞争力。始终坚持把社会效益放在首位，努力实现经济效益和社会效益的统一。

## 四、发展社会主义文化的根本目标、努力方向和战略部署

繁荣发展社会主义文化的根本目标是：兴起社会主义文化建设新高潮，激发全民族文化创造活力，提高国家文化软实力。这是我们党准确把握我国经济社会发展对文化建设的新要求以及物质生活改善后的人民群众对文化工作的新期待所作出的重大部署，充分体现了我们党将更加自觉、更加主动地承担起传承文化、繁荣文化的历史责任，符合党的三代中央领导核心的一贯思想，它与党的十六大部署相衔接，是当代中国共产党人必须承担的历史责任。

繁荣发展社会主义文化的努力方向是：使人民基本文化权益得到更好保障，使社会文化生活更加丰富多彩，使人民精神风貌更加昂扬向上。这一努力方向着眼于满足人民群众日益增长的多方面、多层次、多样性的精神文化需求，着眼于提高人民群众的思想道德素质和科学文化素质，着眼于促进人的全面发展，充分体现了我们党立党为公、执政为民的根本宗旨，体现了科学发展观的本质要求，体现了以人为本的重要思想。

繁荣发展社会主义文化的战略部署：一是建设社会主义核心价值体系，增强社会主义意识形态的吸引力和凝聚力。具体内容包括建设社会主义核心价值体系，推进理论创新，开展中国特色社会主义理论体系宣传普及活动，推进马克思主义理论研究和建设工程，繁荣发展哲学社会科学等五个方面。二是建设和谐文化，培育文明风尚。具体内容包括积极发展新闻出版、广播影视、文学艺术事业，重视城乡、区域文化协调发展，加强网络文化建设和管理，加强公民道德建设，加强和改进思想政治工作，做好青少年思想道德教育工作，深入开展群众性精神文明创建活动，普及科学知识，广泛开展全民健身运动等。三是弘扬中华文化，建设中华民族共有精神家园。具体内容包括加强中华优秀文化传统教育，加强对各民族文化的挖掘和保护，加强对外文化交流等。四是推进文化创新，增强文化发展活力。具体内容包括创作更多优秀精神文化产品，深化文化体制改革，加强社区和乡村文化设施建设，大力发展文化产业，创新文化生产方式，设立国家荣誉制度等方面。

## 五、推动社会主义文化大发展大繁荣的重大意义

当今时代，文化越来越成为民族凝聚力和创造力的重要源泉，越来越成为综合国力竞争的重要因素，丰富的精神文化生活越来越成为全国人民的热切愿望。面对当今世界各种思想文化相互激荡的大潮，面对国家发展和人民生活改善对文化发展的要求，面对社会文化生活多样、活跃的态势，我们必须从提高国家文化软实力的战略高度，充分认识文化建设的重要性、紧迫性，更加自觉、更加主动地推动社会主义文化大发展大繁荣。

第一，推动社会主义文化大发展大繁荣是由文化本身的地位和作用所决定的。

文化是民族的血脉和灵魂，是国家发展、民族振兴的重要支撑。人类社会发展史既是人类生命繁衍、财富创造的物质文明发展史，更是人类文化积累、文明传承的精神文明发展史。一个民族的文化，凝聚着这个民族对世界和生命的历史认知和现实感受，积淀着这个民族最深层的精神追求和行为准则。几千年来，中华民族历经磨难而绵延不绝，一个重要原因就是有着浓厚的文化传统和强烈的文化认同。古往今来，每一个伟大民族都有自己博大精深的文化，每一个现代国家都把文化作为推动社会发展进步的重要力量。一个民族的觉醒首先是文化的觉醒，一个国家的强盛离不开文化的支撑。文化深深熔铸在民族的血脉之中，始终是民族生存发展和国家繁荣振兴取之不尽、用之不竭的力量源泉。

文化是国家核心竞争力的重要因素，在综合国力竞争中发挥着不可替代的作用。江泽民指出："综合国力，主要是经济实力、技术实力，这种物质力量是基础，但也离不开民族精神、民族凝聚力，精神力量也是综合国力的重要组成部分。"随着世界多极化、经济全球化的深入发展和科学技术的日新月异，文化与经济、政治的相互交融的程度不断加深，与科学技术的结合更加紧密，经济的文化含量日益提高，文化的经济功能越来越强，文化已经成为国家核心竞争力的重要因素。谁占据了文化发展的制高点，谁拥有了强大的文化软实力，谁就能够在激烈的国际竞争中赢得主动。现在，越来越多的国家十分看重文化的巨大作用，千方百计壮大本国文化的整体实力和国际竞争力。我国作为发展中的社会主义国家，要想在新的国际竞争中立于不败之地，维护国家发展利益和文化安全，就必须高扬自己的文化理想，尽快形成与我国经济社会发展和国际地位相适应的文化优势。

文化是全面建设小康社会的重要目标，已经成为衡量社会文明程度和人民生活质量的显著标志。文化的进步反映着社会的文明进步，文化的发展推动着人的全面发展。我们要实现的现代化是经济、政治、文化、社会全面发展的现代化，全面建设小康社会，既需要殷实富足的物质生活，也需要丰富健康的文化生活。

现在，人民的精神文化需求日趋旺盛，全社会求知、求乐、求美的愿望更加强烈。与之相比，我国文化发展的总体水平还不高，同经济社会发展不相适应，同全面建设小康社会和构建和谐社会的要求不相适应，同人民群众日益增长的精神文化需求不相适应。这就迫切要求我们把发展社会生产力同提高全民族文明素质结合起来，进一步加大文化建设力度，加快文化发展步伐，更好地满足人民的精神需求，丰富人们的精神世界，增强人们的精神力量，促进人的全面发展。

第二，推动社会主义文化大发展大繁荣是我国社会现实的必然选择。

繁荣发展社会主义文化是经济繁荣发展的客观要求。历史上每一个经济社会快速发展的时期，往往也都是文化繁荣兴盛的时期。我国历史上唐朝的鼎盛留给我们今天更多的是大量宝贵的文化遗产。早在新中国成立前夕，毛泽东同志就预言：随着经济建设高潮的到来，不可避免地将要出现一个文化建设的高潮。30多年来，我国经济保持持续、快速、健康发展，经济实力和综合国力迈上新台阶，经济总量已跃居世界第三位，这在客观上要求文化有一个大发展大繁荣。经济建设的成功并不等同于社会的全面进步。当今中国的发展决不能仅仅是经济意义的，我们的思想与文化建设必须适应我们的时代和变化着的世界，在文化与精神领域里也应该放射出同经济一样同等的光芒。经济腾飞后的现代中国，文化的地位和作用必须同样得到前所未有的关注和重视。伴随着物质丰富和文化繁荣，是全面小康的必然要求，有了文化繁荣的小康，才是全面的小康。

繁荣发展社会主义文化是和谐社会发展的重要内容和精神动力。和谐社会建设包括和谐文化建设。实现我国社会主义现代化建设和中华民族伟大复兴的宏伟目标，先进文化、和谐文化的繁荣发展必不可少。没有先进文化的积极引领，没有人民精神世界的极大丰富，没有全民族创造精神的充分发挥，国家的发展就会失去支撑，和谐社会建设也就成了一句空话。

繁荣发展社会主义文化是当今思想道德建设现状的迫切要求。繁荣发展社会主义文化的首要任务就是建设社会主义核心价值体系。现在，我们正处于经济社会转型期，人们思想认识、道德选择、价值取向的独立性、多样化、多变性、选择性和差异性日益增强，社会中过多地存在着物质主义的文化诉求，重物重利思想严重，存在着一些阻碍改革顺利进行的负面社会心态，如患得患失的浮躁焦虑心态、对未来发展迷茫困惑心态、社会生活中的急功近利心态、留恋过去的求稳惧变心态、对改革事业求全责备心态、不求创造和奉献的坐享其成心态等，这就凸显了文化建设的重要性。要解决稳定、发展的问题，就必须形成全社会认同的核心价值体系，大力发展先进文化与和谐文化。

## 第二节　建设社会主义核心价值体系

### 一、建设社会主义核心价值体系的重要作用

党的十六届六中全会通过的《中共中央关于构建社会主义和谐社会若干重大问题的决定》指出：建设社会主义核心价值体系，形成全民族奋发向上的精神力量和团结和睦的精神纽带。这是党中央为适应我国社会思想道德建设的新形势，向全党提出的重要任务。任何社会都有自己的核心价值体系。核心价值体系是社会意识的本质体现，决定着社会意识的性质和方向。提出建设社会主义核心价值体系，对于新时期建设中国特色社会主义主义，夺取全面建设小康社会的新胜利，实现中华民族的伟大复兴，具有重要的作用。

第一，提出建设社会主义核心价值体系，再次向世人展现了我们党思想上精神上的旗帜。改革开放以来，我们党成功探索出一条中国特色社会主义道路，使古老的中华民族以崭新的姿态屹立于世界民族之林，中国特色社会主义显示出巨大的优越性。我们坚持中国特色社会主义，从经济体制上说，要坚持社会主义市场经济体制，坚持以公有制为主体、多种所有制经济共同发展的基本经济制度，坚持以按劳分配为主体、多种分配方式并存的分配制度；从政治体制上说，要坚持人民民主专政、人民代表大会制度、中国共产党领导的多党合作和政治协商制度；从意识形态上说，要坚持马克思主义的指导地位。与这些根本性的制度和要求相适应，必然要有一个主导全社会思想和行为的价值体系。这个价值体系是什么样的？具有什么样的内容？呈现什么样的特征？随着改革开放和社会主义市场经济进一步发展，随着中外文化交流和碰撞进一步扩大，随着人们思想活动独立性、选择性、多变性和差异性进一步增强，对社会主义价值体系的核心部位作出清晰的界定显得越来越迫切。核心价值体系就是一面旗帜，鲜明地亮出这面旗帜，就是要昭示人们不论在社会思想观念如何多样多变的情况下，不论在人们价值取向发生怎样变化的情况下，我国社会主义意识形态的核心部位是不能动摇的。提出建设社会主义核心价值体系，有利于我们更清醒、更坚定地把握和坚持社会主义意识形态的本质，有利于我们更清醒、更坚定地把握和坚持社会主义先进文化的前进方向。

第二，提出建设社会主义核心价值体系，是巩固全党全国人民团结奋斗的共同思想基础的需要。共同的思想基础，是一个党、一个国家、一个民族赖以存在和发展的根本前提。没有共同的思想基础，党就要瓦解、国家就要分裂、民族就要解体。我们党历来重视共同思想基础的建设。毛泽东同志强调党要有“共同语言”，讲的是共同思想基础建设。邓小平同志指出：我们这么大一个国家，要

团结起来、组织起来，一靠理想，二靠纪律，否则建设就不能成功。强调的是要加强共同思想基础建设。江泽民同志指出："一个民族、一个国家，如果没有自己的精神支柱，就等于没有灵魂，就会失去凝聚力和生命力。"强调的还是共同思想基础建设。胡锦涛同志多次指出：要增强"民族精神"，巩固"精神支柱"，形成"共同理想信念"。强调的仍然是共同思想基础建设。为什么我们党长期以来一直强调共同思想基础建设，而在今天产生了对共同思想基础作出科学概括和清晰界定的需要？原因就在于，在社会思想观念和人们价值取向日益多样的情况下，根本的、原则的东西有些时候却容易被自觉或不自觉地疏忽、淡化。提出社会主义核心价值体系，就明确揭示了我们共同思想基础的基本内涵和基本要求，将会推动全党全社会更加自觉地维护我们共同的思想基础。

第三，提出建设社会主义核心价值体系，有利于引导全社会在思想道德上共同进步。思想道德是经济基础的反映，而不是脱离历史发展的抽象观念。同我国还处在社会主义初级阶段相适应，同我国多种所有制经济并存相适应，同我国多种分配方式并存相适应，同对外开放的环境相适应，人们的思想观念、道德意识、价值取向越来越呈现出层次性。这种层次性要求我们在思想道德建设上一定要从实际出发，既要鼓励先进，又要照顾多数，把先进性要求同广泛性要求结合起来，对不同层次的人们提出不同的要求。我们不能因为存在着多层次的思想道德而降低甚至否定先进性的要求，对于共产党员来说，要坚定不移地身体力行共产主义道德。我们也不能不顾人们思想道德的客观差异，用一个标准要求所有的社会成员，而是要倡导积极的，支持有益的，允许无害的，改造落后的，抵制腐朽的。我们还要针对人们思想道德上的层次性，坚持用先进的思想道德来引领全体社会成员在思想道德上不断提升、共同进步。用什么样的思想道德来引领人们在思想道德上不断提升和进步？提出社会主义核心价值体系，集中回答了这个问题。社会主义核心价值体系，既体现了思想道德建设上的先进性要求，又体现了思想道德建设上的广泛性要求；既坚持了先进文化的前进方向，又符合不同层次群众的思想状况；既体现了一致的愿望和追求，又涵盖了不同的群体和阶层。社会主义核心价值体系具有广泛的适用性和包容性，具有强大的整合力和引领力，是联结各民族、各阶层的精神纽带。

第四，提出建设社会主义核心价值体系，抓住了和谐文化建设的根本。《中共中央关于构建社会主义和谐社会若干重大问题的决定》鲜明地提出，构建社会主义和谐社会必须建设和谐文化。我们建设的和谐文化，是以社会主义核心价值体系为根本、为内在规定的和谐文化。建设和谐文化，就是建设社会主义先进文化。社会主义核心价值体系，不断汲取中华民族优秀传统文化，不断吸收世界优秀文明成果，不断在实践中创新发展。这就决定了社会主义核心价值体系有很强的创造力、感召力和包容性、整合性。在和谐文化建设中，抓住了社会主义核心价值体系这个根本，才能形成全社会共同的理想信念，增强全社会的凝聚力；才能树立全社会的和谐理念，培育全社会的和谐精神；才能形成全社会的良好道德风尚，形成全社会的和谐人际关系；才能营造全社会的和谐舆论氛围，塑造全社会的和谐心态。

## 二、建设社会主义核心价值体系的重大意义

提出建设社会主义核心价值体系，不仅对于新时期建设中国特色社会主义，夺取全面建设小康社会的新胜利，实现中华民族的伟大复兴，具有重要的作用。而且对于巩固马克思主义在意识形态领域的指导地位，对于团结、引领全体社会成员在思想上、道德上共同进步，具有重大意义。

第一，核心价值体系，是一个政党的行动指南，是一个国家的主心骨，是一个民族的灵魂。社会主义核心价值体系，是全面建设小康社会、努力构建和谐社会进程中的根本思想基础，是中华民族伟大复兴的共同精神力量。《中共中央关于构建社会主义和谐社会若干重大问题的决定》指出，马克思主义指导思想、中国特色社会主义共同理想、以爱国主义为核心的民族精神和以改革创新为核心的时代精神、社会主义荣辱观，构成了社会主义核心价值体系的基本内容。这一概括内容丰富，意义深远，既突出了我们党和国家的指导思想，又强调社会主义理想信念的重要作用；既继承吸收中国文化的优秀传统，又结合当今社会主义精神文明的本质特征，指明了社会主义和谐文化的前进方向。社会主义核心价值体系成为全体社会成员共同的理想信念和道德规范，成为全民族奋发向上的精神力量与团结和睦的精神纽带。

当前，我国社会主义改革和发展进入了关键时期，经济体制深刻变革，社会结构深刻变动，利益格局深刻调整，生活方式深刻变化，这一切都给人们的价值观念和思想活动带来了巨大的活力，也带来空前的冲击。在这个发展机遇期和矛盾凸显期相互交织的关键阶段，难免会有人产生疑惑、误解，甚至迷失方向，这种现实凸显出构建和谐文化的重要性和紧迫性。社会主义核心价值体系的提出，正是我们党积极主动地正视矛盾、化解矛盾，最大限度地增加和谐因素，最大限度地减少不和谐因素，正本清源、创建和谐社会的重大战略举措。

第二，建设社会主义核心价值体系，是我国现代化建设保持正确方向的必然要求。当今时代，世界多极化和经济全球化的趋势深入发展，在各国综合国力激烈竞争的同时，意识形态领域也是风云激荡。在复杂多变的国际环境中，我们必须立足国内现实、把握时代潮流，必须坚持马克思主义在意识形态领域的指导地位，借鉴人类一切有益文明成果，坚定不移地走中国特色社会主义的发展之路。社会主义核心价值体系的建设，以其系统的价值理念和鲜明的社会主义特征，确保我国现代化建设沿着正确的方向前进。

第三，建设社会主义核心价值体系，是构建社会主义和谐社会的重要内容和条件。一个社会要有序、协调发展和保持团结稳定，除了建立组织和制度保障社会成员之间的政治、经济、社会关系之外，还必须形成自身的主流价值观念体系。主流价值观念体系为人们提供了一整套观察世界、判断事物的基本标准。在核心价值体系的指导下，取得全社会广泛而深刻的价值认同，可以使人们超越民族、血缘、语言、习惯、地域等方面的差异，消除彼此之间的分歧和隔阂，增强社会成员的归属感和向心力，促进社会共同体的团结和稳定。社会主义核心价值体系，代表的正是中国特色社会主义社会的主流价值，它提供了和谐社会建设所需要的文化认同和价值追求，具有其他任何价值体系不可替代的高度的凝聚力和感召力。

第四，建设社会主义核心价值体系，是促进民族团结和国家安定必不可少的推动力量。千百年来，神州大地56个民族不断联结、融合，我中有你，你中有我，形成了多元而又统一的中华民族，形成了以爱国主义为核心的团结统一、爱好和平、勤劳勇敢、自强不息的伟大民族精神。在长期的实践中，我们党结合时代和社会的发展要求，不断丰富着民族精神，并建立了一个与中华民族传统美德相承接的社会主义思想道德体系。在此基础上，建设社会主义核心价值体系，进一步把民族精神和社会主义价值观念相融合，将为全民族团结一致、和睦相处提供更为牢固的精神纽带。

## 三、社会主义核心价值体系的基本内容

马克思主义指导思想、中国特色社会主义共同理想、以爱国主义为核心的民族精神和以改革创新为核心的时代精神、以“八荣八耻”为基本内容的社会主义荣辱观，构成社会主义核心价值体系的基本内容。

1. 必须坚持以马克思主义为指导思想

马克思主义指导思想，是我们立党立国的根本指针，是社会主义意识形态的灵魂，也是社会主义核心价值体系的灵魂所在。中国共产党从成立开始，就始终坚持把马克思主义确立为自己的指导思想。改革开放新时期，邓小平把马列主义、毛泽东思想作为必须坚持的四项基本原则之一。江泽民同志一贯强调要坚持马克思主义在意识形态领域的指导地位，在2000年召开的全国思想政治工作会议上，江泽民同志提出：“加强和改进思想政治工作，最根本的是坚持和巩固马克思主义在我国意识形态领域的指导地位。”（《江泽民文选》第3卷，第86页）党的十六大以来，以胡锦涛为代表的中国共产党人，坚持并发展马克思主义，提出了科学发展观、社会主义和谐社会等一系列重要的战略思想，把马克思主义发展到一个新的历史高度。胡锦涛还强调：推进社会主义先进文化建设，必须坚持和巩固马克思主义在意识形态领域的指导地位，用一元化指导思想引领多样化的

社会思想。坚持用科学的理论武装全党、教育人民，着力回答干部群众关心的重大理论和实际问题，不断增强党的思想理论工作的创造力、说服力、感召力。在十六届六中全会上，马克思主义指导思想被确定为社会主义核心价值体系的首要内容。

马克思主义指导思想是社会主义核心价值体系的灵魂。建设社会主义核心价值体系，最根本的是坚持马克思主义的指导地位。马克思主义指导思想决定了社会主义核心价值体系的性质和方向，是社会主义核心价值体系的灵魂。随着我国经济社会发生的深刻变化，社会意识出现了多样化倾向。面对这样的情况，我们必须更加坚定地坚持马克思主义的指导地位不动摇，坚持用发展着的马克思主义指导实践，牢牢掌握意识形态领域的指导权、主动权、话语权。必须始终高举马克思主义的旗帜，始终坚持用马克思主义中国化的最新成果武装全党、教育人民，不断巩固和发展社会主义意识形态。如果动摇了马克思主义的指导地位，就会失去全党全国各族人民团结奋斗的共同思想基础，就会导致思想混乱、社会动荡，就会给国家和民族带来巨大的灾难。改革开放以来，正是因为我们毫不动摇地坚持马克思主义的指导地位，才经受住了各种困难和风险的严峻考验，取得了改革开放和现代化建设的巨大成就。

马克思主义是我们立党立国的根本指导思想。在我国社会主义核心价值体系建设中，马克思主义为我们提供了正确的世界观和方法论，提供了正确认识世界和改造世界的强大思想武器。只有用马克思主义的立场、观点、方法来正确认识经济社会发展形势，正确认识社会思想意识中的主流与支流，才能在错综复杂的社会现象中看清本质、明确方向。江泽民同志指出：如果动摇了马克思主义这个精神支柱，就会导致思想混乱、社会动乱，那将是党、国家和民族的灾难。建设社会主义核心价值体系，第一位的就是坚持马克思主义的指导地位。马克思主义是科学，它始终严格地以客观事实为根据，总是随着时代、实践和科学的发展而不断发展。我们坚持马克思主义，是坚持发展着的马克思主义。只有坚持用发展着的马克思主义武装全党、教育人民，才能真正发挥马克思主义认识世界和改造世界的强大思想武器的作用，马克思主义才能真正成为我们的行动指南。这就要求我们把坚持和发展马克思主义自觉地统一于建设中国特色社会主义的实践中，在坚持中发展，在发展中坚持，自觉做到两个“坚定不移”、两个“不能含糊”：坚持马克思主义的立场、观点、方法，坚持马克思主义的基本原理，这一点要坚定不移，不能含糊；贯彻解放思想、实事求是的思想路线，坚持勇于追求真理和探索真理的革命精神，这一点也要坚定不移，不能含糊。

作为社会主义国家的公民，一是要认真学习马克思主义，特别是要认真学习马克思主义和当代中国社会主义建设实践相结合的最新理论成果——中国特色社会主义理论，领会其精神实质；二是要用马克思主义及中国特色社会主义理论来指导自己的学习和工作，用正确的理论武装自己，指导自己的行为。

2. 中国特色社会主义共同理想

胡锦涛同志指出："理想信念，是一个政党治国理政的旗帜，是一个民族奋力前行的向导。"以胡锦涛为总书记的中共中央高度重视共同理想教育。到十六届六中全会，共同理想成为社会主义核心价值体系的重要内容。中国特色社会主义共同理想，是实现中华民族伟大复兴的必由之路，是全国各族人民团结奋斗的强大动力。

理想是指人们在实践中形成的、具有实现可能的、对未来的一种追求，是人们的政治立场和世界观在奋斗目标上的表现。理想是一个民族、一个社会的灵魂所系。以马克思主义为指导的中国共产党人，始终坚持崇高的理想，坚持理想主义与现实主义相结合，使崇高理想成为我们党、我们民族精神生活中不可或缺的一部分。随着改革开放和社会主义市场经济的不断发展，加强理想教育越来越具有重要意义。邓小平同志曾指出："要有远大的理想，这样才能永远保持前进的勇气和方向。我们一定要经常教育我们的人民，尤其是我们的青年，要有理想。"江泽民同志指出："在全社会形成共同理想和精神支柱，是有中国特色社会主义文化建设的根本。"胡锦涛同志也指出："理想信念，是一个政党治国理政的旗帜，是一个民族奋力前行的向导。"

理想是有层次的。对于共产党人来说，最高理想是实现共产主义。在现阶段，建设中国特色社会主义是我们全社会的共同理想。这个共同理想，既实在具体，又鼓舞人心，昭示了我们要在中国特色社会主义道路上，在21世纪头20年，集中力量全面建设小康社会；再继续奋斗几十年，到21世纪中叶基本实现现代化，把我国建成富强、民主、文明、和谐的社会主义国家。这个共同理想，集中代表了我国工人、农民、知识分子和其他劳动者、建设者、爱国者的利益和愿望，具有很强的广泛性和包容性。这个共同理想，把国家、民族与个人紧紧地联系在一起，强调了国家要基本实现现代化、民族要实现伟大复兴、人民要过上宽裕的小康生活，有利于调动全体人民的积极性共同为之奋斗。这个共同理想，既体现了现阶段党的奋斗目标，又体现了党的最终奋斗目标，要求把为最高理想而奋斗同为现阶段共同理想而奋斗统一于建设中国特色社会主义的实践。中国特色社会主义共同理想，是实现中华民族伟大复兴的必由之路，是全国各族人民团结奋斗的强大动力。

共同理想就是共同的价值追求、价值取向和价值目标。所谓中国特色社会主义共同理想教育就是通过一定的教育途径、方式和方法将建设中国特色社会主义的共同理想转化为全社会和全体人民群众共同的价值追求、价值取向和价值目标。中国特色社会主义共同理想是社会主义核心价值体系的主题。随着社会主义市场经济深入发展，我国的经济成分、组织形式、就业方式、利益关系和分配方式日益多样化，不可避免会出现社会意识的多样化，这就必须要有一个能够代表广大人民根本利益、为社会各个阶层广泛认可和接受、能有效凝聚各个方面智慧和力量的共同理想。有共同理想，才能有共同步调。这个共同理想，就是在中国共产党领导下，走中国特色社会主义道路，实现中华民族的伟大复兴。这个共同理想，把党在社会主义初级阶段的目标、国家的发展、民族的振兴与个人的幸福紧密联系在一起，把各个阶层、各个群体的共同愿望有机结合在一起，经过实践的检验，有着广泛的社会共识，具有令人信服的必然性、广泛性和包容性，具有强大的感召力、亲和力和凝聚力。摆脱贫穷后，走向富强、民主、文明、和谐，实现中华民族的伟大复兴，是中华儿女世世代代的梦想和追求。

我国的每一个公民，尤其是青年，要把实现个人理想和实现共同理想结合起来。我们每个人，都有自己的个人理想，也都在为实现自己的个人理想而努力奋斗。一般说来，个人理想和共同理想并不冲突，个人理想的实现和共同理想的实现是统一的。一方面，共同理想的实现，有助于个人理想的实现，并为个人理想的实现铺平了道路；另一方面，我们每个人为实现自己的个人理想的奋斗和努力，也促进了共同理想的实现。因此，在现实生活中我们一要在为实现共同理想而奋斗的过程中，实现自己的个人理想和人生价值。二要把为实现共同理想而奋斗和自己的日常学习、生活和工作结合起来。认真学习，努力工作，自觉进行道德品质的修养和良好行为习惯的养成，使自己成为一个合格的社会主义事业的建设者，为实现个人理想和共同理想打好基础。三要自觉坚持中国共产党的领导，坚持走中国特色的社会主义道路。在当代中国，只有坚持中国共产党的领导，坚持走中国特色的社会主义道路，才能实现民族独立、国家富强、人民幸福，才能实现中华民族的伟大复兴，也才能实现自己的个人理想。

3. 以爱国主义为核心的民族精神和以改革创新为核心的时代精神

民族精神和时代精神是一个民族赖以生存和发展的精神支撑。一个民族没有振奋的精神和高尚的品格，不可能屹立于世界民族之林。江泽民同志深刻地指出：“有没有高昂的民族精神，是衡量一个国家综合国力强弱的一个重要尺度。”胡锦涛同志指出：“民族精神是我们民族的生命力、凝聚力和创造力的不竭源泉。”在五千多年的发展中，中华民族形成了以爱国主义为核心的团结统一、爱好和平、勤劳勇敢、自强不息的伟大民族精神。在改革开放新时期，中华民族又形成了勇于改革、敢于创新的时代精神。这一民族精神和时代精神，包括了天下兴亡、匹夫有责，富贵不淫、贫贱不移、威武不屈，先天下之忧而忧、后天下之乐而乐等民族优良传统；包括了我们党领导人民在长期革命斗争中形成的“井冈山精神”、“长征精神”、“延安精神”、“西柏坡精神”等优良传统；包括了在社会主义建设时期形成的“大庆精神”、“雷锋精神”、“两弹一星”精神等优良传统；包括了在改革开放新时期形成的“九八抗洪精神”、“抗击‘非典’精神”、“青藏铁路精神”等优良传统。这一民族精神和时代精神，是中华民族五千多年来生生不息、发展壮大的强大精神动力，也是中国人民在未来的岁月里薪火相传、继往开来的强大精神动力。伟大的事业需要并产生崇高的精神，崇高的精神支撑和推动着伟大的事业。在全面建设小康社会、加快推进社会主义现代化的进程中，民族精神和时代精神对于中华民族的凝聚、激励作用越来越突出，已深深熔铸在民族的生命力、创造力和凝聚力之中，成为社会主义核心价值体系中不可或缺的一部分。

每一个公民，一是要明确自己的责任，自觉履行爱国的职责，树爱国之情，立报国之志。爱国主义就是人们千百年来形成的对自己祖国的一种最深厚的感情，它表现为对自己祖国的忠诚和热爱。爱国之情就是人们对祖国山河、历史、人文等客观事实的眷恋、赞许的心理和情感，它是在人们对祖国深刻认识的基础上产生的。立报国之志就是确立为祖国发展贡献力量的人生奋斗目标。从历史上看，“天下兴亡，匹夫有责”是无数爱国者的人生信条。鲁迅年轻时赴日本求学，立志以医学报国。后来看到国人心灵沉睡，医治心灵、唤醒民众比医治肉体更重要而弃医从文，立志改造国民精神。孙中山年轻时就立志“改良祖国，拯救同胞”。而毛泽东、邓小平、周恩来等老一辈革命家，年轻时就立志要改变国家、民族的命运。树爱国之情、立报国之志是青年成为爱国者的前提。二是要把热爱祖国的深厚感情和信念转化为具体的爱国行动，自觉献身于全面建设小康社会的伟大实践。热爱祖国不是一句空话，而是一种义务，不能停留在思想上，而是要落实在行动上。祖国的生存发展是个人生存和发展的前提，每个人的命运总是和国家、民族的命运紧紧联系在一起的。一个真正的爱国者应当自觉同祖国同呼吸、共命运，坚持祖国利益高于一切的原则，想国家之所想，急国家之所急，把个人的前途和发展融于祖国的前途和发展中，为全面建设小康社会、实现中华民族的伟大复兴而奋斗。要将爱国之情、报国之志、建国之才切实转化为效国之行，为祖国的繁荣富强贡献自己的青春年华。在未来知识经济时代，一个国家国民素质的高低，掌握知识的程度，拥有人才的数量，特别是知识创新和技术创新能力，将成为决定一个国家、一个民族在国际竞争和世界格局中的地位的关键因素。我们每个人，尤其是青年人，只有认真学好了科学文化知识和掌握了扎实的职业技能，才能适应未来社会的需要，在为祖国的繁荣富强贡献自己的青春年华的过程中，促进个人的全面发展，实现自己的人生价值。三是在学习和工作中，要把学习基本的理论知识和创新精神结合起来，既要学习基本理论、基本知识，打好基础，同时，又不能因循守旧，要敢于创新、勇于创新，培养自己的创新意识和创新精神。

4. 以“八荣八耻”为基本内容的社会主义荣辱观

荣辱观是对荣和辱的根本看法。中国共产党人历来重视正确的荣辱观念在革命、建设和改革中的重要作用。民主革命时期，毛泽东同志深刻指出：共产党员无论何时何地都不应把个人利益放在第一位，而应以个人利益服从于民族的和人民群众的利益。改革开放时期，邓小平同志指出：“中国人民有自己的民族自尊心和自豪感，以热爱祖国、贡献全部力量建设社会主义祖国为最大光荣，以损害社会主义祖国利益、尊严和荣誉为最大耻辱。”江泽民同志指出：“领导干部必须讲学习、讲政治、讲正气，还必须讲修养、讲道德、讲廉耻”，“要在全党全社会大力提倡高尚的社会主义思想道德和中华民族的优良传统，以艰苦奋斗、勤俭朴素为荣，以铺张浪费、奢侈挥霍为耻。”他还强调，思想政治工作的一个重要任务，就是引导人们分清正确与谬误、文明与愚昧、真善美与假恶丑。

胡锦涛同志在云南考察工作时强调：“要树立共同理想，打牢共同思想基础，特别是要宣传和树立以‘八荣八耻’为主要内容的社会主义荣辱观，促进和谐文化建设，为构建社会主义和谐社会提供强大的思想道德力量。”建设和谐文化需要树立社会主义荣辱观，培育文明道德风尚，也需要以社会主义思想道德为坚实基础，树立社会主义荣辱观。

2006 年“两会”期间，胡锦涛明确提出了“八荣八耻”思想，即以热爱祖国为荣，以危害祖国为耻；以服务人民为荣，以背离人民为耻；以崇尚科学为荣，以愚昧无知为耻；以辛勤劳动为荣，以好逸恶劳为耻；以团结互助为荣，以损人利己为耻；以诚实守信为荣，以见利忘义为耻；以遵纪守法为荣，以违法乱纪为耻；以艰苦奋斗为荣，以骄奢淫逸为耻。他指出，在我们的社会主义社会里，是非、善恶、美丑的界限绝对不能混淆，坚持什么、反对什么，倡导什么、抵制什么，都必须旗帜鲜明。要在全社会大力弘扬爱国主义、集体主义、社会主义思想，倡导社会主义基本道德规范，促进良好社会风气的形成和发展。要引导广大干部群众特别是青少年树立社会主义荣辱观。胡锦涛提出的以“八荣八耻”为主要内容的社会主义荣辱观，继承和发展了我们党关于社会主义道德建设褒荣贬耻、扬荣抑耻的思想，继承了中国古代的“知耻”文化传统，同时又丰富了新的时代内涵，深化了我们党对社会主义道德建设规律的认识，成为社会主义核心价值体系的重要组成部分。

社会主义荣辱观是社会主义核心价值体系的基础。以“八荣八耻”为主要内容的社会主义荣辱观是与社会主义市场经济相适应、与社会主义法律规范相协调、与中华民族传统美德相承接的社会主义思想道德体系。社会主义荣辱观旗帜鲜明地指出了在社会主义市场经济条件下，应当坚持和提倡什么、反对和抵制什么，为全体社会成员判断行为得失、作出道德选择、确定价值取向，提供了基本的价值准则和行为规范。只有在全社会大力弘扬社会主义荣辱观，才能进一步加强和巩固马克思主义的指导地位，进一步推进中国特色社会主义事业又好又快地发展，进而使以爱国主义为核心的民族精神和以改革创新为核心的时代精神在全社会得到进一步弘扬。

以“八荣八耻”为主要内容的社会主义荣辱观，概括精辟、内涵深刻，贯穿社会生活各个领域，覆盖各个利益群体，涵盖了人生态度、社会风尚的方方面面。它把与社会主义市场经济体制相适应、与社会主义法律规范相协调、与中华民族传统美德相承接的社会主义思想道德观念有机融合在一起，鲜明地指出了什么是真善美、什么是假恶丑，以何为荣、以何为耻，为人们在社会主义市场经济条件下判断行为得失、作出道德选择、确定价值取向，提供了基本规范。树立社会主义荣辱观，使社会成员都能知荣弃耻，褒荣贬耻，扬荣抑耻，社会主义核心价值体系才能有所依托、有所体现。社会主义核心价值体系结构严谨，定位明确，层次清晰，是完整的、系统的，它坚持了社会主义又有中国特色，总结了成功经验又有新的提升概括，反映了现实的迫切需要又是能够通过努力实现的，可以最大限度地促进和形成全社会的共识。

社会主义荣辱观是社会主义核心价值体系的基础。一个社会是否和谐，一个国家能否实现长治久安，很大程度上取决于全体社会成员的思想道德素质。只有分清荣辱、明辨善恶，一个人才能形成正确的价值判断，一个社会才能形成良好的道德风尚。在我们这样一个有13亿多人口、56个民族的发展中大国，推进中国特色社会主义伟大事业，实现全面建设小康社会宏伟目标，既需要巩固马克思主义在意识形态领域的指导地位，需要树立正确的理想信念，需要倡导伟大的民族精神和时代精神，也需要确立起人人皆知、普遍奉行的价值准则和行为规范，形成维系社会和谐的人际关系和道德风尚。以“八荣八耻”为主要内容的社会主义荣辱观，明确了当代社会最基本的价值取向和行为准则，涵盖了人生态度、社会风尚的方方面面，体现了社会主义基本道德规范，体现了中华民族传统美德、优秀革命道德与时代精神的完美结合。社会主义荣辱观作为社会主义核心价值体系的重要组成部分，已经成为并将继续成为引领社会风尚的一面旗帜。

在社会主义核心价值体系中，马克思主义指导思想是社会主义核心价值体系的灵魂；中国特色社会主义共同理想是社会主义核心价值体系的主题；民族精神和时代精神是社会主义核心价值体系的精髓；社会主义荣辱观是社会主义核心价值体系的基础。社会主义核心价值体系四个方面的基本内容相互联系、相互贯通、有机统一，共同构成了完整的社会主义核心价值体系，共同构成了社会主义意识形态的主体内容。没有马克思主义科学理论的指导，社会主义意识形态就失去了方向和灵魂；没有中国特色社会主义共同理想，社会主义意识形态就失去了内核和主题；没有民族精神和时代精神，社会主义意识形态就失去了精髓和主旋律；没有社会主义荣辱观，社会主义意识形态就失去了价值坐标和道德标准。

## 第三节　中国社会主义制度优越性的历史文化底蕴

### 一、以爱国主义为核心的民族精神

民族精神是一个民族在长期的共同生活和共同的社会实践基础上形成和发展的，为民族大多数成员所认同和接受的思想品格、价值取向和道德规范，是一个民族的心理特征、文化传统、思想情感等的综合反映。几千年来，中华民族形成了勤劳勇敢、团结统一、爱好和平、自强不息的民族精神。其中，爱国主义是中华民族精神的核心，是动员和鼓舞中国人民团结奋斗的一面旗帜，是我们民族几千年来凝结起来的最神圣的感情，是维系中华民族各族人民共同生活的精神纽带。中华民族素有爱国主义的优秀传统。这是中华民族生生不息、薪火相传、历经磨难而不倒、饱经风霜而弥坚的强大精神支柱。

爱国主义历来是我国各族人民团结奋进的强大精神支柱，在维护祖国统一和民族团结、抵御外来侵略和推动社会进步中，发挥了重大作用。无论是古代、近代还是现当代，中国人民从来都把国家利益放在至高无上的地位，无数志士仁人以爱国为崇高之志，以报国为终生之责，谱写了一曲曲光耀千秋、永志后人，令贪者廉、懦者立的动人凯歌。勤劳勇敢，是中华民族的优良品格，依靠这种精神中国人民创造了灿烂的华夏文明，为世界文明作出了杰出贡献，也是我们今天全面建设小康社会、实现中华民族伟大复兴的强大精神力量。团结统一是中华民族生存、团聚和发展的精神纽带，是中华民族治乱兴衰历史长河中的精神主流，在维护祖国统一、国家主权和领土完整，捍卫民族尊严中起着重要作用。爱好和平是中华民族的固有天性，自古以来中国人民就希望天下太平、主张各族人民和睦相处，同各国人民和平共处，以邻为伴、友好往来。今天，中国已成为维护世界和平、促进共同发展的一支重要力量。自强不息是我们民族精神的精华，是激励中国人民勇往直前、奋发图强，战胜各种风险和困难的精神支柱。

在继续推进中国特色社会主义建设的历史新时期，弘扬以爱国主义为核心的民族精神，对于进一步发挥社会主义制度的优越性，全面建设小康社会，具有重要的作用。

只有大力弘扬以爱国主义为核心的民族精神，才能铸牢全国人民志在实现社会主义现代化的强大精神支柱。实现中华民族的伟大复兴，与实现富强、民主、文明的社会主义现代化宏伟目标是融为一体的。在推进社会主义现代化建设的历史进程中，我们将长期面临发达国家在经济、科技方面占优势的严重压力，面临西方敌对势力加紧推行西化、分化战略的严峻挑战，面临腐朽思想文化影响侵蚀加剧的严酷考验，面临改革发展新的难题不断增多的严重风险，等等。这就需要通过大力弘扬以爱国主义为核心的民族精神，引导帮助人们铸牢精神支柱，自觉抵御各种腐朽思想文化的影响侵蚀，不断增强民族自信心和自豪感，不断增强民族向心力和凝聚力，不断振奋起整个民族的创造热情，始终保持昂扬向上的精神状态；始终朝着既定的目标去迎接挑战、经受考验，战胜困难、排除风险，开创改革发展的新局面。

只有大力弘扬以爱国主义为核心的民族精神，才能巩固聚精会神搞建设、一心一意谋发展的和谐稳定局面。抓住机遇，加快发展，是推进中华民族复兴伟业的一个必然选择。21 世纪头 20 年，是我国发展的重要战略机遇期。这个战略机遇期，既是“黄金发展期”，又是“矛盾凸显期”。近些年来，随着改革开放的全面深入，城乡发展不平衡、地区发展不平衡、经济社会发展不平衡的矛盾日趋突出，社会利益关系趋于复杂化，人们因思想观念差异而引发的矛盾也有所增加，等等。在这种情势下，要巩固和谐稳定的社会政治局面，把全民族的力量和智慧凝聚到抓住机遇促发展的伟大事业中来，就必须把弘扬民族精神摆在更加重要的位置。在全社会大力弘扬民族精神，既有利于引导和促使最广大人民始终坚持以国家改革发展的大局为重，正确看待各种利益矛盾，并以主人翁的姿态积极做好化解矛盾、促进社会安定团结的工作；也有利于党和政府从最广大人民的根本利益出发，本着公平正义的原则，运用政策、制度和法律妥善处理各种社会矛盾，合理整合各种利益关系，逐渐形成和谐稳定的社会机制，从而把一切可以团结的力量都团结起来，把一切可以调动的积极因素都调动起来，不断加快发展的步伐。

要把以爱国主义为核心的民族精神转化为造福于祖国、造福于人民的实际行动。大力弘扬民族精神，必须同谋求国家的繁荣富强紧密联系起来，同实现全面建设小康社会的宏伟目标紧密联系起来，同争取中华民族更加远大的前程紧密联系起来，自觉把民族精神转化为造福于祖国和人民的具体行动。在社会主义条件下，我们每个劳动者所从事的工作，都是强国富民这一崇高事业的组成部分。弘扬民族精神对不同岗位的同志尽管有不同的具体要求，但都有一个共同的基本要求，就是立足本职岗位，把民族精神转化为干好实际工作的自觉行动，努力创造出无愧于时代、无愧于祖国、无愧于人民的业绩。

要把以爱国主义为核心的民族精神升华为建设中国特色社会主义的共同理想信念。在当代中国，坚持爱国主义与坚持社会主义在本质上是一致的。这种一致性突出表现在，爱国主义所要维护的民族独立，所要增进的民族团结，所要追求的民族富强，所要实现的人民幸福，都要靠社会主义提供根本的制度保障。而我们目前正在进行的中国特色社会主义，又恰恰坚持了社会主义与爱国主义的辩证统一：一方面，中国特色社会主义在本质上是社会主义的；另一方面，中国特色社会主义在形式上是“中国特色”的，而“中国特色”就体现了爱国主义对社会主义发展道路的根本要求。坚持中国特色社会主义，既是当代中国爱国主义实现时代价值的内在要求，也是它走向更高境界的必然选择。弘扬以爱国主义为核心的民族精神，一个非常重大的课题，就是要把这种精神升华为建设中国特色社会主义的共同理想信念。由此出发，要联系新中国成立以后特别是改革开放以来中国社会发展的历史性飞跃、中国人民物质文化生活的历史性巨变以及中国国际地位的历史性提升，把爱国主义教育同社会主义教育有机结合起来，引导和帮助人们真正弄清“只有社会主义才能救中国，只有社会主义才能发展中国”；真正明白中国特色社会主义道路，是实现中华民族伟大复兴的唯一正确道路；真正懂得对祖国的最大热爱和对人民的最大忠诚，就是坚定不移地贯彻执行党在现阶段的基本纲领和基本路线，为实现社会主义现代化积极贡献力量。

要把弘扬以爱国主义为核心的民族精神与弘扬以改革创新为核心的时代精神统一起来。民族精神作为继承性和创新性的辩证统一，本身就具有与时俱进的特征。以改革创新为核心的时代精神，是适应振兴中华的新需求而产生的，它同以爱国主义为核心的民族精神在本质上是相一致、相补益的。把弘扬民族精神和弘扬时代精神贯通起来，是实现中华民族伟大复兴的一个必然要求。当前和今后，必须紧紧围绕富强、民主、文明“三位一体”的总目标，以“和谐”的思维方式来搞好民族精神与时代精神的“二重奏”。在此过程中，要善于利用时代精神所提供的新的精神资源，积极做好丰富和发展民族精神的大文章。要以邓小平理论、“三个代表”重要思想和科学发展观为指导，把一切有利于国家统一、民族团结、经济发展、社会进步、人民安居乐业的新思想、新理念和新道德，适时充实到民族精神宝库中去，不断为其赋予新的时代内涵，增进其时代性，增强其感召力。

## 二、以“仁、义、礼、智、信”为基本道德要求的儒家道德规范

中华民族是一个有着悠久历史和优良道德传统的伟大民族。在我国古代传统道德史上，以“仁、义、礼、智、信”为基本道德要求的儒家道德规范体系长期居于主导地位，它集中地体现了中华民族的传统美德，在两千多年来的社会生活中产生了巨大影响。所谓“仁”，是指爱人之心、仁者爱人。作为道德规范的“仁”，它要求人们以仁爱之心对待他人，人与人之间要互相关心、互相帮助，形成相亲相爱的和谐人际关系。所谓“义”，是指正当、应该和适宜。作为道德规范的“义”，它强调个人对他人、对社会应当承担责任和义务，要求人们依据道德义务来确立自身追求的价值目标，在处理义与利的关系时坚持“以义为先”、“以义为上”、“以义制利”，在生与义发生矛盾、不可兼得之时勇于舍生取义。所谓“礼”，是指礼仪、礼制和礼则。作为道德规范的“礼”，它是“仁”、“义”道德要求的具体行为模式，要求人们的一切言行都要符合“礼”，安心、

忠实地尽其本分。所谓“信”，是指言守诺、行不欺。作为道德规范的“信”，它要求人们在人际交往中要真实无妄，不欺人欺己。所谓“智”，是指知识和理性。作为道德规范的“智”，它是对“仁、义、礼、信”等道德规范的理解和认同，要求人们掌握道德知识，增强道德理性，具有区分是非、明辨善恶的能力。

“仁、义、礼、智、信”的道德规范体系包含着超越时代的为人处世的基本准则，是中华民族宝贵的精神财富。在继续推进中国特色社会主义建设的历史新时期，继承和发扬儒家道德规范中的积极因素，对于进一步发挥社会主义制度的优越性，全面建设小康社会，具有重要的作用。

第一，对于抑制道德滑坡现象，提高人们的道德素质，促进人的全面发展，具有重要的作用。

促进人的全面发展是贯彻落实科学发展观，实现以人为本的根本要求。人的全面发展不仅包括要提高人们的科学文化素质、身体素质和心理素质，而且还要提高人们的思想道德素质，没有思想道德素质的提高，是不可能实现人的全面发展的。

在20世纪八九十年代，随着改革开放的步伐加快、市场经济的推行，在思想道德方面出现了道德滑坡的现象，主要表现为“拜金主义”盛行、道德良心丧失、唯利是图等等。时至今日，道德滑坡现象并没有得到根本抑制，而是以更复杂的形式呈现出来。人情变得冷漠，最宝贵的情感受到漠视甚至亵渎，亲情也在逐渐淡化。人与人之间的交往，首要考虑的不再是友谊、感情这些纯洁的关系，而是更多的基于利益而考虑；一些丑恶社会现象，像劫财劫色、杀人夺命、拐卖妇婴、贩毒走私、欺诈瞒骗、作奸犯科、破坏生态环境等情况也不断出现，严重地危害着社会正常秩序。这些情形表明，现代社会的人们对儒家伦理所要求的仁爱、诚信、天人和谐等价值观的无情蔑视。

我们现今的社会，一方面有着良好的发展态势，政治逐步民主化，经济不断市场化，科技更加现代化，制度走向法制化，而另一方面又呈现出许多与此极不协调的令人担忧的情况，像理想信念缺失、贫富差距拉大、生态环境恶化等，这是社会道德困境；对于具体的个人来说，新形势下，在事业上面临着竞争与合作的把握，在经济上面临着重义与重利的权衡，在情感上面临着仁爱与薄情的抉择，常常因缺少优越的伦理价值观指导而苦恼与烦扰，这是个人所面临的道德困境。

要解决和克服中国特色社会主义建设进程中出现的道德滑坡现象，提高人们的思想道德素质，促进和实现人的全面发展。就要求在坚持以经济建设为中心的前提下，加强思想道德建设，用正确的道德规范指导和约束人们的行为，提高人们的思想道德素质。儒家道德规范中的“仁、义、礼、智、信”等基本道德规范中的积极因素，可以在一定程度上抑制道德滑坡现象，提高人们的道德素质，从而促进人的全面发展。

第二，对于构建和谐的人际关系，促进社会主义和谐社会建设具有重要的作用。

和谐的人际关系是构建社会主义和谐社会的重要基础，没有良好和谐的人际关系，就不会有和谐的社会。和谐的人际关系的构建，需要人们在社会生活中遵循一些基本的道德准则。儒家道德规范中的积极因素，对于构建和谐的人际关系具有积极的作用。儒家伦理的核心内容是讲求“仁”，其基本含义是“仁者爱人”，强调个人对他人、对社会履行相应的道德义务和责任，主张无私奉献。“仁者爱人”是互动的爱，是有实际内容的，是可行且必行的爱。儒家“仁爱”思想不仅表现出一种很高的境界，而且，它更是人之为人的必备的素质要求。在境界上，“仁爱”者的境界是个人中心论者的境界所无法比拟的；在实践上，持有“仁爱”思想的人际关系比个人中心论者的人际关系要和谐得多。个人中心论者强调“己欲”而忽视“人欲”，在实践上势必会导致私欲泛滥并且互相冲突，结果一定会出现人际关系紧张：人情冷漠、亲情淡化、友谊变质等。而儒家仁爱思想兼顾“己欲”与“人欲”，甚至更强调“人欲”，即“利他”，这样可以促使人际友善，结果是君子之风盛行，丑恶现象减少，人际关系和谐。“仁者爱人”的思想具有很强的消解困境的功能。待人以仁，施人以爱；关注他人（在当今现实中特别表现为关注弱势群体），关注众生；在满足一己之欲时虑及他人之欲，做到利己不损人。现代社会的公民要具有这样的境界，才是一个合格的公民。也只有具有这样的境界的公民，才会有和谐的人际关系；也只有坚持以仁爱思想为指导，才会有和谐的社会局面的存在，才能最终确保个人的利益享受。

第三，有助于维系稳定的社会秩序，为改革、发展提供稳定的社会基础。

在新的历史条件下继续推进中国特色社会主义的伟大事业，实现全面建设小康社会的奋斗目标，需要有一个稳定的社会基础。没有一个稳定的社会基础，改革、发展都会落空。儒家道德规范中的积极因素，对于维系稳定的社会秩序具有积极的作用，从而为改革、发展提供稳定的社会基础。

现代社会，在某种意义上说就是“诚信社会”。没有诚信，这个社会根本就无法正常运行。诚信失，则社会乱。人与人之间、组织与组织之间、国家与国家之间，如果不讲诚信，交往几乎是不可能的，更谈不上和谐相处共同发展了。正常的交往要在诚信下进行，健康的秩序要靠诚信来维系，这基本上成了现代人的共识。

不讲诚信对社会秩序的破坏是非常严重的。诚信缺失会使人与人之间缺乏最基本的信赖感，它会使人的道德水准降低，使整个社会呈现亚健康状态。在经济领域，有不少金额上千万甚至数亿元的诈骗案发生，其结果往往造成社会局部动荡；在政治领域，有些官员以瞒骗的方法制造虚假的政绩，谋取一己之私利，其对于社会稳定所造成的危害也是很明显的；还有学术界的抄袭现象、学生的考试作弊现象也会加剧社会失范。当一个社会里部分人不诚信而又不能被及时纠偏的话，不诚信就会像瘟疫一样蔓延开来。因为无信者得利，这对于守信者是一种刺激和诱导，而且无信者的行为对守信者是一种打击和伤害，守信者也会由于报复而使自己也走向不信者的行列。

儒家伦理非常重视诚信，儒家思想家正是看到了诚信缺失会给社会秩序造成巨大的破坏，所以特别强调要以诚信来规范社会秩序。认为社会秩序的维系，要靠全社会成员的互助，即现在人们常说的“人人为我，我为人人”，而这互助是建立在互信的基础上的。每个人都诚信做人、诚信做事，就会有一个稳定的社会秩序。有了一个稳定的社会秩序，改革发展就有了一个稳定的社会基础，就能够在新的历史起点上继续推进中国特色社会主义的伟大事业，使我国社会主义制度的优越性得到充分发挥。

## 三、忧患兴邦，追求统一

中华民族在五千年的发展历程中，还形成了人人为公、忧患兴邦、追求统一的传统美德。这些传统美德在新的形势下，仍然具有较高的社会价值，为社会主义制度优越性的发挥提供了厚重的历史文化底蕴。

人人为公，指的是人们凡事都应以国家和人民的利益作为衡量自身行为的准则。人人为公是中华民族自古以来就追求的一种理想，古代儒家把人人为公的社会看做理想的“大同社会”。今天，要发挥社会主义制度的优越性，实现全面建设小康社会的奋斗目标，仍然需要提倡人人为公的美德。

人人为公的道德准则要求人们行事要克己奉公，先公后私；从政要秉公办事，清正廉洁。

克己奉公，就是严格要求自己，一心为公。要做到一心为公，就必须做到克己，在公与私的利益发生矛盾的时候，能够牺牲个人和小集体的利益。清正廉洁的“清”，就是党的干部要政治觉悟清醒。要深入学习中国特色社会主义理论体系，增强政治敏锐性，不断提高贯彻落实科学发展观的自觉性和坚定性。要深刻认识经济社会快速发展和急剧转型带来的风险与挑战，冷静对待成绩，清醒分析问题。要永远与人民在一起，把人民群众当主人、当亲人、当老师。“正”就是党的干部要正气在身。做人要正派，办事要公正，从政要走正道。要坚持原则、敢于负责，不以私情废公事，不拿原则做交易。“廉”就是党的干部要为政以廉。要坚守信念防线、道德防线、法纪防线，不用公权谋取私利。要以最坚决的态度和最扎实的措施同用人上的不正之风和腐败现象作斗争，一手抓改革，从源头上防范用人腐败，一手抓整治，坚决不让跑官要官、买官卖官、拉票贿选者得利。“洁”就是党的干部要洁身自好。要加强品行修养，培养健康情趣，节制不良欲望，不去低俗场所。要择善而交，见贤思齐。

中华民族是伟大的民族，在长期的历史发展过程中，形成并保卫了中华民族的团结统一，开拓和建设了富饶美丽的领土，创造了辉煌灿烂的古代文明。在血与火的洗礼中，各民族相互融合，团结一心，形成了强大的民族凝聚力。追求团结统一，反对分裂，成为中国历史发展的主潮流。这一主潮流对于在新的条件下加强全国各民族之间的团结，维护社会的稳定，尤其是维护边疆少数民族地区的稳定和繁荣具有积极的作用；对于实现包括台湾在内的祖国的完全统一，对于实现中华民族的伟大复兴，具有重要的作用。

中华民族在长期的发展过程中，伴随着民族的兴衰，形成了一种凝重、深沉的道德观念，这就是忧患意识。忧患意识指的是个人对国家民族命运的自觉意识，一种以天下为己任的社会责任感，这种社会责任感要求把国家、民族、人民的利益放在心中，并为此去奋斗和努力。要求人们不能沉湎于个人的幸福和安乐，要居安思危，做到“天下兴亡，匹夫有责”。

中国共产党人的忧患意识是建立在全心全意为人民服务基础上的忧患意识，其内涵比传统的忧患意识更加丰富、更加深刻。这种忧患意识，以人民利益、国家安全和中华民族的伟大复兴为出发点和落脚点，展现了共产党人全心全意为人民服务的高尚品格和高度的社会责任感。这种忧患意识是由我们党的性质、社会主义初级阶段的国情和现代化建设的宏伟目标所决定的。从现实情况看，尽管我国实现了现代化建设“三步走”战略的前两步目标，人民生活总体上达到了小康水平，但是我国正处于并将长期处于社会主义初级阶段，现在所达到的小康还是低水平的、不全面的、发展很不平衡的小康，要全面建设小康社会，到21世纪中叶基本实现现代化，仍然任重道远。因此，我们只有保持清醒的头脑，不骄不躁，奋发进取，才能无愧于时代，无愧于人民。

忧患意识体现的是一种居安思危的高超智慧。“生于忧患而死于安乐”和“志士不忘在沟壑”，“君子安而不忘危，存而不忘亡，治而不忘乱”等，都包含着对人生和社会的深刻见解和高超智慧。我们所从事的事业是前无古人的伟大事业。因此，所取得的成就越辉煌，就越不能骄傲自满，懈怠停滞。在中国特色社会主义事业展现出勃勃生机的大好形势下，必须清醒地看到我们工作中还有不少困难和问题，如人均国内生产总值与发达国家相差甚远，科技、教育水平还比较落后，城乡二元经济结构还没有改变，巩固和提高目前达到的小康水平还需要进行长期的艰苦奋斗，等等。忧患意识有助于我们科学判断自己所处的历史方位，既把握优势，也看到不足，从而不断开创中国特色社会主义事业发展的新局面。

忧患意识体现的是强烈的爱国主义精神。因为爱国才会为国家忧患，因为爱民才会为百姓忧患。班固的投笔从戎和祖逖的闻鸡起舞所蕴涵的爱国情怀，陆游、辛弃疾的诗词所饱含的对失去家园的忧愤以及对恢复中原的强烈渴望，鲁迅的“我以我血荐轩辕”的牺牲精神，等等，都是爱国主义的光辉典范。和平与发展是当今时代的主题，但这并不意味着我们可以把忧患意识抛在脑后。在科技发展日新月异的今天，面对日趋激烈的综合国力竞争，尽管我国在某些领域可与发达国家相媲美，但在很多领域我国与发达国家相比还存在着相当大的差距。唯有保持忧患意识，增强爱国热情，弘扬艰苦奋斗精神，我们才能不断创新，加快发展。

忧患意识作为一种社会责任感和历史使命感，在当前国际竞争加剧，世界金融危机不断加深的情况下，面对很不安宁的世界，面对艰巨繁重的任务，我们一定要增强忧患意识，居安思危，清醒地看到日趋激烈的国际竞争带来的严峻挑战，清醒地看到前进道路上的困难和风险。忧患意识体现的是一种社会责任感和历史使命感，对于正确认识和克服目前的困难，推进中国特色社会主义的伟大事业，具有积极的作用。

# 第七章

# 中国社会主义制度优越性的现实推动

十一届三中全会以来我们进行的改革开放，是中国近现代史最伟大的革命，改革开放这场新的伟大革命，使社会主义制度得到了巩固和完善，为当代中国的发展进步开辟了道路。在新世纪，我们党从全面建设小康社会、开创中国特色社会主义事业新局面的全局出发，提出了构建社会主义和谐社会的重大任务。改革开放和构建社会主义和谐社会，对中国社会主义制度优越性的发挥形成了现实的推动。

## 第一节　改革开放是决定当代中国命运的关键抉择

### 一、改革开放的伟大历史进程

在中国近现代史上特别是新中国成立以来的历史上，我们党领导的改革开放这场新的伟大革命，无疑是最壮丽的史诗、最华彩的篇章。如果说，辛亥革命结束了沿袭数千年的封建帝制，为近代中国发展进步打开了闸门；如果说，新民主主义革命推翻了“三座大山”，建立起人民当家作主的新中国和社会主义基本制度，为当代中国发展进步创造了根本的政治前提和制度基础；那么，改革开放这场新的伟大革命则使社会主义制度得到巩固和完善，为当代中国发展进步开辟了道路，并对当今世界格局和人类历史进程产生了深远影响。

这场新的伟大革命的发生绝不是偶然的。“文化大革命”结束时，我们国家面临着十分困难的局面：“十年内乱”给我们党和国家带来了极其严重的创伤，国民经济濒临崩溃的边缘，“文化大革命”遗留下来的政治、思想、组织等方面的混乱现象极其严重。而从粉碎“四人帮”到召开党的十一届三中全会前的两年间，党的指导思想上的是非并没有得到应有的澄清，“拨乱反正”呈现徘徊局面。与此同时，世界范围内新科技革命蓬勃兴起，发达国家纷纷进行后工业革命，许多发展中国家也加紧向现代化社会转型。

所有这些，都对我们党形成了巨大压力。中国共产党要在如此严重的困境中重新奋起，是一件很艰难的事情。面对困境和压力，我们党科学分析国内状况和世界大势，准确把握时代主题和人民愿望，以“拨乱反正”、改革开放的大智大勇，坚定地开辟建设社会主义的新路。

以1978年我们党召开的具有重大历史意义的十一届三中全会为标志，改革开放历史新时期的序幕拉开了，全面改革的进程从农村到城市、从经济领域到其他各个领域势不可当地展开了，对外开放的大门从沿海到沿江沿边，从东部到中西部毅然决然地打开了。

改革开放伟大事业，是在以毛泽东同志为核心的党的第一代中央领导集体创立毛泽东思想，带领全党全国各族人民建立新中国、取得社会主义革命和建设伟大成就以及艰辛探索社会主义建设规律取得宝贵经验的基础上进行的。新民主主义革命的胜利，社会主义基本制度的建立，为当代中国一切发展进步奠定了根本政治前提和制度基础。

改革开放伟大事业，是以邓小平同志为核心的党的第二代中央领导集体带领全党全国各族人民开创的。面对十年“文化大革命”造成的危难局面，党的第二代中央领导集体坚持解放思想、实事求是，以巨大的政治勇气和理论勇气，科学评价毛泽东同志和毛泽东思想，彻底否定“以阶级斗争为纲”的错误理论和实践，作出把党和国家工作中心转移到经济建设上来、实行改革开放的历史性决策，确立社会主义初级阶段基本路线，吹响走自己的路、建设有中国特色社会主义的时代号角，创立邓小平理论，指引全党全国各族人民在改革开放的伟大征程上阔步前进。

改革开放伟大事业，是以江泽民同志为核心的党的第三代中央领导集体带领全党全国各族人民继承、发展并成功推向21世纪的。以江泽民同志为核心的党的第三代中央领导集体，带领全党全国各族人民，坚持以经济建设为中心，坚持四项基本原则，坚持改革开放，从容应对并化解各种风险和挑战。同时，着眼于抓住机遇、深化改革、扩大开放、促进发展、保持稳定，制定和实施了一系列方针政策和重大战略，锐意推进经济体制改革、政治体制改革、文化体制改革和其他各方面改革。以江泽民同志为核心的党的第三代中央领导集体，创建了社会主义市场经济体制，开创了全面开放新局面。以江泽民同志为核心的党的第三代中央领导集体，坚持解放思想、实事求是、与时俱进，以体现时代性、把握规律性、富于创造性的巨大理论勇气和实践勇气，实现了我国由传统的计划经济体制向社会主义市场经济体制的深刻转变，取得了我国改革开放新的历史性突破，打开了我国经济、政治、文化等各项事业发展的崭新局面。

党的十六大以来，以胡锦涛同志为总书记的党中央，在全面建设小康社会实践中，全面认识新形势新任务，科学分析新机遇新挑战，深刻把握新课题新矛盾，不断作出理论上的新概括，提出了一系列重大战略思想，从经济、政治、文化、社会、科技、外交和党建等各个方面，自觉把握了新世纪新阶段我国发展的阶段性特征，是我们党在新的实践中继续进行理论创新和实践创新的集中体现。特别是作为马克思主义中国化最新成果的科学发展观，是对党的三代中央领导集体关于发展的重要思想的继承和发展，是马克思主义关于发展的世界观和方法论的集中体现，是同马克思列宁主义、毛泽东思想、邓小平理论和“三个代表”重要思想既一脉相承又与时俱进的科学理论，是我国经济社会发展的重要指导方针，是发展中国特色社会主义必须坚持和贯彻的重大战略思想，为党和国家各方面的与时俱进、开拓创新提供了理论和实践指导。

改革开放以来，我国的面貌发生了翻天覆地的变化，中国历史进入了一个新的时期。

新时期最鲜明的特点是改革开放。从农村到城市、从经济领域到其他各个领域全面推进；从沿海到沿江沿边，从东部到中西部，对外开放的大门毅然决然地打开了。这场历史上从未有过的大改革大开放，极大地调动了亿万人民的积极性，使我国成功实现了从高度集中的计划经济体制到充满活力的社会主义市场经济体制、从封闭半封闭到全方位开放的伟大历史转折。今天，一个面向现代化、面向世界、面向未来的社会主义中国巍然屹立在世界东方。

新时期最显著的成就是快速发展。我们党实施现代化建设“三步走”战略，带领人民艰苦奋斗，推动我国以世界上少有的速度持续快速发展起来。我国经济从一度濒于崩溃的边缘发展到总量跃至世界第四、进出口总额位居世界第三，人民生活从温饱不足发展到总体小康，农村贫困人口从两亿五千多万减少到两千多万，政治建设、文化建设、社会建设取得举世瞩目的成就。中国的发展，不仅使中国人民稳步走上了富裕安康的广阔道路，而且为世界经济发展和人类文明进步作出了重大贡献。

新时期最突出的标志是与时俱进。我们党坚持马克思主义的思想路线，不断探索和回答了“什么是社会主义，怎样建设社会主义”，“建设什么样的党，怎样建设党”，“实现什么样的发展，怎样发展”等重大理论和实际问题；不断推进马克思主义中国化，坚持并丰富了党的基本理论、基本路线、基本纲领、基本经验。社会主义和马克思主义在中国大地上焕发出勃勃生机，给人民带来更多福祉，使中华民族大踏步赶上时代前进潮流、迎来伟大复兴的光明前景。

在新的历史时期，深入贯彻落实科学发展观，在新的历史起点上继续推进社会主义现代化建设，说到底要靠深化改革。必须毫不动摇地坚持改革方向。改革开放以来，我国社会主义现代化建设取得举世瞩目的伟大成就。改革开放符合党心民心、顺应时代潮流，方向和道路是完全正确的，成效和功绩不容否定，停顿和倒退没有出路。我们必须坚定不移地坚持改革方向，坚定改革的信心和决心，坚持用改革和发展的办法解决前进中的问题，沿着社会主义市场经济的改革方向，完善社会主义市场经济体制，推进各方面体制改革创新，加快重要领域和关键环节改革步伐，全面提高开放水平，着力构建充满活力、富有效率、更加开放、有利于科学发展的体制机制，为发展中国特色社会主义提供强大动力和体制保障。必须提高改革决策的科学性。随着改革进入新的阶段，其复杂性和艰巨性大大增强。这就要求我们在推进改革的过程中，必须提高改革决策的科学性。要树立科学决策、民主决策、依法决策的观念，进一步完善改革决策的机制、规则和程序，推进改革决策的科学化、民主化。对涉及发展全局的重大改革，要通过多种渠道和形式广泛集中民智、充分进行论证、反复进行协商；对专业性、技术性较强的改革，要认真组织专家论证、技术咨询、决策评估；对同群众利益密切相关的重大改革，要实行公示、听证等制度，扩大人民群众的参与度。要建立改革决策失误的纠错改正机制，降低改革成本、提高改革效率。必须增强改革措施的协调性。改革是一项庞大的系统工程。特别是随着中国特色社会主义事业"四位一体"总体布局的形成，我国的改革已经从个别突破发展到整体推进的新阶段，改革的关联性、综合性、配套性显著增强。这就要求我们必须树立全局眼光和战略思维，在充分发挥各方面推进改革积极性的同时，加强对改革的总体指导和统筹协调，既着力在重点领域和关键环节取得突破，又努力使经济、政治、文化、社会各方面改革有机衔接、协调推进，确保改革沿着正确的方向顺利发展。要坚持把改善人民生活作为正确处理改革、发展、稳定关系的结合点，切实把改革的力度、发展的速度和群众的可承受程度统一起来，使改革进一步兼顾到各方面利益、照顾到各方面关切，始终得到人民的拥护和支持。

## 二、改革的性质和目的

改革开放是我们党在新的历史条件下带领人民进行的新的伟大革命，是中国的第二次革命。社会主义的改革，不是对原有经济体制的细枝末节的修补，而是对原有经济体制的根本性变革。它要从根本上改变束缚我国生产力发展的经济体制，建立充满生机和活力的社会主义新经济体制，同时相应的改革政治体制和其他方面的体制。改革开放的目的，就是要解放和发展社会生产力，实现国家现代化，让中国人民富裕起来，振兴伟大的中华民族；就是要推动我国社会主义制度自我完善和发展，赋予社会主义新的生机活力，建设和发展中国特色社会主义；就是要在引领当代中国发展进步中加强和改进党的建设，保持和发展党的先进性，确保党始终走在时代前列。改革开放的实践充分表明，通过这场伟大革命，中华民族大踏步赶上了时代前进潮流，社会主义中国巍然屹立在世界东方，我们党阔步走在了时代前列。

改革开放这场革命，不是一个阶级推翻另一个阶级意义上的革命，不是也不允许否定和推翻我们已经建立起来的社会主义基本制度。因此，改革开放既是我们党领导的一场新的伟大革命，又是社会主义制度的自我完善和发展。我们党领导的改革开放之所以实现了目的与效果的高度统一，就在于我们既坚定不移地进行改革开放，又坚定不移地坚持中国共产党的领导，坚持社会主义道路，坚决排除各种错误思潮、错误倾向的干扰，始终沿着正确的方向前进。在改革中，我们正确区分了社会主义的基本制度和具体制度，认为我国的基本制度，如社会主义生产资料公有制、按劳分配、人民民主专政、人民代表大会制度等是正确的、优越的，是我们的历史选择和正确选择，不能改变。而社会主义的具体制度，即经济体制、政治体制和其他方面的体制，其中有不少是需要改革的。当具体制度和体制不符合生产力发展的要求，束缚生产力发展时，如果不适时地进行改革，社会主义制度的优越性就不能得到充分发挥，甚至会丧失掉。社会主义基本制度不能改变，具体制度必须创新。改革是要巩固和完善社会主义制度，在社会主义制度下发展生产力。历史反复证明，只有社会主义才能救中国，只有社会主义才能发展中国，改革必须坚持社会主义方向。

回顾30多年改革开放的伟大历程，我们党领导的这场新的伟大革命，之所以目的与效果是如此统一，之所以当一些国家的“改革”导致了社会主义制度的解体和共产党执政地位的丧失，而中国30多年的改革开放却使“社会主义和马克思主义在中国大地上焕发出勃勃生机，给人民带来更多福祉，使中华民族大踏步赶上时代前进潮流、迎来伟大复兴的光明前景”，一个根本的原因就在于，我们党领导的改革开放，正是依据新的伟大革命同社会主义制度自我完善和发展相统一的原则来进行的。

我们党在实践中严格区分了作为“基本制度选择”的新民主主义革命同作为“好的政策选择”的新的伟大革命的界限。我们党领导人民，在完成了对社会主义这种“基本制度选择”之后，还要进行“好的政策选择”。而所谓“好的政策选择”，最根本的就是对改革开放总方针、总政策的选择，以及对与之相配套的经济的、政治的、文化的、社会的政策的选择。显然，我们党和国家在新时期的这样一种“好的政策选择”，坚持和深化了“基本制度选择”，并且使我们所坚持的马克思主义和社会主义在中国大地上焕发出强大的生命力、创造力、感召力。这就是十七大报告精辟指出的：在当代中国，坚持中国特色社会主义道路，就是真正坚持社会主义；坚持中国特色社会主义理论体系，就是真正坚持马克思主义。同时，这也正是我国改革开放的航船能够不断排除各种错误思潮的干扰，始终沿着正确方向破浪前进的根本原因。

## 三、正确处理改革、发展、稳定的关系

正确处理改革、发展、稳定三者的关系，是30多年来我国经济社会发展取

得巨大成就的一条基本经验。在全面建设小康社会的新阶段，正确处理改革、发展、稳定的关系，最重要的是要坚持把发展作为党执政兴国的第一要务，树立和落实以人为本、全面协调可持续的科学发展观，坚持把改革的力度、发展的速度和社会可承受的程度统一起来，在社会稳定中推进改革、发展，通过改革、发展促进社会稳定。

改革是动力，发展是目的，稳定是前提。只有坚定不移地推进发展，才能不断增强综合国力和国际竞争力，更好地解决前进中的矛盾和问题。只有坚定不移地推进改革，才能为经济和社会发展提供强大动力。只有坚定不移地维护稳定，才能不断为改革发展创造有利条件。实践证明，改革、发展、稳定三者关系处理得当，就能总揽全局，保证经济社会的顺利发展，处理不当，经济社会发展就会出现这样那样的问题。

正确处理改革、发展、稳定三者的关系，要保持改革、发展、稳定在动态中相互协调和相互促进。稳定是前提，但稳定是相对的，不能因为改革有风险就不改革或者在改革中裹足不前，否则会导致更加严重、更加激烈的社会不稳定，也不能因为在发展中可能出现不协调、不平衡而不致力于发展。因此，需要统观全局，精心谋划，从整体上把握改革、发展、稳定的关系。做到在社会稳定中推进改革和发展，通过改革和发展促进社会稳定。

正确处理改革、发展、稳定三者的关系，要把改革的力度、发展的速度和社会可以承受的程度统一起来。全面建设小康社会，必须深化改革，促进发展，但是，改革和发展也不能不顾及社会稳定的内在要求。改革的胆子要大，步子要稳，要加快发展，但要注意协调发展。改革和发展要始终注意适应国情和社会承受力，要统筹安排改革和发展的举措，精心处理稳定同改革、发展的关系，及时化解矛盾，排除不稳定因素，以保持稳定，促进改革和发展。

正确处理改革、发展、稳定三者的关系，把不断改善人民生活作为处理改革、发展、稳定关系的重要结合点。人民群众是改革、发展的主体和动力，是稳定的力量源泉和深厚基础。改善人民群众生活，让人民共享改革、发展的成果，是我们致力于发展、积极推进改革、坚决维护稳定的共同目的。所以，要把不断改善人民生活，让人民共享改革、发展的成果作为处理改革、发展、稳定关系的重要结合点。为此，要坚持一切为了群众、一切依靠群众的工作路线，要坚持给人民群众以看得见的实际利益为工作原则，要坚持以着力解决人民群众生活中面临的实际问题为工作的重点。

正确处理改革、发展、稳定三者的关系要坚持以改革作为发展的基本动力，全面深化改革。我国初步建立的社会主义市场经济体制还不完善，现在发展处于关键时期，经济体制改革也仍处于攻坚阶段。深化改革和调整结构是解决经济社会发展中深层次矛盾的根本措施，但在推进过程中不仅过去长期积累的深层次矛盾会显现出来，而且还会出现新的矛盾和不稳定因素。为此，深化改革必须突出重点，分轻重缓急，防止改革措施在时间上过于集中。改革措施要兼顾不同群体的利益，认真考虑每项改革措施对社会各方面的影响，把握好改革出台的时机和节奏。还要重视建立补偿机制，对在深化改革中利益受损的群体，要通过一定形式给予补偿。

正确处理改革、发展、稳定三者的关系要坚持以发展为主题，树立抓住机遇、加快发展的战略思想。历史经验证明，正确把握发展的速度至关重要。经济增长速度过低或者过高，都不利于深化改革，也不利于社会稳定。经济增长速度过低，既不利于充分利用现有资源的潜力，也会带来就业困难、人民生活水平降低等一系列经济社会问题。特别是我国现在面临着发达国家在科技、经济方面占优势的巨大压力，如果我国经济发展慢了，同发达国家的差距就会拉大，社会稳定和国家的长治久安就不能从根本上得到保证。经济增长速度过高，超过现有资源的潜力，又会引起通货膨胀和价格大幅度上涨，同样也会造成经济和社会不稳定。这是我们今后要尽力避免的。

正确处理改革、发展、稳定三者的关系，要处理好新形势下的人民内部矛盾，切实维护社会稳定。要善于发现和正视新形势下的各种社会矛盾，找到化解矛盾的正确途径和有效方法，形成妥善处理矛盾的体制机制。在制定方案、作出决策时，充分考虑是否符合群众的利益，能否得到绝大多数群众的拥护和支持，着力避免因决策失误和工作不当引起群众的不满和抱怨，注意从源头上减少利益冲突和社会矛盾的产生。当前，要重点解决好在土地征用、城镇拆迁、企业重组改制和破产过程中损害群众利益的问题，坚决依法纠正各种损害群众利益的行为。要注意做好群众工作，深入细致地做好思想政治工作，注重理顺群众情绪，引导群众以理性、合法的形式表达利益要求。要深入基层、深入实际，加强矛盾纠纷的排查工作，及早发现可能发生的各种矛盾，及时采取有效措施，把矛盾解决在萌芽状态。要进一步落实维护社会稳定的工作责任制，完善社会治安综合治理工作机制，建立社会舆情汇集和分析机制，畅通社情民意反映渠道，建立健全社会预警体系和应急机制，提高保障公共安全和处置突发事件的能力，自觉维护安定团结，确保社会稳定祥和。

## 四、改革开放的伟大成就和宝贵经验

### 1. 改革开放的伟大成就

中国的改革开放经历了 30 多年的伟大征程，在总体上获得了巨大成功，取得了一系列举世公认的伟大成就。

第一，中国 30 多年改革开放的最伟大成就是快速发展。胡锦涛总书记在党的十七大报告中指出："新时期最显著的成就是快速发展。……我国经济从一度濒于崩溃的边缘发展到总量跃至世界第三、进出口总额位居世界第三，人民生活从温饱不足发展到总体小康，农村贫困人口从两亿五千多万减少到两千多万，政治建设、文化建设、社会建设取得举世瞩目的成就。”具体来说，30 多年改革开放的快速发展主要体现在以下三个方面：一是快速发展了社会生产力。根据国家统计局修订的最新数据，从 1978 年到 2008 年，我国国内生产总值由 3 645 亿元增长到 314 045 万亿元，年均实际增长 9.8%，是同期世界经济年均增长率的 3 倍多，我国经济总量上升为世界第三。我们依靠自己的力量稳定解决了 13 亿人口的吃饭问题。我国主要农产品和工业品产量已居世界第一，具有世界先进水平的重大科技创新成果不断涌现，高新技术产业蓬勃发展，水利、能源、交通、通信等基础设施建设取得突破性进展，生态文明建设不断推进，城乡面貌焕然一新。二是极大地增强了我国的综合国力。30 年多间，我国经济不断迈上新台阶，综合国力显著增强，国际地位和影响力显著提高。根据国家统计局的最新统计结果，到 2008 年，我国 GDP 已经达到 314 045 亿元，按当前汇率折合为 4.6 万亿美元，相当于美国的 32.1%，日本的 94.2%，位居美国和日本之后，居世界第三位。国家财政收入达到 61 317 亿元，有效提高了政府宏观调控能力。对外贸易总额达到 25 616 亿美元，居世界第二位，2008 年末国家外汇储备 19 460 亿美元，比 1952 年增加近 14 000 倍，由长期以来的外汇短缺国一跃而为世界第一外汇储备大国。经济结构实现由低级到高级、不均衡到相对均衡的巨大调整，经济发展的协调性明显增强。基础设施和基础产业实现由薄弱到明显增强的巨大飞跃，对经济发展的支撑能力显著增强。三是迅速提高了人民的生活水平。从 1978 年到 2007 年，全国城镇居民人均可支配收入由 343 元增加到 13 786 元，实际增长 6.5 倍；农民人均纯收入由 134 元增加到 4 140 元，实际增长 6.3 倍；农村贫困人口从 2.5 亿减少到 1 400 多万。城市人均住宅建筑面积和农村人均住房面积成倍增加。群众家庭财产普遍增多，吃、穿、住、行、用水平明显提高。改革开放前长期困扰我们的短缺经济状况已经从根本上得到改变。

第二，巩固了社会主义基本经济制度和初步形成了社会主义市场经济体制。30 多年的改革开放，我们“坚持和完善以公有制为主体、多种所有制经济共同发展的基本经济制度，毫不动摇地巩固和发展公有制经济，毫不动摇地鼓励、支持、引导非公有制经济发展，坚持平等保护物权，形成各种所有制经济平等竞争、相互促进的新格局”。初步形成了以按劳分配为主体、多种分配方式并存的分配格局。企业已从过去政府的附属物成为自主经营的商品生产者和市场主体。社会主义现代市场体系不断发育和健全，消费品市场、生产要素市场、金融证券市场、外汇市场、劳动力市场、房地产市场、技术市场、信息市场等综合市场体系基本形成。国家宏观调控体系已经从直接控制转向了综合运用经济、法律等手段进行间接调控，并以实现最广大人民的利益为出发点和归宿。社会保障体系正在不断建立和完善，这是社会稳定和国家长治久安的重要保证。

第三，改革开放使中国的农村经济焕发出前所未有的活力，中国这个农业大国正逐步走向新型工业化、信息化和现代化。始于家庭联产承包责任制的农村改革，逐步建立了统一和分散相结合的双层经营体制，使集体统一经营的优越性和农户个体承包经营的积极性都得到了充分发挥，极大地调动了农民的积极性。30多年的改革开放，使中国的广大农村和10亿左右的农村人口在总体上达到了小康水平，就凭这一点，既是了不起的成就，也是中国对世界的一大贡献。

第四，形成了改革开放的新格局。我国在改革开放之初，实行的是“梯度推进”的非均衡发展战略，邓小平同志说先发展我国的一级台阶是一个大局，而当一级台阶发展起来之后，就要推向二、三级台阶，这是又一个大局。但是，随着人们认识的深入，逐步提出了区域经济发展的“点区辐射理论”，就是在全国范围内选准一些点，重点发展这些点，并以这些点为支撑向周边辐射，以点带面，当所有的点连接起来之后，全国的发展也就均衡了。所以，从2000年之后，我们先是把重点放在西部大开发上，紧接着就是振兴东北、中部崛起，并且逐步在上海、天津、重庆、成都、武汉、长沙等地设立不同类型的试验区。由此可见，中国的改革开放已经由初期非均衡的“梯度推进”发展到了比较均衡的“点区辐射”，出现了一个崭新的格局。

第五，民主政治和先进文化建设取得巨大进展，国家软实力增强。我们大力发展社会主义民主政治，人民当家作主权利得到更好保障。政治体制改革不断深化，人民代表大会制度、中国共产党领导的多党合作和政治协商制度、民族区域自治制度以及基层群众自治制度日益完善，中国特色社会主义法律体系基本形成，依法治国基本方略有效实施，社会主义法治国家建设取得重要进展，人权事业全面发展。爱国统一战线发展壮大，政党关系、民族关系、宗教关系、阶层关系、海内外同胞关系更加和谐。我们大力发展社会主义先进文化，人民日益增长的精神文化需求得到更好满足。社会主义核心价值体系建设取得重大进展，马克思主义思想理论建设卓有成效，群众性精神文明创建活动、公民道德建设、青少年思想道德建设全面推进，文化事业生机盎然，文化产业空前繁荣，国家文化软实力不断增强，人们的精神世界日益丰富，全民族文明素质明显提高，中华民族的凝聚力和向心力显著增强。

第六，国防和军队建设取得重大成就。30多年来，我国国防和军队建设取得了辉煌成就。思想政治建设不断加强，确保我军经受住了各种考验，始终保持了坚定正确的政治方向；现代条件下的防卫作战能力大幅跃升，有力地维护了国家主权、安全和领土完整；体制编制不断调整优化，军兵种部队比例趋于合理，部队编成结构得到优化；武器装备水平实现历史性跨越，西方发达国家拥有的各类装备，我军基本都有了，而且不少装备的性能达到或接近世界先进水平，这是非常了不起的成就，既体现了我军的现代化水平，也反映了国家科技实力的巨大变化，为我军现代化建设和军事斗争准备提供了坚实的物质技术支撑。人民解放军逐步由单一军种发展到诸军兵种合成，革命化、现代化、正规化的人民军队，成为维护国家安全，维护世界和平的重要力量。

第七，改革开放使中国社会发生了根本转型，开辟了一条中国特色社会主义的新道路，创立了一种社会主义的新模式。经过30多年的改革开放，在经济领域我国已经由新中国成立初期向苏联学来的高度集中的计划经济模式初步转向了社会主义市场经济模式；在政治领域正在由严重存在封建专制余毒、僵化的、个人专断和长官意志的指令性政治体制逐步转向民主政治体制；在文化领域也正在由单一、封闭的文化逐步转向多元、开放的文化；在社会领域也正在由压抑个性、忽视民生逐步转向以人为本、注重民生、促进人的全面发展的社会。所有这些，都表明了我国已经成功地开辟了一条具有中国特色的社会主义道路，这是一种完全不同于当年苏联传统社会主义的新模式，它对于世界社会主义、共产主义运动具有重大意义。

2. 改革开放的宝贵经验

2008年12月18日，胡锦涛总书记在纪念中共十一届三中全会召开三十周年大会上发表了重要讲话，把中国在改革开放实践中积累的宝贵经验，概括而言就是“十个结合”。

第一，必须把坚持马克思主义基本原理同推进马克思主义中国化结合起来，解放思想、实事求是、与时俱进，以实践基础上的理论创新为改革开放提供理论指导。这一个结合表明，中国改革开放能够取得成功，关键是既不丢“老祖宗”，又发展“老祖宗”；既不断开创事业发展新局面，又不断开拓马克思主义理论新境界。这样的结合，推动了人们思想观念的解放和社会生产力的解放。

第二，必须把坚持四项基本原则同坚持改革开放结合起来，牢牢扭住经济建设这个中心，始终保持改革开放的正确方向。这一个结合表明，中国社会主义能在新时期显示出蓬勃生机和活力，就在于它是实行改革开放的社会主义；中国改革开放之所以能健康发展，就在于它是有利于巩固和发展社会主义的改革开放。这样的结合，创造了真正活跃起来的社会主义，创造了进一步造福人民的社会主义。

第三，必须把尊重人民首创精神同加强和改善党的领导结合起来，坚持执政为民、紧紧依靠人民、切实造福人民，在充分发挥人民创造历史作用中体现党的领导核心作用。这一个结合表明，我们在改革开放中，既依靠党和政府的坚强领导，又尊重基层和人民群众特别是地方的改革首创精神。这样的结合，使中国在改革开放导致利益多元化的情况下，能够有效地保持国家的统一和社会的整合。

第四，必须把坚持社会主义基本制度同发展市场经济结合起来，发挥社会主义制度的优越性和市场配置资源的有效性，使全社会充满改革发展的创造活力。这一个结合表明，社会主义市场经济新体制，作为前无古人的创举，同社会主义基本制度是紧密相连的。这样的结合，使社会主义市场经济成为一种既符合市场经济一般要求，又符合社会主义本质和方向的制度模式。

第五，必须把推动经济基础变革同推动上层建筑改革结合起来，不断推进政治体制改革，为改革开放和社会主义现代化建设提供制度保证和法制保障。这一结合表明，我们既重视经济体制改革，又重视包括政治体制改革在内的上层建筑变革；而在推进政治体制改革中，又把扩大民主同健全法制结合起来。这样的结合，创造了兼具民主和集中两种长处的政治制度模式。

第六，必须把发展社会生产力同提高全民族文明素质结合起来，推动物质文明和精神文明协调发展，更加自觉、更加主动地推动文化大发展大繁荣。这一结合表明，中国在改革开放和现代化建设中，既重视“物”的发展即社会生产力的发展，又重视“人”的发展即全民族文明素质的提高。这样的结合，把人的全面发展同社会全面进步统一于现代化建设的实践之中。

第七，必须把提高效率同促进社会公平结合起来，实现在经济发展的基础上由广大人民共享改革发展成果，推动社会主义和谐社会建设。这一结合表明，党在领导改革开放和现代化建设中，适时地把促进发展、提高效率同注重社会公平、促进社会和谐结合起来。这样的结合，使中国社会既持续地充满创造活力，又有助于避免两极分化而达到共同富裕。

第八，必须把坚持独立自主同参与经济全球化结合起来，统筹好国内国际两个大局，为促进人类和平与发展的崇高事业作出贡献。这一结合表明，中国这样一个十几亿人口的发展中大国要发展起来，既离不开参与经济全球化，更离不开独立自主。这样的结合，使我们能同时用好国内国际两个市场、两种资源，在趋利避害的平等竞争中达到互利、普惠、共赢。

第九，必须把促进改革发展同保持社会稳定结合起来，坚持改革力度、发展速度和社会可承受程度的统一，确保社会安定团结、和谐稳定。这一结合表明，中国在改革开放中，注意协调改革力度、发展速度同社会可承受程度的关系，把改善人民生活作为处理这三者关系的重要结合点。这样的结合，既避免了不少转型国家出现过的经济严重衰退和社会剧烈震荡，又使改革发展成果真正惠及全体人民。

第十，必须把推进中国特色社会主义伟大事业同推进党的建设新的伟大工程结合起来，加强党的执政能力建设和先进性建设，提高党的领导水平和执政水平、拒腐防变和抵御风险能力。这一结合表明，我们党把对客观世界的改造同主观世界的改造结合起来，为改革开放和现代化建设提供强有力的政治和组织保证。这样的结合，既推动了中国特色社会主义伟大事业，又推进了党的建设新的伟大工程，从而不断提高党的领导水平、执政水平和拒腐防变能力。

这“十个结合”的宝贵经验，从历史和逻辑、理论和实践统一上，深刻揭示了我国改革开放取得成功的关键和根本，生动阐明了我们党在改革开放实践中是如何坚持和发展马克思主义、如何坚持和发展社会主义、如何全面推进中国特色社会主义事业、如何统筹国内国际两个大局、如何加强和改善党的领导的宝贵经验，既是历史经验的深刻总结，又是理论创新的集中体现，既有十分重要的政治分量，又有十分丰富的理论内涵，是马克思主义中国化理论研究的最新成果，我们必须始终牢记和自觉遵循。

改革开放30多年，变化巨大，成就辉煌。“十个结合”的宝贵经验，是对这30多年不同寻常历史的多维把握，具有与时俱进的全面性。贯穿“十个结合”的一个最本质的结合，就是把马克思主义基本原理与当代中国的实际和时代特征结合起来。改革开放是决定当代中国命运的关键抉择，是发展中国特色社会主义、实现中华民族伟大复兴的必由之路。但改革开放没有现成经验可学，没有现成模式可搬。遇到很多棘手的问题，遇到很多无法预料的困难，用什么原则来处理这些问题，需要我们党既坚持科学社会主义基本原则，又根据当代中国实践和时代发展，做好“结合”这篇大文章。正是有了这一系列立足现实、勇于创新、开拓进取的“结合”，才使我们党开辟了中国特色社会主义道路，形成了中国特色社会主义理论体系，取得了我们这样一个十几亿人口的发展中大国摆脱贫困、加快实现现代化、巩固和发展社会主义的巨大成就，使马克思主义更好地发挥了对发展中国特色社会主义实践的指导作用，赋予当代中国马克思主义勃勃生机。

## 第二节　毫不动摇地坚持对外开放

### 一、对外开放的基本含义和发展对外经济关系的内容及基本形式

1. 对外开放的基本含义

对外开放与闭关锁国是相对而言的。我国的对外开放是指在坚持社会主义制度和中国共产党领导的基础上，在独立自主、平等互利的前提下，根据生产社会化、国际化和社会主义市场经济发展的客观要求，利用国际分工的好处，积极发展与世界各国的经济贸易往来，以及科学、技术、文化、教育等方面的交流与合作，以促进社会主义物质文明的建设和发展。因此，它不仅仅限于对外经济贸易方面的交流与合作，而且包括科学技术、文化教育、宗教艺术等领域的广泛交流与合作。

但是，经济是基础，我国实行对外开放首先是经济上的对外开放，也就是要实行对外开放的经济政策。从这个角度上讲，对外开放的基本含义是要大力发展和不断加强对外经济技术交流，积极参加国际交换和国际竞争，由封闭型经济转变为开放型经济，以加速中国特色社会主义建设的进程。

对外开放是向世界上所有国家和地区的开放：不论是社会主义国家，还是资本主义国家；不论是发展中国家，还是经济发达国家；不论是穷国还是富国，不论是大国还是小国，我国都愿意在平等互利的基础上发展同他们的贸易经济联系。我国的对外开放，是要吸收世界上各个国家和地区的长处和优点，博采众长，尽为我用。

因此，我们的对外开放是向世界开放。当然，由于我国现代化建设的客观需要，由于各个国家和地区情况各异，特别是经济技术发展水平的不同，在一个时期，我们根据需要和可能，同一些国家和地区发展多一些、快一些，这是国际上的通常现象。而且，这种情况也是随着条件的变化而变化的。

2. 发展对外经济关系的内容及基本形式

发展对外经济关系是通过具体的形式来实现的。从我国目前的实际出发，发展对外经济关系主要有对外贸易、引进外国先进技术、利用国外资金、发展国际劳务合作、发展国际旅游业等基本形式。

第一，发展对外贸易。对外贸易是指一个国家或地区同其他国家或地区的商品交换关系，是一个国家对外经济活动的主要构成部分，也是发展对外经济关系的最主要形式。对外贸易包括进口和出口两个方面，所以又称进出口贸易。对外贸易在国民经济发展中具有重要的地位和作用：①可以弥补国内某些资源短缺的缺陷，优化资源配置。由于资源分布的不平衡性，任何国家在经济发展过程中，都会遇到某些资源短缺的矛盾。当国内因某些资源短缺不能满足或限制了经济发展时，就会产生对国外资源的需求，而发展对外贸易则是满足这种需求的有效途径。同时，通过对外贸易又可以把国内相对富裕的资源输往国外，从而使资源得到优化配置。②利用国际分工，节约社会劳动，提高经济活动效益。由于各个国家的自然和经济条件不同，某一国家在生产同类商品时较之其他国家处于相对有利的地位。拥有这种有利条件的国家，通过国际交换可以用较少的劳动换回较多的劳动。发展对外贸易，就是利用国际分工，生产本国居于优势地位的产品，去换取国内需要而又比国外劳动效率低的产品，从而节约社会劳动，提高国内经济活动的效益。③增加外汇收入，扩大国内就业机会。发展对外贸易，出口商品和劳务是取得外汇收入的主要来源。在国际经济活动中，外汇代表着各种资源和生产要素的供给，有了外汇可以引进先进技术和设备，有利于推动本国技术进步，促进国民经济技术改造。发展对外贸易，还可以增加国内就业机会。因为通过国际交换可以开拓新的生产门路，发展劳动密集型产业，扩大劳务出口，创造更多的就业条件。这对我们这样一个劳动力资源比较丰富、急需大量增加就业的国家来说，具有十分重要的意义。④提高技术水平和管理水平，增强国家经济实力。通过对外贸易，使本国产品在国际市场的激烈竞争中经受检验，发现问题，可以促进生产技术的发展，经营管理的改善，产品质量的提高，花色品种的增加。通过对外贸易，还可以促进科学技术和经营管理的交流，加速我国技术进步，提高我国经济的素质，增加我国经济的实力。在对外贸易中，必须以提高效益为中心，努力扩大商品和服务的对外贸易，优化进出口结构。坚持以质取胜和市场多元化战略，积极开拓国际市场。要深化外贸体制改革，完善代理制，扩大企业外贸经营权，形成平等竞争的政策环境，积极参与区域经济合作和全球多边贸易。

第二，引进外国先进技术。技术交流是当代世界经济交往的重要内容，开展对外技术交流，引进外国先进技术，是科学技术本身发展的需要，也是加强我国社会主义现代化建设的需要。任何一个民族和国家，都需要学习别的民族、别的国家的长处，学习别国的先进技术。科学无国界，日新月异的科学技术在国与国之间的广泛交流，已成为当代世界经济交往的重要内容。各个经济发达国家之间，也无不在互相引进先进技术。不少原来经济落后的国家，由于重视先进技术引进，并注意对别国的先进技术加以吸收、消化、运用和创新，迅速使自己的经济技术水平提到一个新的高度。我国是一个科学技术落后的国家，面临社会主义现代化建设的宏伟任务，更需要重视开展对外技术交流，加强先进技术的引进。

引进先进技术不仅可以节省发展科技事业的时间和资金，缩小与世界先进水平的差距，而且把先进技术直接引入生产，还可以转化为新的生产力，迅速提高经济效益，增强国家经济实力和对外开放的能力。这是一条花钱少、效果好、见效快的振兴中国经济的必由之路。

引进先进技术是我国赶超战略的必由之路。科学技术从来就是全世界人民的共同财富。一切有实用价值的技术都必将广泛传播、创新、再传播、再创新，这是技术发展的基本规律。对先进技术的引进、吸收、创新、再引进、再创新，直到消除彼此间的技术差距，达到世界先进水平，这是技术引进的基本规律。技术发展落后的国家，通过技术引进，可以少投资、省时间、走捷径、迎头赶上，这就是后发优势。世界各国工业化的历史向人们揭示了这样一条真理，经济落后的国家要想达到世界先进水平，必须利用后发优势，从本国的实际国情出发采取跨越战略，用先进的技术来解决本国经济发展中的各种具体任务，凡是能够这样做的，就能够实现高速度发展，迎头赶上并超过先进国家。

引进外国先进技术应从我国现实的国情出发，力求取得最好的经济效益。为此引进技术重点应放在引进软件、先进技术、关键设备上，放在通过国外的智力引进，学习先进的管理方法上。同时，引进技术必须有目的、有计划、有选择地引进适用于我国的先进技术；必须同我国现有企业的技术改造相结合；必须同国内的消化、吸收、运用和创新相结合，使之有利于提高国产化水平。

第三，利用国外资金。对外资金交流是国与国之间的信贷活动和生产经营的投资活动。在现代经济条件下，无论是发达国家，还是发展中国家，尽管它们对外交流资金的目的、性质和手段有许多不同之处，但在客观上都不同程度地促进了本国经济和技术的发展。对外资金交流包括资金的输出和资金的输入。我国是一个发展中国家，资金短缺是长期的问题，目前对外投资的规模不可能很大。在对外资金交流方面主要是吸收和利用外资。吸收和利用外资，对于加快我国现代化建设具有十分重要的作用和意义。它可以弥补国内建设资金不足，扩大建设规模；可以结合利用外资引进先进技术和先进经营管理经验；可以借助于外资和扩大出口，缓解发展工业和发展农业之间争夺资金的矛盾，促进农业剩余劳动力向非农产业转化。引进外资在加快地区经济发展和资源开发方面，也起着显著的作用。利用国外资金，要根据我国经济发展需要和偿还能力，以及国内资金、物资配套能力，合理确定和努力保持外资使用的适当规模。既不能害怕引起债台高筑，因而不敢积极地争取尽可能多的国外资金；也不能认为利用外资可以不讲条件、不计后果，借得越多越好，盲目使用。在进一步扩大外资引进的同时，要注意合理引导外资投向，优化外资投资结构。要引导外资投向基础设施，支柱产业及高新技术产业。同时，外资应着重用于出口创汇产业和企业、进口替代行业和企业，以增强外汇收入和节约使用外汇，提高利用外资的综合经济效益。正确地确定外资使用的方向和重点，是使利用外资进入良性循环的关键，是用好外资的核心。只有这样，才能不断提高外债的偿还能力，从而为进一步扩大利用外资的规模创造有利条件。改进和加强利用外资的宏观管理，是合理和有效利用外资的必要条件。

第四，发展国际劳务合作。随着国际经济关系的发展，国际劳务合作已成为各国经济交流的重要途径。国际劳务合作所包含的内容非常广泛，从派遣高级工程师、学者、专家、科技人员，一直到派出普通的工人到其他国家去帮助建设，都属于国际劳务合作的范围。大力开展对外劳务合作，对于我国经济发展有着积极的意义和作用：可以缓解劳动就业压力，并为国家赚取更多的外汇；开展对外劳务合作，输出劳动力，不仅开辟了国外就业途径，还可以获得劳务出口收入，是我国外汇收入的一项重要来源；可以直接或间接地吸收国外的先进科学技术和管理经验。通过向发达国家出口劳务或分包一部分这些国家的承揽项目，可以把他们在科技和管理方面的最新经验学到手；可以带动商品的出口。对外承包工程，不单是劳动力的输出，而且是一项综合性输出。通过承包国外工程，既能带动国内原材料的出口，又能提高出口的经济效益，换取更多的外汇；可以提高我们的声誉，为发展对外经济关系创造良好的国际环境。

第五，发展国际旅游业。发展国际旅游业也是对外开放的一个重要方面。第二次世界大战以后，国际旅游业迅速地发展起来，进入了一个大众化、普及化、经常化的新时期。发展国际旅游事业，对于一国的经济发展有着多方面的影响和作用：可以增加外汇收入。发展国际旅游最主要的目的是获得外汇收入，特别是对于大多数发展中国家来说，外汇需求量大，而出口创汇能力低，发展国际旅游事业是获取外汇的一个极为重要的手段；可以推动和促进国民经济各个部门的发展。国际旅游业不是一个孤立的行业，它是整个社会经济活动的一个综合体，涉及国民经济的各个行业。国际旅游业的发展必然推动整个国民经济的发展；可以带动商品出口。在国际旅游过程中，外国游客除支付服务费用外，还会购买各种商品，这就等于增加了商品出口；可以增加就业，旅游人数的增加，必然需要大量的服务人员和管理人员，这就为国内增加了就业机会；可以扩大本国在国际上的影响，从而有利于推动与各国经济、文化等各方面的交往。

## 二、我国实行对外开放的必要性

实行对外开放，是党的十一届三中全会以来我们党根据国际形势的发展变化和党的中心工作的转移制定的重大战略，是建设中国特色社会主义的一项基本国策。

我国实行对外开放，具有客观必然性。

第一，当今世界是开放的世界，这是对世界经济发展的深刻总结，是生产社会化和商品经济、市场经济发展的必然结果。早在18世纪中叶，第一次产业革命就开启了世界市场。到20世纪中后期，在以信息化为基础的新技术革命的推动下，世界经济联系更加紧密，经济全球化趋势更为明显，表现为生产领域的国际分工和协作不断深化和加强，国际贸易规模不断扩大，资本在国际的流动速度不断加快，跨国公司迅速发展。为应对新技术革命和经济全球化的趋势，各国政府为在国际分工和国际竞争中获得最大利益，纷纷实行开放政策，广泛进行经济交流和合作，积极利用国外市场、资源、信息、技术和资金。在开放的世界中不实行开放的政策，只能限制自己的发展，甚至会给国家和民族带来灾难。

第二，中国的发展离不开世界，这是对中国历史发展的深刻总结。中国在西方国家产业革命以后变得落后了，一个重要的原因就是闭关自守。历史的经验告诉我们，关起门来搞技术、把自己孤立于世界之外是不行的，要发展起来，必须实行对外开放。中国作为一个发展中的大国，在实现现代化的进程中面临许多困难和问题，如资金不足、科学技术落后、劳动者科学文化素质不高、缺乏组织现代化大生产的经营管理知识和经验等等。要解决这些问题，就必须实行对外开放，利用国内和国际两种资源、两个市场。对外开放不仅是解决当前经济建设中的矛盾和困难，而且也是我国经济长期发展的客观要求。

第三，实行对外开放也是充分发挥社会主义制度优越性的需要。社会主义要赢得与资本主义相比较的优势，就必须以积极的态度吸收人类文明的一切优秀成果吸收和借鉴当今世界各国包括资本主义发达国家的一切反映现代化社会化生产规律的先进的经营方式、管理办法。因为社会主义作为一种崭新的社会制度，只有在继承和利用资本主义已经创造出来的全部社会生产力和全部优秀文化成果的基础上，并结合新的创造，才能发挥其优越性，最终战胜资本主义。

第四，对外开放是由现代化大生产的发展规律所决定的。一是生产力的发展，特别是科学技术的发展，越来越具有国际性，现代科技既不是一国所创造，也不为一国所拥有，而是国际合作共同发展的结果。任何一个国家，封闭起来，都无法达到世界先进水平。二是现代化大生产意味着生产规模的扩大和生产的高度专业化，形成了全球性的经济联系和世界市场。任何国家都不可能拥有所需要的所有资源，生产所需要的所有产品，消费自己所生产的全部产品。扩大对外开放，加强国际合作，则能扬长避短，在现代化的进程中取得最大效益。对于我们这样一个经济、技术比较落后的国家，通过对外开放，引进外国的资金、先进技术和管理经验，尽快缩短与发达国家之间的差距，以使我们在现代化建设中减少代价，少走弯路，就显得更加必要。

在实行对外开放的过程中，要正确处理好对外开放和自力更生的关系。在社会主义建设中，我们始终把独立自主、自力更生作为立足点，这是我国革命和建设的基本经验和重要原则。当今世界，人类社会步入了一个科技创新不断涌现的重要时期，坚持独立自主、自力更生，把增强自主创新能力作为国家战略，贯彻到现代化建设的各个方面，建设创新型国家，对于不断巩固和发展中国特色社会主义的伟大事业，是极其重要的。但是，独立自主、自力更生不是闭关自守、盲目排外。坚持独立自主、自力更生同坚持对外开放是相辅相成的。独立自主、自力更生是实行对外开放的基础，只有增强独立自主、自力更生的能力，才能在国际上获得较高的声誉，吸引更多的合作者，才能不断扩大对外开放的广度和深度。对外开放是为了增强独立自主、自力更生的能力，在对外开放的过程中积极利用外国投资、先进技术与管理经验，取得更好的经济和社会效益，可以加快本国经济的发展，增强经济实力和综合国力。坚持独立自主、自力更生和坚持对外开放，都是为了更好地推进社会主义现代化建设。

## 三、对外开放格局的形成

新中国成立60年来特别是改革开放30多年来，全国各族人民在中国共产党的领导下，坚定不移地扩大对外开放，从沿海到沿江、沿边，从东部地区到中西部地区，从贸易到投资，从货物贸易到服务贸易，从“引进来”到“走出去”，逐渐形成了全方位、多层次、宽领域的对外开放格局，实现了从封闭半封闭到全方位开放的伟大历史转折。

所谓全方位，就是不论对资本主义国家还是社会主义国家，对发达国家还是发展中国家都实行开放政策；不仅在经济建设方面坚持对外开放，在精神文明建设方面也坚持对外开放。所谓多层次，就是根据各地区的实际和特点，通过经济特区、沿海开放城市、经济技术开发区、沿海经济开放区、开放沿边和沿江地区以及内陆省区等不同开放程度的各种形式，形成全国范围内的对外开放。所谓宽领域，就是立足于我国国情，对国际商品市场、国际资本市场、国际技术市场、国际劳务市场的开放，把对外开放拓宽到能源、交通等基础产业以及金融、保险、房地产、科技教育、服务业等领域。

新中国成立到改革开放之前的30年里，我国经济基础薄弱，物质生产匮乏，经济建设资金短缺，与世界经济交往的范围狭窄。特别是在“文化大革命”的混乱时期，中国进入了“闭关锁国”状态，国民经济走到了崩溃的边缘。虽然20世纪70年代初，随着中美、中日建交，西方国家纷纷与中国建立了外交关系，我国在联合国的合法席位也得到了恢复，新中国与世界的文化、经济交流有所发展，但真正意义上的对外开放仍未开始。

1978年，党的十一届三中全会作出了以经济建设为中心、实行改革开放、加快社会主义现代化建设的战略决策。以此为标志，我国开始了对外开放的历史进程，进入了改革开放和社会主义现代化建设的新时期。

第一，对外开放从局部地区向全国逐步推进，全方位的区域开放格局基本形成。对外开放经过先试验后推广，逐步形成了从建立经济特区到开放沿海、沿江、沿边、内陆地区的分步骤、多层次、逐步开放的格局。1979年7月15日，中共中央、国务院批转广东省委和福建省委关于对外经济活动实行特殊政策和灵活措施的两个报告，决定对广东、福建两省的对外经济活动给予更多的自主权，充分发挥两省的优越条件，扩大对外贸易。1980年，中央决定设立深圳、珠海、汕头、厦门经济特区，成为我国对外开放的先导示范基地，标志着中国对外开放航船正式扬帆启程。1984年，开放大连、秦皇岛、天津、烟台、青岛、连云港、南通、上海、宁波、温州、福州、广州、湛江、北海14个沿海港口城市。1985年，将长江三角洲、珠江三角洲、闽南厦漳泉三角地区开辟为沿海经济开放区。1988年年初，又将辽东半岛和山东半岛全部对外开放；同年4月，开放海南省，并兴建了我国最大的经济特区——海南经济特区。1990年，开发开放上海浦东，实行经济技术开发区和某些经济特区政策。20世纪90年代以后，对外开放加速向纵深推进，逐步由沿海向沿江及内陆和沿边城市延伸，全方位的区域开放格局基本形成。1991年，开放满洲里、丹东、绥芬河、珲春4个北部口岸。1992年，开放重庆、岳阳、武汉、九江、芜湖5个沿江城市和三峡库区；同时，开放哈尔滨、长春、呼和浩特、石家庄4个边境和沿海地区省会城市；开放黑河、二连浩特、伊宁、塔城、博乐、瑞丽、畹町、河口、凭祥、兴东等沿边城市，鼓励沿边城市发展边境贸易和与周边国家的经济合作；开放太原、合肥、南昌、郑州、长沙、成都、贵阳、西安、兰州、西宁、银川等11个内陆省会城市。2000年，伴随着西部大开发战略的实施，对外开放进一步扩大到广大西部地区。2001年12月，中国正式加入世界贸易组织（WTO），对外开放进入了新的阶段。我国的对外开放由有限范围、地域、领域内的开放，转变为全方位、多层次、宽领域的开放；由以试点为特征的政策性开放，转变为在法律框架下的制度性开放；由单方面为主的自我开放市场，转变为我国与世贸组织成员之间的双向开放市场；由被动地接受国际经贸规则的开放，转变为主动参与制定国际经贸规则的开放；由只能依靠双边磋商机制协调经贸关系的开放，转变为双边、多边机制相互结合和相互促进的开放。

第二，对外开放从商品贸易向投资和服务贸易领域推进，宽领域的对外开放格局取得积极成果。随着我国对外开放进程的逐步深入，服务领域开放步伐不断加快，以旅游、运输服务为基础，以通信、保险、金融、计算机信息服务、咨询和广告等新兴服务贸易为增长点的服务贸易全面发展格局基本形成，服务贸易已经成为我国对外贸易的重要组成部分。

第三，对外贸易区域建设取得积极进展，对外开放层次不断深化。改革开放以来，在试办经济特区，逐步开放沿海城市和沿江、沿边贸易的同时，积极开辟贸易区域，先后办起了经济技术开发区、高新技术产业开发区、保税区、出口加工区、边境经济合作区等多种形式的贸易区域，实行特殊贸易政策，对扩大我国对外贸易规模、提升对外贸易管理水平、拓展开放领域起到了重要作用。目前，全国共有54个国家级经济技术开发区和14个边境经济合作区。2008年，54个国家级开发区创造地区生产总值占同期全国国内生产总值的5.1%，工业增加值占全国的8.5%，出口总额占14.4%，进口总额占15.9%，实际利用外商投资占全国的20%以上。

## 四、对外开放促进了我国经济又好又快发展

对外开放是我国的基本国策，30多年的对外开放，取得了重要的成果，尤其是党的十六大以来，在经济全球化趋势不断加强的情况下，我国成功应对了进入世界贸易组织后面临的各种困难和挑战，实现了平稳过渡，就业水平稳步提高，人民生活不断改善。对外开放有力促进了我国经济又好又快发展。

第一，对外开放推动了对外贸易和外商直接投资的快速增长。加入世界贸易组织以来，我国外贸持续快速发展，年均增长28%。进出口总额2008年达到25 616亿美元，居世界第二位。与美国、欧盟、日本等贸易伙伴的贸易额快速增长，与俄罗斯、非洲、东盟、拉美等国家和地区之间的贸易额加速增长。出口商品技术含量和技术附加值不断增加。高污染、高能耗、资源型产品出口明显回

落。我国对外贸易的国际竞争力不断提高。

第二，对外开放促进了金融业在竞争中不断壮大。近年来，我国金融业对外开放步伐明显加快，在机构设立、市场业务准入、战略投资者引进、客户和地域范围等方面实施了多层次、宽领域的开放措施。同时，国内银行在与外资银行竞争中，或者与国外战略投资者的合作过程中，提高了市场服务能力和赢利能力，明显改善公司治理、风险管理和服务意识等，实力不断增强。

第三，对外开放推动了国民经济快速发展。从经济总量上看，外贸和外资对经济增长的贡献率保持在20%以上，成为经济增长的重要动力之一。从增加就业看，我国目前外贸领域就业人口超过8 000万，其中，加工贸易领域就业近4 000万；外商投资企业吸纳就业约2 800万，占全国城镇就业比重超过10%，对外合作解决了100多万人就业。从税收增长看出，目前关税和进出口环节税占全国税收的比重达15%左右，加上外资企业税收，涉外经济税收占全国税收的比重达40%左右。

第四，对外开放推动了经济社会全面进步。我国对外开放的实践表明，对外开放越充分，经济越有活力，居民收入和福利的改善就越快。外资的大量引进既带来了规范的公司治理结构、先进的管理模式以及一流的经营理念，也带来了国际通行的法律法规、会计准则和质量标准，为我国经济改革提供了参照标准，促进了改革不断深化。对外开放使我国全面融入国际社会和国际经济体系，在国际事务和国际经济体系中的话语权增加，国际地位不断提升。对外开放还转变了人们的观念，提高了国民素质，人们的竞争意识、市场意识和法律意识不断强化。

## 五、全面提高开放型经济水平

随着经济全球化深入发展和我国社会主义市场经济体制不断完善，我国对外开放面临的内外条件正在发生深刻变化，既为我们扩大对外开放、推动经济又好又快发展提供了良好机遇，也对我们在日趋激烈的国际竞争中牢牢掌握我国发展的主动权、切实维护国家经济安全提出了严峻挑战。我们要坚持以邓小平理论和“三个代表”重要思想为指导，深入贯彻落实科学发展观，全面分析我国发展面临的新形势新任务，抓住和用好重要战略机遇期，在新的历史起点上继续扩大对外开放，不断开创对外开放新局面。

在新的起点上全面提高开放型经济水平有五点基本要求。一是要加快转变外贸增长方式，坚持以质取胜，优化进出口商品结构，努力促进对外贸易从数量增加为主向质量提高为主转变，提高对外贸易的质量和效益。二是要优化对外开放结构和布局，提高利用外资质量，积极引进先进技术、管理经验和高素质人才，加强对外资的产业和区域投向引导，做好引进技术的消化吸收和创新提高，扩大高新技术产业和先进制造业对外开放。三是要深入实施“走出去”战略，从我国经济发展的战略需要出发，支持有条件的企业按照国际通行规则对外直接投资和跨国经营，完善对境外投资的协调机制和风险管理，健全对外投资服务体系，办好境外经济贸易合作区，支持当地发展经济、改善民生。四是要扎实促进互利共赢，维护和完善全球经贸体系，主动承担与我国发展水平和能力相适应的国际责任，力所能及地加大对发展中国家的援助和支持，妥善处理产品质量、气候变化、生态环境、知识产权等问题，维护企业合法权益和国家利益。五是要切实维护国家经济安全，完善维护国家经济安全的法律法规，构建有效的国家经济安全体制机制，增强国家经济安全监测和预警、危机反应和应对的能力，依法保护我国海外资产和人员安全。

在新的历史起点上扩大对外开放，必须按照科学发展观的要求，更加注重对外开放的质量，全面提高开放型经济水平。一是要加快转变外贸增长方式，立足以质取胜。我们对外贸易发展迅速，但出口增长仍属于数量扩张型的粗放增长；出口的商品生产以低技术加工和低附加值为主，自主品牌产品出口较少，而且一些生产环节以高投入、高排放和高污染为代价；引进的技术主要是生产线和机器设备等硬技术和成熟技术，核心技术比较少；过度依赖廉价劳动力和低价竞争实现发展，容易引发贸易摩擦。因此，要加快转变对外贸易增长方式，使对外贸易从数量扩展向质量提高和国际竞争力提升转变。要优化进出口商品结构，着力提高对外贸易的质量和效益。扩大具有自主知识产权、自主品牌的商品出口，控制高能耗、高污染产品进口，鼓励进口先进设备和国内短缺资源，完善大宗商品进出口协调机制。围绕发展加工贸易，着重提高产业层次和加工深度，增强国内配套能力，促进国内产业升级。大力发展服务贸易，不断提高层次和水平。二是扩大国际经济技术合作，提高企业竞争力。在支持有条件的企业对外直接投资和跨国经营中，要以优势产业为重点，引导企业开展境外加工贸易，促进产品原产地多元化。通过跨国并购、参股、上市、重组联合的方式，培育和发展我们的跨国公司。按照优势互补、平等互利的原则扩大境外资源合作开发。鼓励企业参与境外基础设施建设，提高对外工程承包水平，稳步发展劳务合作。三是注重防范国际经济风险，切实维护国家经济安全。经济全球化为我们带来新的发展机遇，但也使国家的经济安全受到挑战和威胁，在开放度比较大的经济中，由全球经济波动引起的经济不稳定容易对国内经济造成冲击。因此，对开放型经济中产生的风险和问题，要做好充分的准备。一方面，要完善维护国家经济安全的法律法规，构建有效的国家经济安全体制机制，增强国家经济安全监测和预警、危机反应和应对能力，依法保护我国境外资产和人员安全；另一方面，对国内产业提升、技术进步应有充分的认识，要制定和实施国家技术和产业发展战略，着力提高自我发展能力。四是相互合作、优势互补。对外开放以来，中国已经成为世界上经济发展最快的国家之一，中国的发展带动了世界经济的发展，中国不仅是“世界工厂”，其出口一直保持强劲的势头，同时也是世界上吸引外资最多的国家之一。但快速发展也带来了贸易顺差过大、产品质量不稳定、环境污染等问题，与中国处于同等水平的发展中国家无疑也面临着中国的竞争压力。为了实现共同发展，避免各种形式的贸易战，我们要维护自身的利益，同各国互利合作，加强对话协商，达到互利共赢。我们既要防止和反对在经济交往中损害我国利益，也决不坑害别人，谋取单方面利益。

## 第三节　构建社会主义和谐社会

### 一、构建社会主义和谐社会的重要性和紧迫性

构建社会主义和谐社会，是我们党从中国特色社会主义事业的总体布局和全面建设小康社会的全局出发提出的重大战略任务，反映了建设富强、民主、文明、和谐的社会主义现代化国家的内在要求，体现了全党全国各族人民的共同愿望。

实现社会和谐、建设美好社会，是一代代中国共产党人不懈追求的奋斗目标。党的三代中央领导集体为促进社会和谐进行了不懈努力，为我们构建社会主义和谐社会创造了有利条件。党的十六大以来，以胡锦涛同志为总书记的党中央，明确了构建社会主义和谐社会在中国特色社会主义事业总体布局中的战略地位，作出一系列决策部署，推动和谐社会建设取得新的成效。从党的十六大明确提出“社会更加和谐”的奋斗目标，到党的十六届四中全会进一步提出“构建社会主义和谐社会”的任务，再到党的十六届六中全会对此作出全面部署，构建社会主义和谐社会已作为一项庄严而紧迫的任务摆在全党全国各族人民面前。

第一，构建社会主义和谐社会是有力应对各种挑战的紧迫需要。新世纪新阶段，和平、发展、合作成为时代潮流，我国改革发展面临着难得的机遇和有利条件。但国际形势复杂多变，综合国力竞争日趋激烈，影响和平与发展的不稳定不确定因素增多，我们既要长期面对发达国家在经济科技等方面占优势的压力，又要面对敌对势力实施西化、分化政治图谋的压力。要应对来自外部的各种挑战和风险，就必须把国内的事情办好，始终保持国家统一、民族团结、社会稳定的局面。尤其是我国已进入社会经济快速发展和改革攻坚的关键时期，工业化、城市化、市场化、国际化进程加快，经济体制深刻改革，社会结构深刻变动，利益结构深刻调整，思想观念深刻变化。这种空前的社会变动，既给我们带来巨大的动力和活力，同时也带来许多矛盾和问题。在“黄金发展期”与“矛盾凸显期”并存的情况下，机遇与挑战同在，动力和压力共生。我们党要带领人民抓住机

遇，迎接挑战，把中国特色社会主义事业不断推向前进，就必须坚持以经济建设为中心，把构建社会主义和谐社会摆到更加突出的地位。

第二，构建社会主义和谐社会是巩固党的执政基础，实现党的历史任务的需要。构建社会主义和谐社会，是我们党坚持立党为公、执政为民的必然要求，是我们党实现好、维护好、发展好最广大人民根本利益的重要体现，也是我们党实现执政的历史任务的重要条件。从巩固党的执政基础看，在改革开放的历史条件下，作为中国共产党执政基础的广大人民群众，其利益关系在不断发生变化。一些人的利益满足了，一些人的利益得不到满足，社会处于激烈的变动之中，不稳定、不和谐的问题很多。在社会变动过程中，如果处理不好各种利益关系，就会影响政权的安危，影响到我们党的执政基础。尤其是对于在现代化进程中达到人均 GDP 1 000 ~ 3 000 美元的国家的执政党来说，如何处理好社会稳定与和谐，至关重要。这要求我们，必须紧紧依靠人民群众，团结一切可以团结的力量，调动一切可以调动的积极因素；正确认识及妥善处理人民内部矛盾和其他社会矛盾，协调好各方面的利益关系；抓紧解决人民群众生产生活中的突出问题和困难；加强社会建设和管理，营造良好的人际环境，保持良好的社会秩序，维护社会稳定。

第三，构建社会主义和谐社会，是化解我国目前所面临的错综复杂的社会矛盾，全面建设小康社会的需要。改革开放 30 多年，我国经济社会发展很快，年平均 GDP 增长 9.4%。这个数字被称为“世界奇迹”。但是，成绩大，问题也不少。主要表现在：一是部分社会成员收入差距持续拉大，贫富差距开始出现，社会不公平和社会贫困问题凸显。收入不高的时候，大家都差不多，贫富差距问题并不突出，但是，一旦有些人富起来了，贫富差距就拉开了。二是地区发展不均衡，城乡发展不均衡，经济社会发展不均衡，人与自然发展不均衡的问题更为突出。就全国来说，区域差距还在拉大。除区域差别以外，城乡差别，经济和社会发展的差别也在拉大。一方面，经济发展很快；另一方面，教育、卫生、文化、社会保障、社会福利等社会事业发展滞后了。经济增长和社会发展，“一条腿长，一条腿短”。经济增长这条腿长，社会发展这条腿短。另外，人与自然发展的不平衡，自然环境的污染，资源的浪费匮乏，也很严重。三是阶级、阶层、利益群体发生新的变化，人们之间的利益关系更加复杂，利益矛盾更加尖锐。因为所有制结构发生了变化，就业结构发生了变化，职业结构发生了变化，分配结构发生了变化，阶级、阶层、利益群体发生了新的变化。四是由人民内部矛盾引发的群体性事件呈上升趋势，社会治安问题严重。五是失业率居高不下，就业问题突出，对社会和谐稳定构成深层隐患。六是领导干部的腐败和官僚主义问题严重，干群关系紧张，矛盾突出。以上六个方面还不包括经济、政治、民族、宗教、思想、文化等各方面的所有问题。这说明，在发展过程中，诸多矛盾和问题明显凸显出来，诸多社会矛盾和问题表现出来了，这说明在发展过程中又遇到新的问题和新的矛盾。不急切地解决社会主义和谐社会建设问题，就会影响进一步发展，影响中国特色社会主义建设，影响全面建设小康社会。要实现胡锦涛同志提出的“民主法制、公平正义、诚信友爱、充满活力、安定有序、人与自然和谐相处”的中国特色社会主义的小康社会的目标，一定要构建社会主义和谐社会。

## 二、构建社会主义和谐社会的指导思想、原则目标和任务

1. 构建社会主义和谐社会的指导思想

我们要构建的社会主义和谐社会，是在中国特色社会主义道路上，中国共产党领导全体人民共同建设、共同享有的和谐社会。必须坚持以马克思列宁主义、毛泽东思想、中国特色社会主义理论为指导。马克思列宁主义、毛泽东思想是科学的革命理论，是科学的世界观和方法论；中国特色社会主义理论是马克思列宁主义、毛泽东思想和当代中国社会主义实践相结合的理论成果，是我们党必须长期坚持的指导思想，因此，也是建设社会主义和谐社会的指导思想，是建设社会主义和谐社会要坚持的首要原则。

我们所要构建的和谐社会，是社会主义的和谐社会。社会主义制度的建立为构建社会主义和谐社会创造根本的政治前提。我们选择的和谐社会的性质要求我们必须坚持社会主义基本制度，坚持中国特色社会主义道路。在人类社会发展的历史长河中，在奴隶社会、封建社会和资本主义社会中，都出现过“和谐”这一社会历史现象。在中国，且不说先秦时诸子百家仰慕的“三代”是“天下大同”的和谐社会，就是秦始皇统一中国后，在漫长的封建社会发展进程中，历朝历代的“盛世”，都出现过和谐社会的表象。我们要构建的和谐社会与我国古代太平盛世的“和谐社会”有着本质差别，同时也与资本主义社会繁荣时期的“和谐社会”也有本质区别。从性质上来讲，我们要构建的是社会主义的和谐社会。正如历史上尽管也存在过各种的“和谐社会”，但由于那些都是在剥削和压迫的条件下存在的，因此根本不可能实现真正的和谐。只有在社会主义制度下，由于从根本上消灭了剥削和压迫制度，才能为社会的和谐打下坚实的基础。当然，社会主义社会，需要我们几代人、十几代人，甚至几十代人坚持不懈地努力奋斗，才能巩固和发展。同样，和谐社会的建设也是一个不断进步的过程。

要构建社会主义和谐社会，必须坚持中国特色社会主义道路。中国特色社会主义道路是我们经过长期的探索找到的实现国家富强、人民幸福、民族振兴的正确道路。历史和现实都表明，改革开放是强国之路，是解决经济社会突出矛盾和问题，促进两大社会基本矛盾相适应、相和谐的强大动力。我国现阶段经济社会发展的活力和动力来源于改革，社会主义和谐社会建设也有赖于改革。我们要着

眼于社会主义制度的自我完善和发展，坚持市场趋向的改革不动摇，抓住有利时机，着力推进经济体制、政治体制、文化体制和社会体制的改革，力争在一些重点领域和关键环节取得新的突破，不断克服影响经济社会发展的各种体制弊端，进一步解放和发展生产力。要通过改革和创新，建立健全保障经济平稳较快发展的体制机制，建立健全正确处理各种社会矛盾的有效机制，切实解决困扰经济社会协调发展的突出矛盾和问题，以改革为动力，以改革促和谐。

2. 构建社会主义和谐社会应遵循的原则

（1）必须坚持以人为本。始终把最广大人民的根本利益作为党和国家一切工作的出发点和落脚点，实现好、维护好、发展好最广大人民的根本利益，不断满足人民群众日益增长的物质文化需要，做到发展为了人民、发展依靠人民、发展成果由人民共享，促进人的全面发展。

（2）必须坚持科学发展。切实抓好发展这个党执政兴国的第一要务，统筹城乡发展，统筹区域发展，统筹经济社会发展，统筹人与自然和谐发展，统筹国内发展和对外开放，转变经济增长方式，提高发展质量，推进节约发展、清洁发展、安全发展，实现经济社会全面协调可持续发展。

（3）必须坚持改革开放。坚持社会主义市场经济的改革方向，适应社会发展要求，推进经济体制、政治体制、文化体制、社会体制改革和创新，进一步扩大对外开放，提高改革决策的科学性、改革措施的协调性，建立健全充满活力、富有效率、更加开放的体制机制。

（4）必须坚持民主法治。加强社会主义民主政治建设，发展社会主义民主，实施依法治国基本方略，建设社会主义法治国家，树立社会主义法治理念，增强全社会法律意识，推进国家经济、政治、文化、社会生活法制化、规范化，逐步形成社会公平保障体系，促进社会公平正义。

（5）必须坚持正确处理改革、发展、稳定的关系。把改革的力度、发展的速度和社会可承受的程度统一起来，维护社会安定团结，以改革促进和谐、以发展巩固和谐、以稳定保障和谐，确保人民安居乐业、社会安定有序、国家长治久安。

（6）必须坚持在党的领导下全社会共同建设和谐社会。坚持科学执政、民主执政、依法执政，发挥党的领导核心作用，维护人民群众的主体地位，团结一切可以团结的力量，调动一切积极因素，形成促进和谐人人有责、和谐社会人人共享的局面。

## 三、社会主义和谐社会是中国特色社会主义的本质属性

党的十六届六中全会通过的《中共中央关于构建社会主义和谐社会若干重大问题的决定》指出：“社会和谐是中国特色社会主义的本质属性。”这一论断

是对社会主义和谐社会建设思想的重大理论创新，是我们党对社会主义本质认识的深化和发展，表明我们党对建设中国特色社会主义规律的认识达到了一个新的高度。这一论断的科学内涵可以从以下五个方面领会和理解。

第一，社会和谐是马克思主义的题中应有之义。实现社会和谐是马克思主义经典作家的一个重要思想。马克思、恩格斯继承和发展前人关于社会和谐的思想成果，早在《共产党宣言》中就设想了“自由人联合体”的未来和谐社会模式。他们在创立科学社会主义理论的过程中，明确肯定空想社会主义提出的“社会和谐”思想是“关于未来社会的积极的主张”。他们深刻揭示了资本主义社会不平等、不和谐的根源，在于生产的社会化和生产资料私人占有之间的矛盾，明确提出了对未来社会发展方向的科学设想。按照马克思、恩格斯的设想，未来社会将在打碎旧的国家机器、消灭私有制的基础上，消除阶级之间、城乡之间、脑力劳动和体力劳动之间的对立和差别，使社会物质财富极大丰富、人民精神境界极大提高，实行各尽其能、各取所需，实现每个人自由而全面的发展，在人与人之间、人与自然之间都形成和谐的关系。列宁在领导俄国十月革命和社会主义建设的过程中，就社会主义社会建设问题提出了一系列重要思想。他指出，只有社会主义才可能广泛推行和真正支配根据科学原则进行的产品的社会生产和分配，以便使所有劳动者过最美好、最幸福的生活；社会主义的根本任务是提高劳动生产率；社会主义国家应当大力帮助农民，消除城乡对立；必须把国民经济的一切大部门建立在同个人利益的结合上面；等等。马克思主义经典作家关于未来社会的科学论述，从社会和谐的高度指明了社会主义的根本任务、发展要求和价值目标，是我们今天构建社会主义和谐社会的宝贵精神财富。

第二，社会和谐是中国共产党人不懈奋斗的目标。我们党把马克思主义基本原理同中国社会主义建设、改革开放的具体实践相结合，在实践中不断深化对社会主义与社会和谐之间关系的认识，不断推进对这一重大问题的理论探索。早在社会主义建设初期，毛泽东同志就提出了关于正确处理十大关系、正确处理人民内部矛盾等重要思想，强调要形成既有集中又有民主，既有纪律又有自由，既有统一意志又有个人心情舒畅、生动活泼的政治局面。党的十一届三中全会以后，邓小平同志在深刻总结中国社会主义建设正反两方面经验教训、深刻总结改革开放实践经验的基础上，突破了只是从制度特征上认识社会主义本质的局限，从社会主义根本任务和价值目标上揭示了社会主义的本质，即解放生产力，发展生产力，消灭剥削，消除两极分化，最终达到共同富裕。他反复强调，社会主义原则，第一是发展生产，第二是共同致富；只有物质文明和精神文明都搞好了，才是有中国特色的社会主义；反复强调发扬民主对发展社会主义事业的重要性，反复强调“一国两制”的基本原则，推动实现祖国和平统一，反复强调和平与发展是时代主题，推动按照和平共处五项原则建立国际经济政治新秩序，等等。这些重要思想贯穿了对社会和谐的思想探索和价值追求，从根本上回答了“什么是社会主义，怎样建设社会主义”的问题。党的十三届四中全会以后，以江泽民同志为核心的党的第三代中央领导集体领导全党继续探索和推进中国特色社会主义事业，提出社会主义经济、政治和文化建设纲领，强调要促进社会主义物质文明、政治文明、精神文明协调发展，促进人的全面发展和社会全面进步；提出要始终代表中国最广大人民的根本利益，实现好、维护好、发展好最广大人民的根本利益；提出要正确处理社会主义现代化建设中涉及全局的12种重大关系和矛盾，正确处理改革、发展和稳定的关系，实现改革开放和社会主义现代化事业全面健康协调发展；提出要建设包括“社会更加和谐”在内的更高水平的小康社会，努力形成全体人民各尽其能、各得其所而又和谐相处的局面；提出人类文明的多样性是人类发展进步的动力，主张世界上的各种文明、不同的社会制度在求同存异中相互借鉴、共同发展；等等。这些思想进一步回答了“什么是社会主义，怎样建设社会主义”的问题。党的十六大以来，以胡锦涛同志为总书记的党中央提出牢固树立和落实科学发展观、构建社会主义和谐社会等一系列重大战略思想，全面系统地阐述了社会主义和谐社会的基本特征、和谐社会建设在中国特色社会主义事业总体布局中的重要地位、要按照“五个统筹”的原则推动经济社会全面协调可持续发展，以及中国走和平发展道路、构建“和谐世界”、提高党构建社会主义和谐社会的能力等。

第三，社会和谐体现了中国特色社会主义基本经济制度的本质要求。经济基础决定上层建筑。社会和谐作为中国特色社会主义的本质属性，首先是由我国社会主义初级阶段的基本经济制度所决定的。一方面，社会主义基本经济制度为社会和谐提供了物质基础和制度保障，使社会和谐从理想的追求变为现实的可能；另一方面，社会和谐把协调利益关系、实现公平正义作为自己的基本内容和重要特征，体现了我国基本经济制度在社会建设和社会发展目标上的本质要求和价值追求。

以公有制为主体、多种所有制经济共同发展的基本经济制度，从生产力和生产关系的协调上要求和促进社会和谐。社会和谐首先是社会利益关系的和谐，是共同发展、共同富裕。我国坚持以公有制为主体，广大劳动者共同占有生产资料，体现了广大人民根本利益的一致性，这比其他任何社会制度都有利于从根本上协调社会利益关系，实现好、维护好、发展好最广大人民的根本利益，促进共同发展和共同富裕，从而为社会和谐奠定坚实的物质基础和广泛的社会基础。我国从社会主义初级阶段的实际出发，坚持多种所有制经济共同发展，积极鼓励发展个体、私营等各种形式的非公有制经济，有利于充分调动社会各方面的积极性，增强社会创造活力，加快解放和发展社会生产力，不断满足人民群众日益增长的物质文化需要，为逐步构建共同发展、共同富裕的和谐社会创造条件。

以按劳分配为主、多种分配方式并存的分配制度，从效率与公平的协调上要求和促进社会和谐。按照公平正义的原则协调社会利益关系，是社会和谐的重要内涵和基本特征。我国坚持以按劳分配为主、多种分配方式并存的分配制度，鼓励劳动、资本、技术、管理等生产要素按贡献参与财富分配。贯彻这一分配制度，要求我们既要坚持效率导向，特别是在初次分配中注重效率，允许和鼓励一部分人通过诚实劳动、合法经营先富起来，允许和鼓励一部分地区通过发挥区域优势先发展起来，使一切劳动、知识、技术、管理和资本的活力竞相迸发，一切创造社会财富的源泉充分涌流，为最终实现共同发展、共同富裕的和谐社会创造物质基础；又要坚持公平导向，特别是在再次分配中注重公平，提高过低收入，扩大中等收入，调节过高收入，取缔非法收入，防止城乡之间、区域之间、不同社会阶层之间收入差距过大，确保社会基本公共服务均等化，真正体现发展为了人民、发展依靠人民、发展成果由全体人民共享，从而有效化解社会利益矛盾，筑牢社会和谐的基石。

社会主义市场经济体制的确立和完善，从市场调节与国家调控的协调上要求和促进社会和谐。中国特色社会主义把社会主义与市场经济有机结合在一起，明确提出了建立社会主义市场经济体制的改革目标。坚持、完善和发展这一经济体制，既要充分发挥市场在资源配置中的基础性作用，使经济发展富有活力和效率；又要注重发挥社会主义制度的优越性，发挥国家宏观调控的重要作用，克服市场的自发性、盲目性和滞后性，自觉实现经济社会的全面协调可持续发展，保证局部利益与整体利益、当前利益与长远利益的和谐统一。这是社会主义市场经济体制不同于一般的市场经济体制的优越性之所在。这种优越性的集中表现就能够更加自觉地、长久地实现社会的和谐发展。我们今天坚持深化改革、扩大开放，不断完善社会主义市场经济体制，目的就是要为经济社会的全面协调可持续发展提供强大动力和体制保障，以实现更高程度、更高水平的社会和谐。

第四，社会和谐体现了中国特色社会主义民主政治的本质要求。社会和谐作为中国特色社会主义的本质属性，不仅因为它体现了中国特色社会主义基本经济制度的要求，而且因为它体现了中国特色社会主义基本政治制度的本质要求。中国特色社会主义的基本政治制度就是党的领导、人民当家作主和依法治国有机结合的社会主义民主政治，而我们所要构建的社会主义和谐社会，则是中国共产党领导全体人民共同建设、共同享有的社会，这两者在本质上是一致的。

民主法治是社会主义民主政治的重要内涵，也是社会和谐的重要特征。社会主义和谐社会必然也是民主法治的社会。胡锦涛在概括社会主义和谐社会的基本特征时，把“民主法治”放在首位，充分说明了社会和谐与民主政治建设之间的内在联系，说明发扬社会主义民主、健全社会主义法制，不仅是我国政治建设的重要内容，也是我国社会建设的内在要求。我们所讲的“民主法治”，作为和谐社会的重要特征表现出来，就是“社会主义民主得到充分发扬，依法治国的基本方略得到切实落实，各方面积极因素得到广泛调动”；作为民主政治建设的客观要求和实践过程，就是要加强社会主义民主政治建设，发展社会主义民主，实施依法治国基本方略，建设社会主义法治国家，树立社会主义法治理念，增强全社会法律意识，推进国家经济、政治、文化、社会生活法制化、规范化，逐步形成社会公平保障体系，促进社会公平正义。可见，构建社会主义和谐社会的目标和特征内在地体现了社会主义民主政治的要求，是社会主义民主政治建设在社会建设和社会管理中的具体体现。

构建社会主义和谐社会对社会主义民主法制建设提出了新的更高的要求。构建社会主义和谐社会，需要借鉴人类政治文明的有益经验和成果，但又不能全盘照搬西方民主模式，而需要从我国实际出发，进一步探索把党的领导、人民当家作主和依法治国有机统一起来的具体途径，更好地实现三者的有机统一；需要进一步完善民主权利保障制度，健全民主制度，丰富民主形式，扩大公民有序的政治参与，保证人民依法实行民主选举、民主管理和民主监督，巩固人民当家作主的政治地位；需要进一步完善法律制度，维护社会主义法制的统一和尊严，树立社会主义法律权威，夯实社会和谐的法制基础；需要完善司法体制机制，坚持司法为民、公正司法，建设公正、高效、权威的社会主义司法制度，加强社会和谐的司法保障。不难看出，建设社会主义和谐社会的过程，也是社会主义民主政治不断发展和完善的过程。

第五，社会和谐体现了中国特色社会主义事业总体布局的内在要求。社会主义社会是经济建设、政治建设、文化建设和社会建设全面发展、全面进步的社会。马克思主义认为，人类社会是一个“一切关系在其中同时存在而又互相依存的社会有机体”，是一个在生产力与生产关系、经济基础与上层建筑的矛盾运动中发展变化的“自然历史过程”，是一个“使社会的一切要素从属于自己，或者把自己还缺乏的器官从社会中创造出来”的不断完善进步的过程。社会主义建设实践的不断深入，推动着社会主义现代化建设领域的不断拓展，推动着我们党对执政规律、社会主义建设规律和人类社会发展规律的认识不断深化。生产力与生产关系之间的矛盾、经济基础与上层建筑之间的矛盾仍然是社会主义社会的基本矛盾，贯穿于社会主义建设的全过程和各个方面，这个基本矛盾与资本主义社会基本矛盾在根本性质上是不同的，然而也存在着既适应又不适应的矛盾，这就要求我们根据经济社会发展的阶段性特征和人民群众的现实要求，及时调整建设布局，创新发展思路，与时俱进地创造出新的“社会器官”，实现中国特色社会主义理论和实践的不断超越。

党的十六大以来，以胡锦涛同志为总书记的党中央坚持以科学发展观为统领，提出构建社会主义和谐社会的重大战略任务，使中国特色社会主义事业的总体布局，由社会主义经济建设、政治建设、文化建设“三位一体”发展为社会主义经济建设、政治建设、文化建设、社会建设“四位一体”，使促进社会和谐与发展社会主义市场经济、发展社会主义民主政治、发展社会主义先进文化相互促进、相互依存，有机统一于建设中国特色社会主义事业的全过程。这是我们党从中国特色社会主义事业总体布局和全面建设小康社会全局出发提出的重大战略任务，反映了建设富强、民主、文明、和谐的社会主义现代化国家的内在要求。建设中国特色社会主义，就要坚持以经济建设为中心，全面推进政治建设、文化建设、社会建设，促进生产力与生产关系、经济基础与上层建筑相互协调，促进社会主义物质文明、政治文明、精神文明建设与和谐社会建设共同发展。要通过发展社会主义社会的生产力来不断增强和谐社会建设的物质基础，通过发展社会主义民主政治来不断加强和谐社会建设的政治保障，通过发展社会主义先进文化来不断巩固和谐社会建设的精神支撑；同时又要通过加强和谐社会建设，发展社会事业，完善社会管理，增强社会创造活力，积极化解社会矛盾，最大限度地增强和谐因素，最大限度地减少不和谐因素，调动一切积极因素，来为社会主义物质文明、政治文明、精神文明建设创造有利的社会条件，凝聚广泛的社会力量。

## 四、构建社会主义和谐社会的目标和任务

《中共中央关于构建社会主义和谐社会若干重大问题的决定》明确提出了从现在起到2020年构建社会主义和谐社会的目标和主要任务是：社会主义民主法制更加完善，依法治国基本方略得到全面落实，人民的权益得到切实尊重和保障；城乡、区域发展差距扩大的趋势逐步扭转，合理有序的收入分配格局基本形成，家庭财产普遍增加，人民过上更加富足的生活；社会就业比较充分，覆盖城乡居民的社会保障体系基本建立；基本公共服务体系更加完备，政府管理和服务水平有较大提高；全民族的思想道德素质、科学文化素质和健康素质明显提高，良好道德风尚、和谐人际关系进一步形成；全社会创造活力显著增强，创新型国家基本建成；社会管理体系更加完善，社会秩序良好；资源利用效率显著提高，生态环境明显好转；实现全面建设惠及十几亿人口的更高水平的小康社会的目标，努力形成全体人民各尽其能、各得其所而又和谐相处的局面。这个目标和主要任务，可以从以下六个层面来理解：

第一，“民主法治”。即“社会主义民主法制更加完善，依法治国基本方略得到全面落实，人民的权益得到切实尊重和保障”。就是要做到坚持党的领导、人民当家作主和依法治国的有机统一，依法实行民主选举、民主决策、民主管理、民主监督，健全民主制度，丰富民主形式，实现社会主义民主政治制度化、规范化、程序化，保障人民享有广泛的民主权利；维护社会主义法制的统一和尊严，尊重和保障人权，依法保证公民权利和自由，完善社会主义法律体系，加快

建设法治政府，全面推进依法行政，建设公正、高效、权威的社会主义司法制度。

第二，“公平正义”。即“城乡、区域发展差距扩大的趋势逐步扭转，合理有序的收入分配格局基本形成，家庭财产普遍增加，人民过上更加富足的生活；社会就业比较充分，覆盖城乡居民的社会保障体系基本建立；基本公共服务体系更加完备，政府管理和服务水平有较大提高”。

第三，“诚信友爱”。即“全民族的思想道德素质、科学文化素质和健康素质明显提高，良好道德风尚、和谐人际关系进一步形成”。就是要做到，社会主义核心价值体系日益巩固，以“八荣八耻”为主要内容的社会主义荣辱观和爱国、敬业、诚信、友善等道德规范深入人心，人民群众的科学文化素质和生理心理健康水平明显提高，男女平等、尊老爱幼、扶贫济困、礼让宽容的人际关系基本形成。

第四，“充满活力”。即“全社会创造活力显著增强，创新型国家基本建成”。就是要做到，全社会团结和睦，政党关系、民族关系、宗教关系、阶层关系、海内外同胞关系更加和谐；尊重劳动、尊重知识、尊重人才、尊重创造的制度进一步完善，保护创新热情、鼓励创新实践、完善创新机制的社会氛围基本形成；各方面的创新相互促进、充满活力的国家创新体系基本建立，国家的自主创新能力和核心竞争力显著增强，逐步进入创新型国家行列。

第五，“安定有序”。即“社会管理体系更加完善，社会秩序良好”。就是要做到，党委领导、政府负责、社会协同、公众参与的社会管理格局基本建立，与社会主义经济、政治、文化体制和秩序相适应的社会体制和秩序基本形成，科学有效的利益协调、诉求表达、矛盾调处、权益保障机制基本健全，社会应急管理体制机制基本完善。

第六，“人与自然和谐相处”。即“资源利用效率显著提高，生态环境明显好转”。就是要做到，节约资源和保护环境的基本国策得到全面落实，能源和其他资源的消耗水平全面降低，低投入高产出、低消耗少排放、循环可持续的国民经济体系初步建立，资源节约型、环境友好型社会建设取得重大进展，重点生态和环境问题得到切实解决。

最后一个层面是总的目标，即“实现全面建设惠及十几亿人口的更高水平的小康社会的目标，努力形成全体人民各尽其能、各得其所而又和谐相处的局面”。前者是全面建设小康社会的目标，后者是贯穿中国特色社会主义事业全过程的长远目标。

# 第八章

# 科学发展观与社会主义制度优越性的发挥

党的十六大以来，党中央坚持以邓小平理论和“三个代表”重要思想为指导，根据新的发展要求，集中全党智慧，提出了以人为本、全面协调可持续发展的科学发展观。科学发展观，是我国经济社会发展的重要指导方针，是发展中国特色社会主义必须坚持和贯彻的重大战略思想。贯彻落实科学发展观，着力转变不适应、不符合科学发展观的思想观念，着力解决影响和制约科学发展的突出问题，将使社会主义制度的优越性得到进一步发挥。

## 第一节 科学发展观提出的背景

### 一、科学发展观提出的背景

第一，科学发展观是在准确把握世界变化趋势，积极借鉴各国发展经验，并总结长期以来我国社会主义建设经验教训的基础上形成的。

第二次世界大战结束后，依靠武力进行海外殖民扩张的方式被世人抛弃，加快经济增长成为各国的共识，传统的经济发展观开始盛行，当时所讲的发展，仅仅从经济学的角度去研究社会发展，把经济增长作为社会发展的主要目标。这种发展观，强调的是物质生产资料的增长，把发展看做经济的发展和增长。

由于单纯追求经济增长，不重视社会发展和社会公平，忽视能源资源节约和生态环境保护，各国在发展中遇到了这样那样的问题。有的国家走了一条先发展、后治理的路子，为解决生态环境严重恶化问题付出了沉重的代价；有的国家由于经济结构失衡、社会发展滞后，导致发展质量不高、后劲不足；有的国家则出现了贫富悬殊、失业增加、社会腐败、政治动荡等问题。经济的增长并没有带来社会的全面发展，并没有给广大人民带来更多的实惠，未能实现持续的增长和真正的发展。因为只有经济的增长，并不能完全解决人类社会发展过程中的许多问题。在这种情况下，人们开始反思，到底是什么原因造成在经济的增长的同时，却带来越来越多的社会问题。世界各国的发展实践表明，发展绝不仅仅是经济增长，而应该是经济、政治、文化、社会全面协调发展，应该是人与自然相和谐的可持续发展。

从20世纪60年代开始，各个国家逐渐认识到了传统的发展观念的缺陷，开始关注发展的科学性问题。1969—1973年间罗马俱乐部的未来学派提出了“发展=经济增长+自然生态”的发展极限论，他们把自然生态纳入整个发展系统，指出了人类与自然之间的共生关系。20世纪70年代中期，出现了可持续发展的理念，与此同时，对于人的关注在新的发展理念中也逐渐体现出来，产生了“发展=经济+自然+社会+人”的综合发展观、“以人为中心”的发展观等新的发展思想。

这些新的发展思想，相对于传统发展观，主要实现了三大方面的转变：一是从以工业化为目标的增长第一的经济发展导向转到提倡社会的综合协调发展；二是从以物为中心的发展转到以人为中心的发展；三是从不惜以破坏资源、环境、生态为代价追求经济的一时繁荣，转到主张可持续发展。随着各国发展实践的推进，人们对发展的认识不断深化，从单纯追求经济增长到注重社会变革的发展，从提出可持续发展到注重以人为中心的社会全面发展。这样，一个以人的发展为中心，全面协调可持续发展的观念得以在实践中越来越被世界各国所重视、所推崇。这些思想，为我们树立科学发展观提供了有益的启示。特别是当前，在经济全球化、政治多极化的曲折发展中，许多国家都在抢抓发展机遇，调整发展战略。这种形势要求我们党必须有清醒的认识，必须把中国的发展放到世界发展的大格局中去思考，努力争取和掌握发展的主动权。作为世界上最大的发展中国家，我国要完成工业化和信息化的双重任务，面临着促进经济发展和节约资源、保护环境的双重压力，这就决定了我们不能重复其他国家走过的老路，而必须走出一条有中国特色的发展道路。科学发展观正是在借鉴各国的发展经验和准确把握世界变化趋势的基础上提出来的，充分显示了以胡锦涛同志为总书记的新一届中央领导集体与时俱进、顺应世界潮流的发展理念。

科学发展观不仅是在积极借鉴各国发展经验的基础上形成的，也是在总结长期以来我国社会主义建设经验教训的基础上形成的。

鸦片战争后，中华民族就长期面临着两大历史任务：一个是求得民族独立和人民解放；一个是实现国家繁荣富强和人民共同富裕。以毛泽东为代表的第一代中国共产党人，领导中国人民，经过28年坚苦卓绝的斗争，推翻了帝国主义、封建主义和官僚资本主义的统治，建立了新中国，实现了民族独立和人民解放，完成了第一个历史任务。新中国成立后，第二个历史任务就摆在中国共产党人面前，面对资本主义的严峻挑战，面对“一穷二白”的国家面貌，发展问题成为我们党亟待解决的中心任务，中国共产党领导中国人民，开始了大规模的社会主义建设。在社会主义建设的初期，由于极其复杂的原因，偏离了经济建设的中心，在发展上走了不少弯路，但也积累了一些宝贵的经验，有了一些深刻的教训。十一届三中全会以后，以邓小平为代表的中国共产党人总结过去的经验教训，领导中国人民开始了改革开放的伟大事业，逐步开辟了一条有中国特色的社会主义发展道路。

在社会主义的发展阶段问题上，邓小平作出了我国的社会主义还处在初级阶段的科学判断，指出社会主义初级阶段的主要矛盾是人民群众日益增长的物质文化需要同落后的社会生产之间的矛盾，社会主义的根本任务是解放生产力、发展生产力，并形成了以经济建设为中心，坚持四项基本原则，坚持改革开放的社会主义初级阶段的基本路线。在社会主义初级阶段基本理论的基础上，邓小平从我国社会主义建设的实际出发，提出了在中国这样一个经济文化落后、人口众多的国家如何建设和发展社会主义的一系列基本思想，形成了邓小平理论，为中国的持续快速发展提供了正确的理论指导。

十三届四中全会后，以江泽民为代表的中国共产党人，着眼于国际政治经济格局的深刻变化和国内改革发展的新任务，进一步丰富和发展了邓小平理论。强调发展是党执政兴国的第一要务，并提出了要坚持用发展的办法解决前进中的问题，发展是社会主义物质文明、政治文明、精神文明全面发展，发展包括促进人的全面发展，要实现区域经济合理布局和协调发展等理论。并在实践中抓住机遇、加快发展，实现了改革开放的新突破，促进经济快速发展和社会全面进步。

党的十六大以来，以胡锦涛同志为总书记的党中央，准确把握时代特征和中国国情，认真研究和回答我国社会主义经济建设、政治建设、文化建设、社会建设和党的建设面临的一系列重大问题，不断总结实践经验，不断扩展理论视野，不断作出理论概括，形成了以人为本、全面协调可持续发展的科学发展观这一重大战略思想，推动我国经济社会发展取得了新的成就。

改革开放的伟大实践使我们党深刻认识到，推进社会主义现代化，必须始终坚持以经济建设为中心，紧紧抓住发展这个党执政兴国的第一要务，坚持用发展和改革的办法解决前进中的问题；必须以满足人民群众日益增长的物质文化需要为目的，重视改善人民生活，把实现好、维护好、发展好最广大人民的根本利益落实到经济社会发展的各个方面，让广大人民共享改革发展的成果；必须坚持物质文明和精神文明两手抓，高度重视政治建设和社会建设，促进经济社会全面进步和人的全面发展；必须坚定不移地推进各方面改革，全面提高对外开放水平，促进各方面体制机制不断完善，为经济社会发展注入强大动力；必须保持国民经济持续、快速、协调、健康发展，在优化结构、提高效益的基础上实现平稳较快增长；必须正确处理改革、发展、稳定的关系，正确处理经济发展和社会发展的关系，妥善处理好城乡、地区发展差距和居民收入差距等问题；必须注重节约能源资源，保护生态环境，避免以牺牲环境为代价换取经济的一时增长，实现经济社会可持续发展。

我们取得的发展经验是十分丰富的，这些关于发展的经验，是我们在改革开放以来的发展实践中所取得的认识成果，反映了中国社会发展的内在规律性。实践证明，什么时候对发展规律的认识比较深刻，经济建设的指导思想和实践比较符合客观规律，什么时候发展就比较顺利，发展的效果也比较好。反之，发展就会出现曲折，甚至会付出沉重的代价。科学发展观的提出，是对以往正反两方面经验教训的深刻总结。

第二，科学发展观是立足于社会主义初级阶段的基本国情，为实现全面建设小康社会的历史任务形成的。

科学发展观的提出，是立足于我国社会主义初级阶段的基本国情。我国当前最大最基本的国情，是仍然处于并将长期处于社会主义初级阶段。社会的主要矛盾仍然是人民群众日益增长的物质文化需要同落后的社会生产之间的矛盾。但是，进入新世纪后，我国发展呈现一系列新的阶段性特征，这些特征涵盖了经济、政治、文化、区域发展、人均收入等社会生活的方方面面。对现阶段特征的科学判断是提出科学发展观的前提和基础。提出科学发展观，就是要求全党牢记社会主义初级阶段基本国情，认清全面建设小康社会、基本实现现代化的长期性和艰巨性，提高想问题、办事情决不可脱离实际的自觉性。

科学发展观的形成，是为了实现全面建设小康社会的历史任务。党的十六大报告提出全面建设小康社会的奋斗目标，即经过20年努力，建设一个能够惠及十几亿人口的更高水平的小康社会。提出全面建设小康社会为中华民族展现了新的历史机遇，但全面建设小康社会的目标，是一个很高的要求。经过前20多年的改革和发展，我们虽然在总体上已经进入了一个小康社会，但仍是低水平的、不完全的、发展很不平衡的小康社会。比如，到2000年进入小康社会时，我们原定的16项监测指标和小康临界值有三项没有达到。一是农民的人均收入，指标是人均1 200元，实际达到1 066元；二是人均蛋白质日摄入量，指标是人均75克，实际达到73克；三是建成农村初级卫生保健基本合格县，原定指标是100%，实际上建成80%。这三项未完成的任务，集中反映了一个问题，即城乡差别、地区差别和经济社会发展不协调已经影响到我们现代化建设的全局。而且，进入新世纪后，农民收入增长率连续3年下降，城乡差别进一步扩大。因此，要全面建设小康社会，面临着一个艰巨的任务，即如何解决好城乡差别问题、区域发展中的差距问题，以及经济与社会发展不协调的问题。正因为如此，我们党在十六届三中全会上提出了树立和落实科学发展观，以此作为实现全面建设小康社会的指导方针。要建设更高水平的小康社会，解决全面建设小康社会中的突出矛盾和问题，就必须贯彻和落实科学发展观。

第三，科学发展观是立足于我国经济和社会发展的实际，适应新的发展要求形成的。

改革开放30多年来，我们高举中国特色社会主义理论的伟大旗帜，坚定走建设有中国特色社会主义的道路，取得了举世瞩目的伟大成就。到2000年，全国GDP完成89 404亿元，折合10 081亿美元，人均约850美元，超过人均800美元的目标，实现了现代化建设“三步走”战略的第一步、第二步目标，人民生活总体上达到小康水平。根据国家统计局的最新统计结果，到2008年，我国国内生产总值已经达到314 045亿元，按当前汇率折合为4.6万亿美元，居世界第三位，综合国力明显增强，人均国民总收入已达到3 400美元左右，从低收入国家进入中低收入国家行列。新世纪新阶段，我们的发展目标更加全面，发展任务更加艰巨。经济社会发展的重大阶段性变化，要求我们必须树立和落实科学发展观，实现认识上的新飞跃。

但是，在新的发展阶段，我们也面临着一些突出的矛盾和问题，这些矛盾和问题，主要表现在四个方面：

其一，经济发展与社会发展不平衡。社会发展包括科技、教育、文化、卫生、体育等社会事业的发展，也包括社会就业、社会保障、社会管理、社会公正、社会秩序等社会和谐的内容。但我国在经济发展的同时，社会没有得到全面发展，社会的发展滞后于经济的发展。教育、卫生改革没有达到预期的目的，社会保障不到位，收入差距过大等问题广泛存在。社会发展的滞后又影响到了经济的可持续发展。

其二，城乡二元结构失衡。城乡结构失衡表现在各个方面，一是农村的发展远远落后于城市的发展，我国的大部分城市，尤其是大中城市，建设得像欧洲，广大的农村，尤其是西部地区的农村，则像非洲；二是城镇居民和农民人均收入差距巨大，到2007年，城镇居民收入13 786元，农民人均收入为4 140元，差距达到了3倍之多；三是城镇居民能够享受到相对完善的社会保障，而农民却基本享受不到社会保障。

其三，地区发展失衡。中国地域广阔，区域较多，但我国区域的发展是不平衡的，东部地区发展快于中部地区，中部地区的发展又快于西部地区，西部地区远远落后于东部地区。2007年，广东省的GDP为30 673.71亿元，而西藏的则为342亿元，差距达到89倍多，东部广东、江苏、山东、上海、浙江5省市的GDP，占全国GDP总量的40%多。2007年，上海的人均GDP为65 473元，而贵州的为6 472元，差距达到10倍多。北京、上海、深圳等大城市的人均收入，相当于高收入国家；西部低收入地区的人均收入，相当于低收入国家。地区发展不平衡不仅是经济问题，还是政治问题。我国有56个民族，地区之间宗教不同，地区发展长期的不平衡，势必影响到我国的稳定。

其四，资源环境与经济增长失衡。我国历来号称地大物博，但对资源的过度利用，导致了我国资源短缺，环境恶化。目前，我国人均水资源仅占世界人均的1/4；耕地人均为世界人均的1/3；森林人均仅有世界人均的1/6。我国矿产资源已经告急，现在石油储量25亿吨，天然气5.4亿吨，已不足10年需求。环境破坏十分严重，水污染、空气污染比比皆是，形势已非常严峻，不容乐观。

我国粗放型经济增长方式由能够支撑我国快速发展的阶段进入到已无力支撑我国进一步发展的阶段。靠粗放型经济增长方式我国可以实现“三步走”的第一步、第二步战略目标，但不可能实现第三步战略目标。我国2006年国内生产总值仅占世界总量的5.5%，而我们消耗的能源占世界的15%，钢材占30%，水泥占54%。这些数字表明，粗放型经济增长方式在我国已经没有后续空间，转变经济发展方式已势在必行。

科学发展不仅是要经济发展，还要社会发展；不仅是城市要发展，农村也要发展；不仅是东部要发展，西部也要发展。同时，还要可持续、协调发展。

值得我们高度注意的一个数据是，到2003年，我国人均国内生产总值超过了1 000美元。许多国家的发展进程表明，人均国内生产总值突破1 000美元之后，经济社会发展将进入一个关键时期。在这一关键时期，举措得当，就能促进经济快速发展和社会平稳进步；应对失误，则可能导致经济徘徊不前和社会长期动荡。一些拉美国家和东南亚国家就在这个阶段出现过经济停滞甚至社会动荡、政权更迭等。当前，我国面临的既是一个必须紧紧抓住并且可以大有作为的重要战略机遇期，也是一个社会矛盾和问题较为突出的矛盾凸显期。要解决发展中的矛盾和问题，促进经济和社会又好又快发展，实现全面建设小康社会的奋斗目标，我们别无他途，必须树立和落实科学发展观。

第四，科学发展观的形成和发展，是提高党的执政能力，推进社会全面进步，构建社会主义和谐社会的现实需要。

在新的形势下，面临错综复杂的国际国内形势，对加强党的执政能力提出了新的要求。提高党的执政能力，首先要提高党领导发展的能力。要在运用科学发展观指导经济社会发展的实践中不断提高党的执政能力和执政水平，通过加强党的执政能力建设，推动科学发展观的贯彻落实。按照社会主义现代化建设的要求，不断提高驾驭社会主义市场经济的能力、发展社会主义民主政治的能力、建设社会主义先进文化的能力、构建社会主义和谐社会的能力、应对国际局势和处理国际事务的能力。

提高党的执政能力，要求树立和落实科学发展观。党中央在实践中深深体会到，树立和落实科学发展观的过程，就是根据党和人民事业发展的新要求，大力提高党的执政能力特别是驾驭社会主义市场经济的能力和领导经济、政治、文化协调发展的能力的过程。

经过30多年的改革发展，我国经济社会进入了一个关键的发展阶段。这个阶段，从国际环境看，综合国力竞争空前激烈，外部环境日趋复杂多变，而我国经济对外依存度不断提高，世界经济对我国发展的影响明显加深；从国内改革发展形势看，我国体制创新进入攻坚阶段，工业化和城镇化进程加快，经济结构调整加速，农村大量富余劳动力向非农领域转移，人民群众的物质文化需要不断提高并日趋多样化，与此同时，缩小地区发展差距和促进经济社会协调发展任务也更加艰巨。这是一个既有巨大发展潜力和动力，又有各种困难和风险的发展阶段，是不进则退、无序推进则乱的发展阶段。因此，在这个阶段，党要善于协调经济建设、政治建设、文化建设、社会建设，推进社会全面进步。在这个阶段，还要提高构建社会主义和谐社会的能力。到2020年，实现全面建设惠及十几亿人口的更高水平的小康社会的奋斗目标，努力形成全体人民各尽其能、各得其所而又和谐相处的局面。党中央在这个时候把提高党的执政能力与树立科学发展观联系起来，是为了更好地解决改革发展关键时期遇到的各种问题，全面推进中国特色社会主义事业的发展。

## 二、科学发展观的提出

科学发展观是对马克思列宁主义、毛泽东思想、邓小平理论和“三个代表”重要思想关于发展思想的继承和发展。科学发展观坚持马克思主义基本原理，紧密结合中国特色社会主义的伟大实践，吸收人类文明进步的新成果，站在历史和时代的高度，进一步明确了新世纪新阶段我国社会主义发展的一系列重大问题，继承和发展了马克思列宁主义、毛泽东思想、邓小平理论和“三个代表”重要思想关于发展的思想。

人类社会的发展特别是社会主义社会的发展问题，是马克思主义理论的重要组成部分。马克思、恩格斯、列宁、毛泽东、邓小平对发展问题，尤其是对社会主义社会的发展问题都作过许多科学的论述。党的十六大以来，以胡锦涛同志为总书记的党中央，着眼于党和人民事业发展的全局，坚持以马克思列宁主义、毛泽东思想、邓小平理论和“三个代表”重要思想为指导，紧紧围绕建设中国特色社会主义这个主题，准确把握时代特征和中国国情，认真研究和回答我国社会主义经济建设、政治建设、文化建设、社会建设和党的建设面临的一系列重大问题，不断总结实践经验，不断扩展理论视野，不断作出理论概括，形成了以人为本、全面协调可持续发展的科学发展观这一重大战略思想。科学发展观进一步回答了“什么是发展，为什么发展，怎样发展”的重大问题，赋予马克思主义关于发展的理论以新的时代内涵和实践要求，进一步丰富了中国特色社会主义理论，是与时俱进的马克思主义发展观。

马克思、恩格斯、列宁关于发展的丰富思想，以毛泽东、邓小平、江泽民同志为核心的党的三代中央领导集体关于我国社会主义建设的一系列重要思想，是科学发展观形成的理论基础。科学发展观是与马克思列宁主义、毛泽东思想、邓小平理论和“三个代表”重要思想关于发展的思想一脉相承而又与时俱进的科学理论，是马克思主义与当代中国实际和时代特征相结合的产物，是马克思主义中国化的最新成果。在当代中国，坚持马克思列宁主义、毛泽东思想、邓小平理论和“三个代表”重要思想，就必须牢固树立和全面落实科学发展观。

当今世界，和平、发展、合作是时代的潮流。世界多极化和经济全球化的趋势继续深入发展，各国相互依存逐步加深，大国关系深刻变动，世界力量对比继续变化。科技进步日新月异，科技创新和技术扩散日益加快，国际产业重组和生产要素转移加快，区域经济一体化蓬勃发展，世界经济正处于新一轮恢复和增长期。国际社会普遍看好我国的发展前景，看重我国的作用和影响，同我国合作的意愿普遍增强。同时，我们也要清醒地看到，我国发展也面临着一些重大挑战：霸权主义和强权政治依然存在，影响世界和平与发展的不稳定、不确定因素增多，世界经济发展不平衡加剧，围绕资源、市场、技术、人才的国际竞争日趋激烈，贸易壁垒和贸易摩擦明显增多，发达国家在经济上、科技上占优势的压力将长期存在。我们面临的仍将是一个总体上有利于我国发展，但不利因素也可能增多的环境。抓住机遇、应对挑战、加快发展，就要把中国的发展放到世界的大局中来思考，发挥比较优势，把握有利条件，扬长避短，趋利避害，努力取得发展的主动权。科学发展观是在科学判断国际形势和世界发展趋势的基础上提出来的。

新中国成立后，我们党领导人民建立起社会主义基本制度，提出要以实现工业化为核心，逐步建立独立的比较完整的工业体系和国民经济体系，提出坚持统筹兼顾等方针原则，推进经济社会各项事业发展。由于种种复杂的原因，我国的发展走了弯路。党的十一届三中全会后，我们党认真总结经验教训，在正确判断社会主义初级阶段基本国情的基础上，形成了以“一个中心，两个基本点”为主要内容的基本路线，制定了一系列推进发展的方针政策，开辟了建设中国特色社会主义的道路。党的十四大以后，我们党围绕建立社会主义市场经济体制的目标，抓住机遇、加快发展，实现了改革开放的新突破，促进经济快速发展和社会全面进步。党的十六大以来，我们党以邓小平理论和“三个代表”重要思想为指导，总结我国发展的历史经验特别是抗击“非典”的重要启示，根据新的形势和任务，明确提出以人为本、全面协调可持续发展的科学发展观，推动我国经济社会发展取得了新的成就。实践使我们深刻认识到，推进社会主义现代化，必须始终坚持以经济建设为中心，紧紧抓住发展这个党执政兴国的第一要务，坚持用发展和改革的办法解决前进中的问题；必须以满足人民群众日益增长的物质文化需要为目的，重视改善人民生活，把实现好、维护好、发展好最广大人民的根本利益落实到经济社会发展的各个方面，让广大人民共享改革发展的成果；必须坚持物质文明和精神文明两手抓，高度重视政治建设和社会建设，促进经济社会全面进步和人的全面发展；必须坚定不移地推进各方面改革，全面提高对外开放水平，促进各方面体制机制不断完善，为经济社会发展注入强大动力；必须保持国民经济持续、快速、协调、健康发展，在优化结构、提高效益的基础上实现平稳较快增长；必须正确处理改革、发展、稳定的关系，正确处理经济发展和社会发展的关系，妥善处理好城乡、地区发展差距和居民收入差距等问题；必须注重节约能源资源，保护生态环境，避免以牺牲环境为代价换取经济的一时增长，实现经济社会可持续发展。科学发展观是在总结长期以来我国发展实践经验的基础上提出来的。

改革开放以来，我国经济社会发展取得了历史性成就。到20世纪末，我们已经胜利实现了现代化建设“三步走”战略的第一步、第二步目标，人民生活总体上达到了小康水平，开始向全面建设小康社会迈进，社会主义现代化建设进入了一个新的发展阶段。在这个新的阶段，我国经济社会发展呈现出一系列重要特征：一是我国社会主义市场经济体制已经初步建立，同时这一体制还不完善，生产力发展仍然面临诸多体制性、机制性障碍，改革进入攻坚阶段，体制创新任务艰巨，深化改革必然触及深层次矛盾和问题。二是我国经济保持平稳较快增长，经济结构加速调整，同时长期积累的结构性矛盾和粗放型经济增长方式尚未根本改变，能源、资源、环境、技术的瓶颈制约日益突出，实现可持续发展遇到的压力增大。三是农业和农村经济发展进入新阶段，城镇化加快发展，同时农业基础薄弱的状况还没有根本改变，保持粮食增产和农民增收难度增加，解决好农业、农村、农民问题的任务仍然十分艰巨。四是我国科技事业不断发展，科学技术作为第一生产力在经济社会发展中的作用越来越大，同时许多重要领域的核心技术和关键产品仍大量依靠进口，自主创新能力亟待提高。五是我国人民生活总体上达到小康水平，但现在达到的小康还是低水平的、不全面的、发展很不平衡的小康，城乡贫困人口和低收入人口尚有相当数量，包括就业、收入分配、社会保障、看病、子女上学、生态环境保护、安全生产、社会治安在内的一些关系群众切身利益的问题亟待研究解决，统筹兼顾各方面利益的难度加大，全面满足人民群众日益增长的物质文化需要任务繁重。六是区域、城乡、经济社会的协调发展取得显著成绩，但发展不平衡现象依然存在，缩小发展差距和促进经济社会协调发展任务艰巨。七是我国对外开放范围扩大、领域拓宽，同国际社会的联系更加紧密，同时面临的国际竞争日趋激烈，统筹国内发展和对外开放的要求更高。八是我国社会主义民主政治不断发展，依法治国的基本方略进一步落实，社会主义文化更加繁荣，人民群众政治参与的积极性不断提高，人们思想活动的独立性、选择性、多变性、差异性明显增强，对发展社会主义民主政治和先进文化提出了更高要求。九是我国社会结构和社会组织形式发生深刻变化，社会活力显著增强，网络信息的影响日益广泛，同时人员流动性大大增强，人民内部矛盾出现了新的情况，社会建设和管理面临一系列新课题。十是社会总体安定团结，同时各种消极腐败现象、各类犯罪活动和各种敌对势力的渗透破坏活动依然存在，给社会稳定与和谐带来的不利影响不可低估。2003 年，我国人均国内生产总值超过 1 000 美元。许多国家的发展进程表明，人均国内生产总值突破 1 000 美元之后，经济社会发展将进入一个关键时期。在这一关键时期，举措得当，就能促进经济快速发展和社会平稳进步；应对失误，则可能导致经济徘徊不前和社会长期动荡。当前，我国面临的既是一个必须紧紧抓住并且可以大有作为的重要战略机遇期，也是一个社会矛盾和问题较为突出的矛盾凸显期。只有贯彻落实科学发展观，解决经济和社会发展中的各种矛盾和问题，才能抓住重要的战略机遇，实现国民经济又好又快的发展。

## 第二节　科学发展观的内涵和基本要求

### 一、坚持以人为本

以人为本是科学发展观的核心。深刻理解以人为本，才能全面把握科学发展观的精神实质和科学内涵，切实做到以科学发展观统领经济社会发展全局，把科学发展观落到实处。

1. 以人为本就是以最广大人民的根本利益为本

坚持以人为本，是我们党根据历史唯物主义关于人民是历史发展的主体、是推动历史前进的根本力量的基本原理提出来的。坚持以人为本，与我们党提出的始终代表中国最广大人民的根本利益是完全一致的，与我们党全心全意为人民服务的根本宗旨和立党为公、执政为民的本质要求是完全一致的。

以人为本的“人”，是指最广大人民群众。在当代中国，就是以工人、农民、知识分子等劳动者为主体，包括社会各阶层在内的最广大人民群众。以人为本的“本”，就是根本，就是出发点、落脚点，就是最广大人民的根本利益。坚持以人为本，就要坚持人民在建设中国特色社会主义事业中的主体地位，坚持发展为了人民、发展依靠人民、发展成果由人民共享，不断实现好、维护好、发展好最广大人民的根本利益；就要坚持在全国人民根本利益一致的基础上关心每个人的利益要求，体现社会主义的人道主义和人文关怀，满足人们的发展愿望和多样性的需求，尊重和保障人权；就要关注人的价值、权益和自由，关注人的生活质量、发展潜能和幸福指数，最终实现人的全面发展。

2. 以人为本体现了我们党立党为公、执政为民的本质要求

我们党领导人民进行改革开放和现代化建设的根本目的，是通过发展社会生产力，不断提高人民的物质文化生活水平，促进人的全面发展。以人为本，是我们党的根本宗旨和执政理念的集中体现，是社会主义制度的本质特征，是全面建设小康社会、实现社会主义现代化的根本要求。坚持以人为本，既体现了我们党立党为公、执政为民的本质要求，也坚持了中国共产党全心全意为人民服务的根本宗旨。

3. 坚持发展为了人民、发展依靠人民、发展成果由人民共享

坚持以人为本，要把解决人民群众切身利益问题放在首位，在治国理政的过程中充分体现和代表人民的意愿，坚持发展为了人民、发展依靠人民、发展成果由人民共享，不断让人民群众得到实实在在的利益，使全体人民朝着共同富裕的方向稳步前进。

坚持发展为了人民，就是要把实现好、维护好、发展好最广大人民的根本利益，作为党和政府一切方针政策和各项工作的根本出发点和落脚点，坚持用人民拥护不拥护、赞成不赞成、高兴不高兴、答应不答应来衡量一切决策，把发展的目的真正落实到满足人民需要、实现人民利益、提高人民生活水平上。要在经济社会发展的各个环节、各项工作中体现和保障人民群众的利益。经济建设，要着眼于创造更丰富的社会物质财富，改善人民生活、提高人民生活水平。政治建设，要着眼于保障人民当家作主的权利和合法权益，不断发展社会主义民主、健全社会主义法制。文化建设，要着眼于满足人民精神文化需求，提高人民精神生活质量，不断丰富人们的精神世界、增强人们的精神力量。社会建设，要着眼于协调好各方面的利益关系、增强全社会的创造活力，不断建设全体人民各尽其能、各得其所而又和谐相处的社会。

坚持发展依靠人民，就是要尊重人民的主体地位和首创精神，密切联系群众，始终相信群众，紧紧依靠群众，最充分地调动人民群众的积极性、主动性、创造性，最大限度地集中全社会全民族的智慧和力量，最广泛地动员和组织亿万群众投身中国特色社会主义伟大事业。

坚持发展成果由人民共享，就是要把改革发展取得的各方面成果，体现在不断提高人民的生活质量和健康水平上，体现在不断提高人民的思想道德素质和科学文化素质上，体现在充分保障人民享有的经济、政治、文化、社会等各方面权益上，让经济社会发展的成果惠及全体人民。坚持发展成果由人民共享，是坚持发展为了人民、发展依靠人民的具体体现和最终目的。如果发展的成果没有或很少被最广大人民享受到，发展为了人民就会落空，发展依靠人民就没有基础。在整个改革开放和现代化建设过程中，一定要使人民群众得到应该得到的、看得见

的物质利益，而且随着经济的发展不断有所增加，努力使工人、农民、知识分子和其他群众共同享受到经济社会发展的成果。

4. 把促进经济社会发展与促进人的全面发展统一起来

经济社会发展是人的全面发展的前提和条件，没有经济社会的发展，人的全面发展也就失去了基础和保障。人的全面发展是经济社会发展的根本目的，离开了人的全面发展，经济社会发展就失去了目标和动力。人的全面发展和经济社会发展是相互协调、相互促进的。人越全面发展，社会的物质文化财富就会创造得越多，人民的生活就越能得到改善；而物质文化条件越充分，又越能促进人的全面发展。坚持以人为本，就要把促进人的全面发展作为经济社会发展的最终目的，既着眼于人民现实的物质文化生活需要，又着眼于促进人民素质的提高，把促进人的全面发展落实到经济社会发展的全过程，贯穿到各项工作中去。要在经济社会不断发展的基础上，不断提高人的素质和能力，通过不断提高人的素质和能力，不断推进经济社会的发展。

## 二、发展是我们党执政兴国的第一要务

科学发展观是用来指导发展的，全面协调可持续发展是科学发展观的基本要求。要坚持以经济建设为中心，按照“五个统筹”的要求，促进经济社会发展和人的全面发展相统一，实现经济发展与人口、资源、环境相协调。

树立和落实科学发展观，必须始终把经济建设放在中心位置，聚精会神搞建设，一心一意谋发展。胡锦涛强调：“全党全国都要增强促进发展的紧迫感，在任何时候任何情况下都紧紧扭住经济建设这个中心不放松，充分调动和切实保护广大干部群众加快发展的积极性，坚定不移地推动经济持续快速协调健康发展。”我国正处于并将长期处于社会主义初级阶段。社会主义初级阶段的主要矛盾，始终是人民群众日益增长的物质文化需要同落后的社会生产之间的矛盾，解放和发展生产力始终是我们的中心任务。我们党执政兴国的第一要务是发展，首先是要发展经济。国家的昌盛，人民的富裕，说到底是经济实力问题。国际竞争，说到底也是经济实力的竞争。只有经济发展了，经济实力和综合国力增强了，人民的生活才能不断改善，国家才能长治久安，促进人的全面发展才有坚实的物质基础，我们才能在国际格局中占据更加有利的地位。以经济建设为中心，任何时候任何情况下都不能动摇、不能放松。

坚持以经济建设为中心，必须以高度的责任感和紧迫感，抓住机遇加快经济发展，保持平稳较快的经济发展势头。只有加快经济发展，才能确保实现全面建设小康社会的宏伟目标，才能更好地解决前进道路上的矛盾和问题，才能有效应对各种风险和挑战。紧紧抓住和切实用好重要战略机遇期，大力解放和发展社会生产力，对于我国加快实现现代化具有重大战略意义。要把加快经济发展建立在

优化结构、提高质量和效益的基础上，实现有质量、有效益的发展，这才真正体现了发展的硬道理。

贯彻落实科学发展观，大力推进社会主义经济、政治、文化、社会的全面发展，要努力做到“五个统筹”，即统筹城乡发展、统筹区域发展、统筹经济社会发展、统筹人与自然和谐发展、统筹国内发展和对外开放，使各方面的发展相适应，各个发展环节相协调。

统筹城乡发展，就要更加注重农村的发展，解决好“三农”问题，坚决贯彻工业反哺农业、城市支持农村的方针，逐步改变城乡二元经济结构，逐步缩小城乡发展差距，实现农村经济社会全面发展，实行以城带乡、以工促农、城乡互动、协调发展，实现农业和农村经济的可持续发展。统筹区域发展，就要积极推进西部大开发，振兴东北地区等老工业基地，促进中部地区崛起，鼓励东部地区率先发展，继续发挥各个地区的优势和积极性，通过健全市场机制、合作机制、互助机制、扶持机制，逐步扭转区域发展差距拉大的趋势，形成东、中、西相互促进、优势互补、共同发展的新格局。统筹经济社会发展，就要在大力推进经济发展的同时，更加注重社会发展，加快科技、教育、文化、卫生、体育等社会事业发展，不断满足人民群众在精神文化、健康安全等方面的需求，把加快经济发展与促进社会进步结合起来。统筹人与自然和谐发展，就要高度重视资源和生态环境问题，处理好经济建设、人口增长与资源利用、生态环境保护的关系，增强可持续发展的能力，推动整个社会走上生产发展、生活富裕、生态良好的文明发展道路。统筹国内发展和对外开放，就要处理好国内发展和国际环境的关系，既利用好外部的有利条件，又发挥好我们自身的优势，利用国际国内两个市场、两种资源，把扩大内需与扩大外需、利用内资与利用外资结合起来，努力实现国内改革发展和对外开放相协调。

“五个统筹”深刻体现了全面协调可持续发展的内在要求，是贯彻落实科学发展观的切入点和现实途径。坚持“五个统筹”，必须在大力推进经济发展的同时，兼顾经济社会各个方面的发展要求，实现经济社会各构成要素间的良性互动，在统筹协调中求发展、以发展促进更好的统筹协调，推动经济发展和社会全面进步。

## 三、推动经济又好又快发展

树立和落实科学发展观，根本着眼点是用新的发展思路提高经济增长的质量和效益，实现经济又好又快发展，为顺利实施“十一五”规划、推进全面建设小康社会和整个现代化事业奠定坚实基础。

1. 加快转变经济增长方式，切实走新型工业化道路

推进经济结构调整和转变经济增长方式，是实现经济持续、快速、协调、健

康发展的重要着力点。经济增长方式粗放，已经成为制约我国经济社会发展的一个突出问题。只有转变经济增长方式，才能从根本上打破能源、资源和环境对经济社会发展的瓶颈制约，不断提高国民经济的整体素质，确保我国经济运行进入良性循环的轨道，切实提高我国经济的国际竞争力和抗风险能力。

加快转变经济增长方式，必须切实走新型工业化道路。实现工业化，是我国经济发展过程中不可逾越的历史阶段。我们要走的工业化道路，不是简单重复发达国家的工业化过程，而是从我国实际出发，汲取世界各国工业化的经验和教训，立足于当今时代经济科技发展的新水平，充分发挥自己的比较优势和后发优势的新型工业化道路。我国新型工业化道路，就是坚持以信息化带动工业化，以工业化促进信息化，走出一条科技含量高、经济效益好、资源消耗低、环境污染少、人力资源优势得到充分发挥的新型工业化路子。

要紧紧抓住加快经济结构战略性调整这条主线，着力解决产业结构层次低，城乡、区域发展不协调，投资和消费关系失衡，经济整体素质和效益不高的问题。要加快产业结构的优化升级，培育更多的新的经济增长点。坚持以市场为导向，形成以高新技术产业为先导、基础产业和制造业为支撑、服务业全面发展的产业格局。大力发展先进制造业，促进服务业加快发展，加强基础产业基础设施建设，加快经济结构调整和经济增长方式转变。大力推动科技进步，广泛应用高科技和先进适用技术改造传统产业，全面提高产业技术水平。通过完善市场竞争环境，推动生产要素向优势企业、优势行业集中，形成一批有国际竞争力的企业。在投资、土地、财税、环境、技术等方面采取有力措施，推广先进工艺技术，淘汰落后工艺技术，支持和鼓励发展低消耗、低污染、高效益的产业，抑制和依法关闭高消耗、高污染、低效益的企业。推进人力资源能力建设，提高劳动者整体素质，使我国从人口大国转变为人力资源强国。要进一步推进改革，努力形成有利于转变经济增长方式、促进全面协调可持续发展的体制机制。

2. 坚持做好“三农”工作，建设社会主义新农村

建设社会主义新农村，是对我们党长期以来特别是改革开放以来关于农业、农村、农民问题战略思想的继承和发展，是统筹城乡发展的根本措施，是新世纪新阶段解决“三农”问题的重大战略部署，为我国农村的发展展现了美好蓝图，开辟了广阔道路。

农业、农村、农民问题始终是我国革命、建设、改革的根本问题。也是全面建设小康社会进程中的关键问题。农业丰则基础强，农民富则国家盛，农村稳则社会安。全面建设小康社会，最艰巨最繁重的任务在农村。我们现在达到的小康还是低水平的、不全面的、发展很不平衡的小康，差距主要在农村。发展好农村经济，建设好农民的家园，让农民过上宽裕的生活，才能保证全体人民共享经济社会发展成果，才能不断扩大内需和促进国民经济持续、快速、协调、健康

发展。

党的十六大以来，以胡锦涛同志为总书记的党中央根据全面建设小康社会、加快推进社会主义现代化的客观要求，推出一系列支农惠农政策，扶持农业和农村发展、促进农民增收，从2006年起在全国范围内全部免征农业税、牧业税和除烟叶外的农业特产税。中央一系列政策的贯彻落实，使农业得到加强、农村得到发展、农民得到实惠，为推动经济社会发展、保持社会稳定创造了重要条件。但必须看到，制约农业和农村发展的深层次矛盾尚未消除，促进农民持续稳定增收的长效机制尚未形成，农村经济社会发展滞后的局面尚未根本改变。解决好“三农”问题依然是一项长期任务，必须始终作为全党工作的重中之重。

建设社会主义新农村的总要求是：生产发展、生活宽裕、乡风文明、村容整洁、管理民主。这二十个字，内涵丰富，要求明确，全面体现了当前和今后一个时期“三农”工作的主要方面，不仅勾画出了现代化农村的美好图景，而且提出了解决“三农”问题的系统思路。这个总要求是一个有机整体，既包括发展农村生产力，又包括调整完善农村生产关系和上层建筑，体现了经济建设、政治建设、文化建设、社会建设和党的建设协调统一的发展要求。

3. 推进自主创新，建设创新型国家

创新是一个民族进步的灵魂，是一个国家兴旺发达的不竭动力。以胡锦涛同志为总书记的党中央，从全面建设小康社会、开创中国特色社会主义事业新局面的全局出发，科学分析我国基本国情，全面判断我国战略需求，作出了推进自主创新、建设创新型国家的重大决策。

建设创新型国家，就要把增强自主创新能力作为发展科学技术的战略基点，走中国特色自主创新道路，推动科学技术的跨越式发展；就要把增强自主创新能力作为调整经济结构、转变经济增长方式的中心环节，建设资源节约型、环境友好型社会，推动国民经济又好又快发展；就要把增强自主创新能力作为国家战略，贯穿到现代化建设各个方面，激发全民族创新精神，培养高水平创新人才，形成有利于自主创新的体制机制，大力推进理论创新、制度创新、科技创新，不断巩固和发展中国特色社会主义伟大事业。

建设创新型国家的总体目标是：到2020年，使我国的自主创新能力显著增强，科技促进经济社会发展和保障国家安全的能力显著增强，基础科学和前沿技术研究综合实力显著增强，取得一批在世界具有重大影响的科学技术成果，进入创新型国家行列，为全面建设小康社会提供强有力的支撑。

建设创新型国家，科技是关键，人才是核心，教育是基础。要坚持教育优先发展，全面推进素质教育，适应经济社会发展对知识和人才的长远需要，加大统筹城乡教育发展力度，普及和巩固九年义务教育，加快发展职业教育，着力提高高等教育质量，深化教育改革，优化教育结构，推动教育全面协调发展，为建设创新型国家提供人才支撑。要努力建设学习型社会，在全社会树立全民学习、终身学习的理念，使每个人都不断获得新知识、增长才干，跟上时代前进的步伐。要进一步树立人才资源是第一资源的观念，紧紧抓住“培养、吸引、使用”三个环节，大力加强专业技术人才、党政人才和企业经营管理人才三支人才队伍建设。要完善培养体系，不拘一格选用人才，完善制度和政策保障，进行开放式培养，加紧建设一支宏大的创新型科技人才队伍。推进市场配置人才资源，有效提升我国人才和人力资源综合开发水平，努力形成人才辈出、人尽其才的新局面。

4. 建设资源节约型、环境友好型社会

建设资源节约型、环境友好型社会，是贯彻落实科学发展观的战略部署，是统筹人与自然和谐发展和促进可持续发展的重大举措，是实现节约发展、清洁发展、安全发展的重要任务。

建设资源节约型、环境友好型社会，是根据我国国情和可持续发展要求作出的正确抉择。我国人口众多，人均资源占有量少，正处在工业化、城镇化、市场化、国际化程度不断提高的发展阶段，面临很大的资源环境压力。改革开放以来，我国经济社会发展取得了举世瞩目的成就，但由于经济增长基本建立在高消耗、高污染的传统发展模式上，一些地区以牺牲环境为代价实现经济增长，出现了比较严重的环境污染和生态破坏。发达国家上百年工业化过程中分阶段出现的环境问题，在我国已经集中出现。特别是随着经济快速增长和人口不断增加，能源、水、土地、矿产等资源不足的矛盾越来越尖锐，资源利用、环境保护面临的压力越来越大。克服资源短缺的瓶颈，解决环境污染和生态破坏造成的矛盾和问题，是增强可持续发展能力、实现经济社会又好又快发展的迫切需要，是关系中华民族生存和长远发展的根本大计。

建设资源节约型、环境友好型社会，要充分考虑人口承载力、资源支撑力、生态环境承受力，正确处理经济发展与人口、资源、环境的关系，统筹考虑当前发展和长远发展的需要，不断提高发展的质量和效益，走生产发展、生活富裕、生态良好的文明发展道路。

发展循环经济，是建设资源节约型、环境友好型社会的重要途径。循环经济以减量化、再利用和资源化为原则，以提高资源利用效率为核心，以资源节约、资源综合利用、清洁生产为重点，通过调整结构、技术进步和加强管理等措施，大幅度减少资源消耗、降低废物排放、提高生产率。

建设资源节约型、环境友好型社会，要把节约能源资源和保护环境作为重大战略任务抓紧抓好。实行节约能源资源的基本国策，坚持开发节约并重、节约优先。要坚持立足国内的基本方针，以市场需求为导向、以安全供应为基础、以提高效益为中心、以调整和优化能源结构为主线，加大国内能源勘探力度，加强煤炭、石油、天然气的开发利用，积极开发水能资源，加快发展核电，促进新能源和可再生能源的开发利用，推广清洁能源。在社会生产、建设、流通、消费的各个领域，在经济社会发展的各个方面，切实保护和合理利用各种资源，提高资源利用效率。依靠科技进步，发挥市场机制和经济杠杆的作用，增强节约能源资源的能力，逐步形成与国情相适应的资源节约型消费模式。建立健全法律法规体系，加强规划和政策引导，综合运用法律手段和财税、价格等经济杠杆，形成节约资源的体制机制。在全社会加强宣传教育，营造建设资源节约型社会的良好氛围，提高人民群众特别是青少年的节约意识，使节约能源资源成为全社会的自觉行动。保护生态环境，关系广大人民的切身利益，关系中华民族的长远发展。必须充分认识保护生态环境的重要性、艰巨性、长期性，坚持保护环境的基本国策，加大保护生态环境的力度，逐步改善生态环境，为经济社会可持续发展创造良好条件，为人民群众的生产生活创造良好环境。

## 四、坚持和扩大改革开放

全面贯彻落实科学发展观，在新的历史起点上继续推进社会主义现代化建设，说到底要靠深化改革、扩大开放。要毫不动摇地坚持改革方向，坚定改革的决心和信心，提高改革决策的科学性，增强改革措施的协调性，不断完善社会主义市场经济体制，为贯彻落实科学发展观提供体制和机制保障，为经济社会发展提供强大动力。

1. 在新的历史起点上继续推进社会主义现代化建设，说到底要靠深化改革、扩大开放

改革开放是强国之路。没有改革开放，就没有今天发展的大好局面。党的十一届三中全会以来我们党提出的理论、路线和制定的一系列方针、政策，最鲜明的特征就是改革开放。改革开放极大地解放和发展了社会生产力，冲破了束缚生产力发展的体制障碍，推动了社会主义市场经济体制的初步建立，形成了对外开放的全新格局。这些年来，我们之所以能够在国际风云变幻中站稳脚跟，之所以能够经受住亚洲金融危机和“非典”疫情等一次又一次的严峻考验，之所以能够战胜各种困难和风险，使现代化建设的航船始终沿着正确的方向破浪前进，就是因为通过改革开放，我们找到了中国特色社会主义道路，全党全国各族人民在这条道路上团结奋进，为中国特色社会主义伟大事业奠定了坚实的物质基础，凝聚起了强大的精神力量。

30 多年的辉煌成就雄辩地证明，改革开放是中国走向繁荣富强的必由之路，是中国特色社会主义发展前进的成功之路。社会主义要保持强大的生命力，就必须通过改革不断完善自己。在社会主义现代化建设中，不断推进和深化改革，用改革的办法解决阻碍经济社会发展的体制性、机制性问题，努力形成与社会主义初级阶段基本国情相适应的比较成熟、比较定型的制度，是社会主义充满生机和

活力的重要保证。我们必须按照党的基本理论、基本路线、基本纲领、基本经验，牢固树立社会主义改革和发展的基本观点，不断增强支持改革开放、深化改革开放的自觉性和坚定性。

实现“十一五”规划目标，推进经济社会又好又快发展，必须正确分析形势和条件，不失时机地努力在一些重要领域和关键环节实现改革的新突破，通过深化改革提供强大动力和体制保障。要更大程度地发挥市场在资源配置中的基础性作用，使经济活动遵循价值规律的要求，适应供求关系的变化，通过价格杠杆和竞争机制的功能，把资源配置到效益较好的环节中去，不断增强全社会的发展活力。

2. 不断提高改革决策的科学性，增强改革措施的协调性

改革要取得成功，必须始终坚持正确的方向。社会主义市场经济体制是同社会主义基本制度结合在一起的。要坚持把社会主义市场经济体制和社会主义基本制度紧密结合起来，更好地发挥市场经济的长处，更好地发挥社会主义制度的优越性。江泽民深刻指出：“我们搞的是社会主义市场经济，‘社会主义’这几个字是不能没有的，这并非多余，并非‘画蛇添足’，而恰恰相反，这是‘画龙点睛’。所谓‘点睛’，就是点明我们市场经济的性质。”要坚持和完善社会主义公有制为主体、多种所有制经济共同发展的基本经济制度，坚持国有经济的主导地位，毫不动摇地巩固和发展公有制经济，毫不动摇地鼓励、支持和引导非公有制经济发展，使两者在社会主义现代化进程中相互促进、共同发展；坚持和完善按劳分配为主体、多种分配方式并存的分配制度，坚持各种生产要素按贡献参与分配，在经济发展的基础上，更加注重社会公平；坚持和完善国家对经济的宏观调控，实现经济总量平衡和结构优化，促进国民经济充满活力、富有效率、健康运行。

要注重提高改革决策的科学性。要坚持从实际出发，遵循经济社会发展的客观规律，以最广大人民的根本利益作为改革的基点和决策的依据，把总结我国改革的实践经验与吸收国外的有益做法结合起来，把广泛征询群众意见与认真进行专家论证结合起来，努力使改革决策兼顾到各方面利益、照顾到各方面关切，真正得到广大人民群众拥护和支持。

要注重增强改革措施的协调性。改革是全面的改革，既包括经济基础又包括上层建筑，既包括经济体制又包括政治、文化、社会等方面的体制，既包括体制层面又包括思想观念层面，需要有一系列相应的体制改革和政策调整。要统筹好经济体制改革的各项工作，统筹好经济体制改革和其他方面的体制改革，统筹好改革涉及的各项工作，形成共同推进改革的整体合力。要通过经济领域改革为经济发展提供强大的动力，不断提高国家经济实力，不断为我们解决发展过程中的矛盾和问题奠定物质基础。同时，要努力实现经济体制改革与政治体制改革、文

化体制改革、社会领域改革相协调，宏观改革与微观改革相协调、城市改革与农村改革相协调，扎扎实实地推进各项改革。

要正确处理改革、发展、稳定的关系。这是顺利推进我国改革开放和社会主义现代化建设的重要经验。改革是动力，发展是目的，稳定是前提。只有坚定不移地推进发展，才能不断增强综合国力和国际竞争力，更好地解决前进中的矛盾和问题。只有坚定不移地推进改革，才能为经济和社会发展提供强大动力。只有坚定不移地维护稳定，才能不断为改革和发展创造有利的条件。必须把改革的力度、发展的速度和社会可承受的程度统一起来，在社会稳定中推进改革和发展，通过改革和发展促进社会稳定。

## 五、促进社会全面进步

实现社会主义现代化不仅是经济发展的过程，同时也是社会全面进步的过程。要坚持以科学发展观为统领，在大力加强经济建设的同时，大力加强政治建设、文化建设、社会建设，把中国特色社会主义事业全面推向前进。

1. 促进社会全面进步是科学发展观的内在要求

党的十六大以来，以胡锦涛同志为总书记的党中央坚持以科学发展观为指导，提出构建社会主义和谐社会的重大任务，使中国特色社会主义事业的总体布局更加明确地由社会主义经济建设、政治建设、文化建设“三位一体”发展为社会主义经济建设、政治建设、文化建设、社会建设“四位一体”，丰富了社会主义现代化建设的战略思想。

按照“四位一体”布局的要求，推进我国社会主义现代化建设，就要坚持以经济建设为中心，全面推进政治建设、文化建设、社会建设，促进生产力与生产关系、经济基础与上层建筑相互协调，促进社会主义物质文明、政治文明、精神文明建设与和谐社会建设共同发展。中国特色社会主义经济、政治、文化与社会建设，是紧密联系、相互促进的。经济建设为政治建设、文化建设、社会建设提供物质基础，没有经济的发展，其他方面的发展就缺乏物质条件。政治建设为经济建设、文化建设、社会建设提供政治保障，没有政治建设，就不可能充分调动人民群众的积极性、主动性、创造性，就没有一个以健全法制为保障的发展环境，其他建设就不可能顺利进行。文化建设为经济建设、政治建设、社会建设提供思想保证和智力支持，没有文化建设，就没有共同的理想信念和道德规范，就不能形成昂扬向上、开拓进取的主流精神。社会建设为经济建设、政治建设、文化建设提供有利的社会条件，没有社会建设，就不能形成促进其他建设的良好社会环境。

2. 大力加强社会主义民主政治建设

发展社会主义民主政治，建设社会主义政治文明，是中国特色社会主义伟大事业的有机组成部分。全面贯彻落实科学发展观，必须大力加强社会主义民主政治建设，保证人民群众既享受发展带来的物质成果，又充分享有民主权利，充分调动人民群众的积极性。

发展社会主义民主政治，建设社会主义政治文明，必须把坚持党的领导、人民当家作主和依法治国有机统一起来，坚持走中国共产党和中国人民自己选择的政治发展道路。坚持党的领导是人民当家作主和依法治国的根本保证。中国共产党是中国特色社会主义事业的领导核心。坚持党的领导，必须切实改善党的领导，要适应新形势新任务的要求，按照科学执政、民主执政、依法执政的原则，不断改革和完善党的领导方式和执政方式。人民当家作主是社会主义民主政治的本质要求。共产党执政就是领导和支持人民当家作主，最广泛地动员和组织人民群众依法管理国家和社会事务，管理经济和文化事业，维护和实现人民群众的根本利益。坚持和发展社会主义民主，最重要的是坚持好、发展好适合我国国情的社会主义政治制度。工人阶级领导的、以工农联盟为基础的人民民主专政的国家制度，人民代表大会制度、中国共产党领导的多党合作和政治协商制度以及民族区域自治制度等，集中体现了我国社会主义民主政治的特点和优势，我们必须始终不渝地坚持和完善。建设社会主义民主政治，必须坚持社会主义方向，从中国国情出发，走自己的道路。胡锦涛指出："我们要借鉴人类政治文明的有益成果，但绝不能照搬西方政治制度的模式。世界上一些发展中国家盲目照搬西方政治制度模式，导致了严重的社会政治后果，这方面的教训我们一定要引为警戒。"只有坚定不移地走中国共产党和中国人民自己选择的政治发展道路，发挥社会主义制度的特点和优势，才能巩固和发展民主团结、生动活泼、安定和谐的政治局面。

尊重和保障人权是发展社会主义民主政治、建设社会主义政治文明的内在要求。尊重和保障人权的根本途径是经济发展和社会进步，对于发展中国家，生存权、发展权是最基本、最重要的人权。要根据我国的国情，把集体人权和个人人权，经济、社会、文化权利和公民权利、政治权利统一起来加以推进。不断改善人民的生存权和发展权，切实保障公民权利和政治权利，依法保障公民的合法权利，不断提高人民享受经济、文化、社会权利的水平，保证少数民族享有平等权利和特有的各项权利，保障残疾人的各项权利。

3. 大力推进社会主义先进文化建设

先进文化是一个民族的血脉和灵魂，是推动经济社会发展的强大动力，是综合国力的重要组成部分，是社会文明程度和发展水平的重要标志。大力发展社会主义先进文化，建设社会主义精神文明，是全面贯彻落实科学发展观的必然要求。胡锦涛指出："进入新世纪新阶段，面对改革、发展、稳定的繁重任务，面对世界各种思想文化的相互激荡，我们要更好地把全国各族人民的意志和力量凝聚起来，万众一心地为实现全面建设小康社会的宏伟目标而奋斗，就必须大力加强中国特色社会主义文化建设，不断为改革开放和现代化建设提供有力的思想保证、精神动力和智力支持。”

在当代中国，发展先进文化，就是发展面向现代化、面向世界、面向未来的，民族的、科学的、大众的社会主义文化。要高举中国特色社会主义理论的伟大旗帜，牢固树立和全面落实科学发展观，着眼于巩固马克思主义在我国意识形态领域的指导地位，着眼于服务经济建设这个中心和全党全国工作大局，着眼于促进社会全面进步和人的全面发展，坚持解放思想、实事求是、与时俱进，大力弘扬求真务实精神，以科学的理论武装人、以正确的舆论引导人、以高尚的精神塑造人、以优秀的作品鼓舞人，坚持为人民服务、为社会主义服务的方向和百花齐放、百家争鸣的方针，弘扬主旋律、提倡多样化，贴近实际、贴近生活、贴近群众，创新内容、创新形式、创新手段，大力发展先进文化，支持健康有益文化，努力改造落后文化，坚决抵制腐朽文化，不断丰富人们的精神世界，不断增强人们的精神力量，努力形成体现中国先进生产力发展要求、体现中国先进文化前进方向、体现中国最广大人民群众根本利益的理论指导、舆论力量、精神支柱和文化条件。

推进社会主义先进文化建设，必须坚持马克思主义在意识形态领域的指导地位，用一元化指导思想引领多样化的社会思想。要坚持用科学的理论武装全党、教育人民，着力回答干部群众关心的重大理论和实际问题，不断增强党的思想理论工作的创造力、说服力、感召力。

4. 努力构建社会主义和谐社会

实现社会和谐，建设美好社会，始终是人类孜孜以求的社会理想，也是包括中国共产党在内的马克思主义政党不懈追求的社会理想。构建社会主义和谐社会，是推进经济社会发展的重要目标，是社会主义现代化建设的客观要求，是广大人民群众的共同愿望，对于推进党和人民的事业不断发展，保证党和国家长治久安，具有十分重要的意义。

社会主义和谐社会，是民主法治、公平正义、诚信友爱、充满活力、安定有序、人与自然和谐相处的社会。民主法治，就是社会主义民主得到充分发扬，依法治国基本方略得到切实落实，各方面积极因素得到广泛调动；公平正义，就是社会各方面的利益关系得到妥善协调，人民内部矛盾和其他社会矛盾得到正确处理，社会公平和正义得到切实维护和实现；诚信友爱，就是全社会互帮互助、诚实守信，全体人民平等友爱、融洽相处；充满活力，就是能够使一切有利于社会进步的创造愿望得到尊重，创造活动得到支持，创造才能得到发挥，创造成果得到肯定；安定有序，就是社会组织机制健全，社会管理完善，社会秩序良好，人民群众安居乐业，社会保持安定团结；人与自然和谐相处，就是生产发展、生活富裕、生态良好。社会主义和谐社会的这些基本特征是相互联系、相互作用的，为社会主义和谐社会建设提出了具体要求，要在全面建设小康社会进程中切实贯彻和体现。

全体人民各尽所能，充分发挥自身的能动性和创造性是构建社会主义和谐社会的重要条件和必然要求。要最广泛、最充分地调动一切积极因素，不断推动经济社会发展。要进一步营造平等竞争、共谋发展的法治环境、政策环境和市场环境。要在全党全社会大力弘扬解放思想、实事求是、与时俱进的精神，大力营造鼓励创造、尊重创造、保护创造的良好社会氛围，支持人们进行理论创新、制度创新、科技创新、文化创新和其他方面的创新，使我国经济社会发展始终充满蓬勃的创造活力。

要在促进发展的同时，把维护社会公平放到更加突出的位置，维护和实现社会公平正义。正确反映和兼顾不同地区、不同部门、不同方面群众的利益，综合运用多种手段，妥善协调各种具体的利益关系。依法逐步建立以权利公平、机会公平、规则公平、分配公平为主要内容的社会公平保障体系，从法律上、制度上、政策上努力营造公平的社会环境，从收入分配、利益调节、社会保障、公民权利保障、政府施政、执法司法等方面采取切实措施，逐步做到保证社会成员都能够接受教育，都能够进行劳动创造，都能够平等地参与市场竞争、参与社会生活，都能够依靠法律和制度来维护自己的正当权益，使全体人民共享改革和发展的成果，朝着共同富裕的方向稳步前进。

社会主义和谐社会并不是没有矛盾的社会。构建社会主义和谐社会的过程，就是在妥善处理各种矛盾中不断前进的过程，就是不断消除不和谐因素、不断增加和谐因素的过程。随着改革发展进入关键时期，我国社会出现了人民内部矛盾多发多样的状况。这是我国社会深刻变革中难以完全避免的现象，关键是要正视矛盾，提高解决矛盾的本领，找到化解矛盾的正确途径和有效方法，形成妥善处理矛盾的体制机制。要深刻分析现阶段人民内部矛盾产生的原因特别是深层次原因，注重从源头上减少人民内部矛盾的发生。要正确处理新形势下的人民内部矛盾，畅通群众的诉求渠道，完善信访工作责任制，综合运用政策、法律、经济、行政等手段和教育、协商、调解等方法，依法及时合理地处理群众反映的问题。要深入基层、深入实际，加强矛盾纠纷排查工作，坚决依法纠正各种损害群众利益的行为，着力避免因决策失误和工作不当引起群众不满和抱怨。要积极预防和妥善处置群体性事件，坚持依法办事、按照政策办事，既依法维护群众正当权益，又依法维护社会安定团结。

## 第三节　科学发展观使社会主义制度的优越性得到进一步发挥

### 一、科学发展观对我国全面推进改革开放和社会主义建设具有重要的指导意义

当前，我国发展的阶段性特征和出现的新矛盾新课题，决定了科学发展观对全局工作具有重大的指导意义。在当前，贯彻落实科学发展观，将使社会主义制度的优越性得到进一步发挥。

发展是当代世界的主题，也是当代中国的主题。从全人类的角度看，发展是世界范围内实现现代化的过程。从中国的特殊国情看，发展则是一个实现社会主义现代化的过程。发展观问题之所以重要，就是因为有什么样的发展观，就会有什么样的发展道路、发展模式和发展战略，就会对发展的实践产生根本性、全局性的重大影响。当前，中国的发展机遇前所未有，面临的挑战前所未有，中国的发展成就前所未有，中国的发展难题前所未有，中国处在一个发展的重要机遇期，又处在一个发展的矛盾凸显期。我们必须深刻认识我国发展出现的新的阶段性特征，科学分析我国全面参与经济全球化的新机遇新挑战，深刻把握工业化、城镇化、市场化、国际化深入发展形势下我国各项事业发展面临的新课题新矛盾。要看到：

第一，我国经济发展由缺乏财力难以兼顾解决长期积压的问题的阶段进入到了一个有较为充裕的财力开始能够解决长期积压问题的阶段。2005 年我国国内生产总值已经达到 2. 23 万亿美元的规模，根据国家统计局的最新统计结果，到 2008 年，我国国内生产总值已经达到 314 045 亿元，按当前汇率折合 4. 6 万亿美元，居世界第三位。1999 年，全国税收收入首次突破了 1 万亿元大关，2003 年突破了 2 万亿元大关，2005 年突破 3 万亿元大关，2007 年突破 5 万亿元。经济实力的显著增强，为我国的发展奠定了新的历史起点。

第二，我国粗放型经济增长方式由能够支撑我国快速发展的阶段进入到已无力支撑我国进一步发展的阶段。靠粗放型增长方式我国可以实现“三步走”的第一步、第二步战略目标，但不可能实现第三步战略目标。我国 2006 年国内生产总值仅占世界总量的 5. 5%，而我们消耗的能源占世界的 15%，钢材占 30%，水泥占 54%。这些数字表明，粗放型经济增长方式在我国已经没有后续空间，转变经济发展方式已势在必行。

第三，我国贫富之间、城乡之间、区域之间、经济社会发展之间的不协调状况由可以为社会所承受的阶段进入到了社会越来越难以承受的阶段。近年来，群

体性事件大量增加，规模趋于扩大，手段趋于激烈，在一定程度上反映了发展不协调已到了非下大力气解决不可的时候。

第四，我国社会矛盾关系由不突出抓好主要矛盾就无法解决非主要矛盾的阶段进入到了不兼顾解决好某些非主要矛盾就难以继续抓好主要矛盾的阶段。虽然，社会事业发展、政治体制改革、资源状况和生态环境问题，相对于我国人民群众日益增长的物质文化需要与落后的社会生产之间的矛盾而言不是主要矛盾，但是这些方面的问题和矛盾在不断激化，成为严重制约我国发展的瓶颈和薄弱环节。如不投入更大的力量去解决，我们已经难以进一步解决好人民群众日益增长的物质文化需要与落后的社会生产之间的矛盾这个主要矛盾。当前，我国发展的这些阶段性特征和出现的新矛盾新课题，决定了我们必须自觉地、坚定地去贯彻落实科学发展观，同时也决定了我们能够凭借 30 多年改革发展所取得的巨大成就和经验，贯彻和落实好科学发展观。只有深入贯彻落实科学发展观，中国才能抓住机遇、应对挑战，巩固已有的发展成就，破解面临的发展难题，创新发展的方式，推动中国经济社会又好又快发展。

科学发展观，不仅是我国当前统领经济社会发展全局的重要指导思想，而且也是实现全面建设小康社会和建设社会主义现代化国家必须长期坚持的重要指导思想。

我国要在 2020 年实现全面建设小康社会的目标，进而在 21 世纪中叶实现把我国建设成富强、民主、文明、和谐的社会主义现代化国家，不仅要解决近 30 年来快速发展所积累的大量矛盾和问题，还要解决好今后十几年、几十年发展中产生的一系列新矛盾、新问题。解决这些发展中的问题和矛盾，要求我们必须把以下重要原则作为社会主义现代化建设必须长期坚持的重要指导思想。

第一，必须坚持发展的全面性。实现全面建设小康社会的目标，必须使经济更加发展、民主更加健全、科教更加进步、文化更加繁荣、社会更加和谐、人民生活更加殷实。具体落实到定量化的指标上，就是到 2020 年国内生产总值在 2000 年的基础上翻两番，达到 40 000 亿美元，人均 GDP 达到 3 000 美元，这个定量化的指标是实现全面建设小康社会的基本标志。为了实现全面建设小康社会的目标，必须在坚持以经济建设为中心的基础上，推进经济建设、政治建设、文化建设、社会建设和生态建设的全面发展；在经济体制改革深入发展的基础上，推进政治体制、文化体制、社会体制等各方面体制改革的配套进行。

第二，必须坚持发展的协调性。我国城乡、区域、经济社会发展不协调由来已久，当前城乡差距和区域差距仍然很大。缩小城乡差距、区域差距，解决发展中的不协调问题，是我国现代化建设的必然要求，也是发展的迫切需要。由于我国幅员广阔，生产力发展不平衡，二元结构的特征极为突出，城乡、区域、经济社会发展不协调、不平衡的现象决不是在短时期内能够解决的问题。根据有关专家测算，在2020年实现全面建设小康社会之前，我国的城乡差距、区域差距扩大的趋势仍将难以根本扭转，而且，由于我国面临着国际上缩小与发达国家差距和在国内缩小城乡、区域差距双重任务所造成的两难选择，实现我国的协调发展将是一项长期的艰巨任务，是需要几代人、十几代人，乃至几十代人长期艰苦努力才能实现的目标。因此，坚持协调发展、统筹城乡发展、统筹区域发展、统筹经济社会发展、统筹人与自然和谐发展、统筹国内发展与对外开放，是我国发展必须长期坚持的方针。

第三，必须坚持发展的可持续性。由于长期积累的结构性矛盾的解决和粗放型经济增长方式的根本改变不会一蹴而就，制约我国发展的人口、资源、环境的压力还将加大，实现可持续发展任重道远。按照国际上判断发展可持续性的标准，扭转我国可再生资源消耗速率大于可再生资源开发速率、不可再生资源消耗速率大于可再生资源消耗速率、环境污染排放速率大于环境对污染吸收速率的局面，还是一个要经历长期努力才能实现的目标；而且随着到2030年我国人口将达到16亿的高峰，能源、资源、环境的瓶颈制约将日益突出，经济发展与人口、资源、环境的矛盾将是我国发展长期面对的突出矛盾。这些事实表明，坚持可持续发展，解决好我国经济发展与人口、资源、环境的矛盾，将是贯穿我国现代化进程始终的要求。

第四，坚持全面协调可持续发展，是全体人民的事业，需要几代人的艰苦奋斗和不懈努力。我们只有坚持发展为了人民，发展依靠人民，发展成果由人民共享，才能充分调动广大人民群众的积极性、主动性和创造性，才能不断提高广大劳动者的素质，发挥人民群众的聪明才智，依靠广大人民群众艰苦奋斗、自力更生，切实实现全面协调可持续发展的根本要求。由此可见，以人为本、全面协调可持续的科学发展观，不仅是我国当前统领经济社会发展全局的重要指导思想，而且也是实现全面建设小康社会和建设社会主义现代化国家必须长期坚持的重要指导思想。

以人为本、全面协调可持续发展的科学发展观，是我们党从新世纪新阶段党和国家事业发展全局出发提出的重大战略思想，是我们推动经济社会发展、加快推进社会主义现代化必须长期坚持的重要指导思想。

## 二、牢固树立和全面落实科学发展观

科学发展观反映了时代进步的要求，体现了实践发展的需要，顺应了广大人民的心愿，是指导全面建设小康社会、加快推进社会主义现代化的强大思想武器。胡锦涛指出："我们要增强贯彻落实科学发展观的自觉性和坚定性，全面把握贯彻落实科学发展观的目标要求，建立健全贯彻落实科学发展观的制度、体制和机制，切实把科学发展观贯穿于经济社会发展的全过程、落实到经济社会发展的各个环节，切实把经济社会发展转入以人为本、全面协调可持续发展的轨道。”

1. 坚持用科学发展观武装头脑，不断增强贯彻落实科学发展观的自觉性和坚定性

全面贯彻落实科学发展观，关键是要进一步用科学发展观武装头脑，使科学发展观真正为全党同志所掌握，并真正贯彻到各项工作中去。要大力加强对科学发展观的学习、宣传和研究，引导广大干部群众深刻认识科学发展观的时代背景，进一步明确贯彻落实科学发展观是新世纪新阶段推动我国经济社会发展的必然要求；深刻认识科学发展观的指导意义，进一步明确科学发展观是推进我国改革开放和社会主义现代化建设必须长期坚持的指导方针；深刻认识科学发展观的丰富内涵，进一步明确以人为本、全面协调可持续发展的本质要求，从而切实把思想统一到科学发展观上来。

用科学发展观武装头脑，各级领导干部特别是党的中高级干部是关键。要以县处级以上领导干部为重点，推动全党理论学习。党员干部特别是各级领导干部要学在前面、用在前面，坚持联系实际、学以致用，真正起到示范和推动作用。要把学习贯彻科学发展观同深入学习贯彻邓小平理论和“三个代表”重要思想结合起来，同学习贯彻党的十七大和十七届四中全会精神结合起来，同学习贯彻构建社会主义和谐社会、加强党的执政能力建设和先进性建设、建设创新型国家、建设社会主义新农村、树立社会主义荣辱观、走和平发展道路等一系列重大战略思想结合起来，把学习贯彻科学发展观不断引向深入。

在全社会大力宣传和普及科学发展观，使科学发展观深入人心，是牢固树立和全面落实科学发展观的基础性工作。只有使广大人民群众都学习科学发展观、掌握科学发展观，才能使落实科学发展观真正成为全社会的自觉行动，才能把科学发展观真正贯彻到经济社会发展的各个领域、各个环节。要广泛开展群众性宣传教育活动，在全社会大力普及以人为本的观念、全面发展的观念、协调发展的观念和可持续发展的观念，大力宣传从领导干部到普通群众、从党内到社会各界学习科学发展观的思想认识和实践科学发展观的典型经验，引导广大干部群众牢固树立正确的生产观、生活观，推动形成科学发展、文明生活的良好社会风尚。要坚持贴近实际、贴近生活、贴近群众，针对学习贯彻科学发展观过程中出现的思想认识问题，针对干部群众关心的热点难点问题，解疑释惑，统一认识，引导广大干部群众不断增强贯彻落实科学发展观的责任感、紧迫感。

2. 坚持用科学发展观指导实践，推动经济社会发展转入科学发展的轨道

学习贯彻科学发展观重在实践、贵在落实。要使学习贯彻科学发展观的过程，成为促进经济社会发展的过程，成为党领导发展的能力不断提高的过程，成为人民群众不断得到更多实惠、享受更多发展成果的过程。

要坚持用科学发展观指导工作，努力把科学发展观的要求转化为谋求发展的正确思路，转化为促进发展的政策措施，转化为领导发展的实际能力，确保实现科学发展。要提高运用科学发展观分析问题、指导实践的本领，准确认识国际国内的发展环境，准确认识我国发展的阶段性特征，准确认识我国经济社会发展面临的主要问题，准确认识实现我国经济社会又好又快发展的基本要求，在指导思想上达成共识，在实际工作中形成合力。要坚持用科学发展观统领各项工作，把科学发展观的要求切实体现在改革、发展、稳定的各个环节，体现在经济、政治、文化和社会建设的各个领域，坚持以长远眼光谋划发展，以全局意识统筹发展，以科学态度抓好发展。要深入基层、深入群众，加强调查研究，总结和运用广大干部群众在改革开放和现代化建设实践中创造的成功经验，进一步把握我国社会主义建设的客观规律，进一步增强用科学发展观统领经济社会发展全局的本领。要坚持一切从实际出发，因地制宜，因时制宜，确定符合实际的发展战略、发展目标、发展规划和发展重点，把经济社会发展的各项任务落到实处。

要把学习和实践科学发展观统一起来，既要看通过学习，理论水平是否提高了，思想认识是否统一了，更要看实际行动，看实际效果，看科学发展观在实际工作中运用得如何，看本地区、本部门同科学发展观相违背、相脱离的问题解决得如何。凡是符合科学发展观、能够推动科学发展的事情就全力以赴地去做，不符合的就毫不迟疑地去改，真正使促进发展的各项工作都经得起历史和人民的检验。要加快建立相关的制度保障和符合科学发展观要求的经济社会发展综合评价体系，认真考虑各项政策措施是否符合全面协调可持续发展的要求，是否符合最广大人民的根本利益，使科学发展观真正成为衡量各项工作的尺度。

贯彻落实科学发展观，必须牢固树立和坚持正确的政绩观。各级领导干部要牢记全心全意为人民服务的宗旨，树立与科学发展观相适应的政绩观，坚持创造政绩是为了发展、为了造福人民的观念，把实现人民群众的利益作为追求政绩的目的，坚持按照客观规律办事，兢兢业业地干好工作，实实在在地创造业绩。要坚持用全面的观点看政绩，既要看经济指标，又要看社会指标、人文指标和环境指标；既要看城市变化，又要看农村发展；既要看当前的发展，又要看发展的可持续性；既要看经济总量的增长，又要看人民群众得到的实惠；既要看经济发展，又要看社会稳定；既要看“显绩”，又要看“潜绩”；既要看主观努力，也要看客观条件，使各项政绩都经得起实践检验、历史检验和群众检验。要以制度建设规范政绩，努力形成促使广大干部想干事、会干事、干成事的导向，促进科学发展观的贯彻落实。

3. 加强党的执政能力建设和先进性建设，为贯彻落实科学发展观提供有力保证

贯彻落实科学发展观，团结带领全国各族人民不断推进中国特色社会主义伟

大事业，关键在党。要继续推进党的建设新的伟大工程，加强党的执政能力建设和先进性建设，不断提高党的领导水平和执政能力，为贯彻落实科学发展观提供有力保障。

要把树立和落实科学发展观同加强党的执政能力建设紧密结合起来。科学发展观进一步丰富了党的执政理念，对加强党的执政能力建设提出了新要求。提高党的执政能力，首先要提高党领导发展的能力。要在运用科学发展观指导经济社会发展的实践中不断提高党的执政能力和执政水平，通过加强党的执政能力建设推动科学发展观的贯彻落实。按照社会主义现代化建设的要求，不断提高驾驭社会主义市场经济的能力、发展社会主义民主政治的能力、建设社会主义先进文化的能力、构建社会主义和谐社会的能力、应对国际局势和处理国际事务的能力。要加强和改进党对经济社会发展工作的领导，着力提高贯彻科学发展观的能力、驾驭全局的能力、处理利益关系的能力和务实创新的能力。坚持党总揽全局、协调各方的原则，按照“把握方向，谋划全局，提出战略，制定政策，推动立法，营造良好环境”的要求，完善党领导经济社会发展的体制机制和方式，加强和改进对经济社会重大事务的综合协调。

要把树立和落实科学发展观同加强党的先进性建设紧密结合起来。科学发展观赋予党的先进性建设以新的时代内涵和历史任务，深入学习和全面贯彻科学发展观，是新时期党的先进性的重要体现。要围绕推动经济社会又好又快发展，把先进性建设的要求贯穿于党的建设新的伟大工程的各个方面，为贯彻落实科学发展观提供有力保障。要通过加强党的思想建设、组织建设、作风建设和制度建设，使党的理论、路线、方针、政策顺应时代发展的潮流和我国社会发展进步的要求、反映全国各族人民的利益和愿望，使各级党组织不断提高创造力、凝聚力、战斗力，始终发挥领导核心作用和战斗堡垒作用，使广大党员不断提高自身素质、始终发挥先锋模范作用。要把保持和发展党的先进性，体现在善于治国理政上，体现在不断发展先进生产力、发展民主政治、发展先进文化、构建和谐社会、实现最广大人民的根本利益上，以党的先进性建设推动科学发展观的落实，使我们党始终走在时代前列、始终保持旺盛的生机和活力。

要把树立和落实科学发展观同弘扬求真务实精神紧密结合起来。在新的历史条件下，以胡锦涛同志为总书记的党中央，提出大力弘扬求真务实精神、大兴求真务实之风，鲜明体现了我们党一贯倡导的求真务实精神，体现了解放思想、实事求是、与时俱进这个马克思主义的精髓，是对党的思想路线的丰富和发展。求真务实，就是要坚持一切从实际出发，实事求是，不断深化对事物本质的认识，把握事物发展的规律，把握客观真理，坚持和发展科学理论；就是要用科学理论指导实践、推动工作，取得实实在在的成效，并在实践中检验真理和发展真理。坚持全心全意为人民服务，摆正同人民群众的关系，是坚持求真务实的根本准则。正确认识国情，按照国情制定路线、方针、政策和开展工作，是坚持求真务实的根本依据。认识规律、把握规律、遵循和运用规律，是坚持求真务实的根本要求。要引导全党同志不断求我国社会主义初级阶段基本国情之真，务坚持长期艰苦奋斗之实；求社会主义建设规律和人类社会发展规律之真，务抓好发展这个党执政兴国的第一要务之实；求人民群众的历史地位和作用之真，务发展最广大人民的根本利益之实；求共产党执政规律之真，务全面加强和改进党的建设之实，把全面建设小康社会的各项任务落到实处。

要把树立和落实科学发展观同艰苦奋斗结合起来。艰苦奋斗作为我们党的优良传统和作风，作为马克思主义政党的政治本色，是凝聚党心民心、激励全党和全体人民为实现国家富强、民族振兴共同奋斗的强大精神力量，是我们党保持同人民群众的血肉联系的一个重要法宝。大力提倡艰苦奋斗、自强不息，与时俱进、开拓创新的精神，坚决反对形式主义、官僚主义，认真解决思想作风、学风、工作作风、领导作风和干部生活作风方面的突出问题，使全体党员特别是领导干部始终以良好的精神状态做好改革、发展、稳定的各项工作。

# 第九章

# 从新中国60年建设的辉煌成就看社会主义制度的优越性

新中国成立60年来，尤其是改革开放30多年来，中国经济社会实现了中国历史和人类发展史上罕见的高速发展。一个政治更加稳定、经济更加发达、社会更加进步、国民更加富裕的中国傲然屹立在世界的东方。一个国际形象更加正面、发展模式更富吸引力、外交理念更具亲和力的中国正赢得越来越多国家的尊重。社会主义中国60年建设的伟大成就，充分彰显了社会主义制度的优越性。

## 第一节　新中国60年建设的辉煌成就彰显了社会主义制度的优越性

新中国的社会主义建设事业开创了中国历史上的一个新时代。在60年的历史发展中，我国既经历了前30年的社会主义改造和大规模经济建设，又经历了后30年的改革开放和经济社会发展。在2009年10月1日天安门广场举行的国庆六十周年盛大阅兵式，向世人展示了新中国60周年建设的伟大成就和人民共和国的强大实力。新中国成立60年来，尤其是改革开放30多年来，我国的社会主义建设取得了举世瞩目的巨大成就，中国的发展成就如同一幅逶迤而又气势磅礴、雄浑而又绚丽多彩的画卷，展现在世人面前。

### 一、社会生产力得到快速发展，国家经济实力明显增强

在中国共产党领导下，中国人民经过28年的新民主主义革命，推翻了帝国主义、封建主义和官僚资本主义“三座大山”的统治和压迫，结束了近代中国长期分裂的局面，建立了统一的、独立自主的社会主义新中国。新中国成立后，我国承担着双重的历史任务，一是在国家独立的基础上尽快地使我国从半殖民地半封建状态中摆脱出来，结束旧中国四分五裂、连年战乱的局面，实现国家的统一和强盛；二是改变所面临的整个国家“一穷二白”、国力衰退、积贫积弱的面貌，迅速发展生产，建立独立和完整的工业体系和国民经济体系，建成强大和富

裕的社会主义国家，不断增强综合国力和提高人民生活水平。

新中国60年的经济增长，超过了旧中国以往的任何一个历史时期。根据国家统计局、世界银行和麦迪森提供的数据及历史资料，从1500年至1949年，我国国内生产总值年均增长不到1%，有些年代是负增长，低于世界平均增长速度，更远低于世界发达国家的增长速度。

新中国社会生产力的发展取得的划时代成就表现在以下方面。

第一，经济保持了快速稳定的增长。从1952—2008年，我国的经济平均保持了8.1%的增长速度，在世界上实属罕见，而1961—2008年世界年平均增长速度只有3.6%。其中，1979—2008年我国年均增长9.8%，快于同期世界经济增速6.8个百分点。最近十年，我国的经济保持了稳定较快的增长。1999年7.1%，2000年8.0%，2001年7.5%，2002年8.3%，2003年9.5%，2004年10.1%，2005年10.4%，2006年10.7%，2007年11.4%，2008年9.6%。

第二，在经济稳定增长的基础上，经济总量迅速扩大。1952年，5亿多人口的中国，国内生产总值只有679亿元；1978年国内生产总值为3 645.2亿元，约2 683亿美元，在世界排名第15位，占世界经济份额的1.8%。根据国家统计局的最新统计结果，到2008年，我国国内生产总值已经达到314 045亿元，按当前汇率折合为4.6万亿美元，成为继美、日之后的世界第三大经济体。

第三，我国正在从农业国向工业国再到制造业大国的转变，产业结构已逐步改善。主要工农业产品的产量大幅度增加，主要工农业产品的供给能力名列世界前茅。1949年我国粮食产量只有11 318万吨，1978年达到30 477万吨，2008年达到52 871万吨。棉花产量1949年只有44.4万吨，1978年升至217万吨，2008年达749万吨。油料产量1949年只有256万吨，1978年发展到522万吨，2008年达2 953万吨。糖料产量1949年只有283万吨，1978年为2 382万吨，2008年迅猛发展到13 420万吨。猪、牛、羊肉类产量1952年只有339万吨，2008年产量5 337万吨。水果产量1949年为120万吨，2008年产量达19 220万吨。水产品产量1949年44.8万吨，2008年产量4 896万吨。肉类、水果和水产品的迅速增长反映了人们生活水平从量的满足到质的追求的变化过程。2008年与1949年相比，纱产量由32.7万吨增加到2 149万吨，增长64.7倍；布由18.9亿米增加到710亿米，增长36.6倍；糖由20万吨增加到1 449万吨，增长71.5倍；原煤由0.32亿吨增加到27.93亿吨，增长86.3倍，公路里程增长45倍以上（达370万公里）；高速公路从无到有，超过6万公里；铁路营业里程由1949年的2.2万公里增加到8万公里以上，增长近3倍。电视机、电冰箱、照相机、洗衣机、计算机、空调器等一大批新兴电子产品产量也从无到有，在改革开放以后呈迅猛扩张之势。随着工业基础建设的加强，生产能力的不断扩张，我国由一个只能制造初级工业产品的国家发展成为世界制造业大国。按照国际标准工业分类，在22个大类中，我国制造业占世界比重在7个大类中名列第一，有15个大类名列前三；第三产业得到迅速发展，2008年第三产业增加值已经达到120 487亿元，比1952年实际增长84倍，年均增长8.3%。从1952年到2008年，我国的第一产业占国民经济中的比重由51%下降到11.3%；第二产业由20.8%上升到48.6%；第三产业由28.2%上升为40.1%。

第四，对于新中国社会生产力发展的成就，还可以从横向视野的比较来认识，新中国成立初期，全国经济总量占世界经济的份额不足1%，而到2008年已上升为6.4%，位列美国和日本之后，居世界第3位，近年内可以超过日本。进出口贸易总额居世界位次由1978年的第29位跃升到第3位，仅次于美国与德国，占世界贸易总额的比重也由0.8%提高到7.9%。根据世界银行统计，我国2008年GDP折合成美元为46 000亿美元，相当于美国的32.1%，日本的94.2%。2008年我国人均GDP达到3 400美元左右，按照世界银行的划分标准，我国跃升至世界中等收入国家行列。

## 二、人民生活水平得到大幅度提高

随着经济的快速发展，人民的生活水平得到大幅度提高。新中国成立初期，人民生活积弱积贫，挣扎在贫困线上。到1978年，人民群众的生活水平虽然有所改善，但仍处在温饱不足状态。经过新中国60年的发展，尤其是改革开放30多年的发展，人民生活由温饱不足走向小康，到2000年总体上实现小康，并逐步向全面实现小康转变。我国城镇居民人均可支配收入由1949年的不足100元提高到2008年的15 781元，农村居民人均纯收入由44元提高到4 761元。2008年年底，城乡居民人民币储蓄存款余额达21.8万亿元，比1952年年底增加2.5万倍。股票、债券等金融资产规模不断扩大。城镇居民拥有的财产性收入占全部收入比重由无到有，上升到2008年的2.3%。人均国内生产总值由1952年的119元上升到1978年的381元后，再迅速提高到2008年的22 698元，扣除价格因素，2008年比1952年增长32.4倍。根据世界银行资料，2008年我国人均国民总收入已经达到2 770美元左右。按照世界银行的划分标准，我国已经由长期以来的低收入国家跃升至世界中等偏下收入国家行列。对于我国这样一个经济发展起点低、人口基数庞大的国家，在60年之内能够取得这样的进步，是一个了不起的成绩。电视机、电冰箱、手机、电脑等家用电器的普及，汽车、商品房大量进入普通居民的消费，这既是国家经济实力的象征，也是人民生活水平提高的标志。

我国是社会主义国家，在生产资料所有制上，坚持以公有制为主体，多种所有制经济共同发展，在分配制度上，坚持以按劳分配为主体。这就从制度上保证了经济建设的成果能够为广大人民群众所享有。到21世纪初，我国已经解决了全国绝大多数人民的温饱问题，进入了小康社会，现在正向更高水平的小康迈进。随着收入的增加，城乡居民消费水平不断提高，消费结构逐步改善，城镇居民家庭恩格尔系数由1957年的58.4%下降到37.9%，农村居民家庭的恩格尔系数由1954年的68.6%下降到43.7%。彩电、洗衣机、电冰箱、空调、电话等耐用消费品逐步普及，汽车、家用电脑等高档耐用消费品拥有量大幅提高。城镇社会保障制度逐步建立和完善，农村社会保障制度建设也在顺利地向前推进，基本实现了老有所养、病有所医。人民生活水平的提高还体现在消灭贫困方面所取得的巨大成就。1978年，全国农村的绝对贫困人口仍约有2.5亿人，约占全部人口的1/4，到2007年年末，农村绝对贫困人口减少为1 479万人，贫困发生率降至1.6%。近25年来，全人类取得的扶贫事业成就中，2/3的成就应归功于中国，成为发展中国家消除贫困的典范。

## 三、社会事业得到快速发展

在经济建设取得巨大成就的同时，我们加快了以改善民生为重点的生活建设，促进了经济和社会的全面进步和社会的和谐。60年来，我国的教育事业得到了快速发展。2008年，全国各级各类在校学生达到2.6亿，其中有近1.6亿学生正在接受九年义务教育；小学净入学率达到99.5%，初中毛入学率达到98.5%，青壮年文盲率降低到3.58%。高等教育发展实现了从精英教育到大众化，高等教育规模居世界首位；以更新知识和提高技能为重点的继续教育和成人教育发展迅速，基本满足了人民群众多样化的学习需求；城乡免费义务教育全面实现；西部“两基”攻坚取得重大胜利。农村义务教育管理体制更加完善，职业教育管理体制基本建立，高等学校管理体制逐渐成熟，教师人事制度和收入分配制度改革逐步推进，确立了中国特色社会主义教育体制的基本框架。

新中国成立60年来，特别是改革开放以来，我国卫生事业取得了显著成就，2008年年底，我国拥有卫生机构27.8万个，另有村卫生室61.3万个，覆盖城乡的医药、卫生、服务体系基本形成。严重威胁群众健康的重大传染病得到有效控制，疾病防治能力不断增强，医疗保障覆盖人口逐步扩大，卫生、科技水平迅速提高。目前，我国居民人均期望寿命为73岁，婴儿死亡率为14.9‰，人民群众健康水平明显改善，居民主要健康指标处于发展中国家前列。

新中国成立60年来，我国科技事业也取得长足的发展和进步，党和国家始终把科学技术摆在战略地位，经过60年的奋斗，我国已经成为科学技术体系较为完备、科技人力资源世界第一、科技成果不断涌现的科学技术大国。

第一，在科技人力资源方面，高等院校、各种职业学校，为我们国家提供了源源不断的科技人力资源。到2007年年底，我们能够为科技发展提供的人力资源已经达到4 200万人，科技的投入持续大幅增长。2008年，全社会研究开发的经费支出达到4 570亿元，占国内生产总值的比例超过了1.5%，形成了包括研究实验基地、大型科学仪器、自然科技资源、科学文献、科技数据在内的比较完备的科技基础条件和学科布局。

第二，新中国成立60年来，中国取得了一大批重大的技术创新成果。新中国成立以后，中国的科学技术工作者瞄准着世界科学前沿，相继在多复变函数论、哥德巴赫猜想、反西格玛负超子、陆相成油理论、人工合成结晶牛胰岛素等方面都取得了一批重要的研究成果。改革开放以后，又在高温超导、纳米科技、量子通讯、生命科学等领域取得了具有世界先进水平的基础领域的创新成果，超级杂交水稻、汉字激光照排、高性能计算机、第三代移动通信等许多重大关键产业技术取得了重要突破。超级水稻的研究成功和它的大面积推广，不仅为中国人民，也为全世界人民的粮食安全作出重要贡献，仅超级杂交水稻增产的粮食就可以每年多养活6 000多万人。中国科技发展为经济发展、社会进步、民生改善和国家安全提供了重要的支撑。载人航天、探月工程的成功实施，使中国成为世界上少数几个有能力为维护世界和平、探索太空作出贡献的国家之一。基础工业，制造业、新兴产业的技术创新水平显著提高，高技术产业已经成为整个国民经济持续增长的新动力。高新技术产业增加值已占我们国家的工业增加值的9.8%，占出口的比例接近20%。科学技术在推动节能减排、服务北京奥运、支撑三峡工程、青藏铁路等重大的工程和重大活动当中，都发挥了重要作用。在服务于“三农”、抗击SARS、防控禽流感、战胜雨雪冰冻灾害以及2008年惊天动地的汶川抗震救灾当中，科技的作用得到了充分的体现。

第三，中国国家创新体系建设不断推进。致力于关键技术突破的攻关计划，致力于农村科学技术发展的“星火”计划，致力于国家高新技术发展的“863”计划，致力于推动高新技术产业的“火炬”计划和致力于国家重点基础研究的“973”计划。这些计划相继得到实施，并取得了重要的成果。以《科学技术进步法》为标志的科技法律法规不断完善，建立和完善了科技奖励制度和知识产权制度，出台了一大批激励自主创新的政策措施，企业在技术创新中的主体地位得到逐步增强。目前我们在各类科学技术计划中，企业承担的项目已经超过了40%。科学普及活动在全社会展开，全民科学素质得到了不断提高。60年来，国际科技合作不断深入，中国已经和152个国家和地区建立了科技合作关系，签署的政府间科技合作协定达到了104个，积极地参与了多个国际科学技术大工程。民间科技交流也十分踊跃。

60年来，伴随着中国社会的沧桑巨变，中国的群众体育和竞技体育齐头并进、迅猛发展，取得了举世瞩目的巨大成就。

第一，我国群众体育事业取得长足进步，包括了群众体育蓬勃发展；群众体育组织化、科学化水平不断提高；群众体育活动蓬勃开展。我国群体组织已基本覆盖全国城乡，各类群众性体育竞赛活动红红火火。目前，我国各类体育场馆有85万多个，是新中国成立初期的200倍以上；人均体育场地面积1.03平方米，是新中国成立初期的100倍以上。目前，我国经常参加体育锻炼者达到人口总数的28.2%。

第二，竞技体育成绩显著，逐步形成了以奥运会为最高层次的竞技体育发展战略，形成了有中国特色的竞技体育的举国体制。截至2009年8月，中国运动员获得的世界冠军数已达2 310个，创超世界纪录达1 195次。1984年，中国在洛杉矶奥运会上实现了奥运金牌“零”的突破。在2008年北京奥运会上，中国获得51枚金牌、100枚奖牌，位列金牌榜第一，创造了中国竞技体育新的辉煌。

第三，体育产业的发展也越来越引人注目，体育产业已成为国民经济发展的新亮点。我国已成为世界上最大的体育用品制造基地，中国国际体育用品博览会迄今已举办24届，成为亚洲最大、世界排名第三的体育用品博览会；篮球、排球、乒乓球等国内职业联赛已经具备了一定规模；大型综合性运动会的市场开发也取得了良好的效益。

新中国成立以来，伴随着经济的快速发展和社会的巨大进步，新中国文化事业也与人民同心，与时代同步，取得了令世人瞩目的辉煌成就。

第一，新中国成立60年来，我国公共文化服务体系建设不断完善，城乡文化发展差距不断缩小。从发展群众文化事业到构建公共文化服务体系，从计划性的文化产品供应到尊重人民群众文化消费的自主性和选择权，我国城乡文化设施面貌一新，人民群众基本文化权益进一步实现。

第二，文化体制改革逐渐“催肥”文化产业。文艺院团方面，全国除新疆、西藏外的29个省（区、市）884家省属和试点地区文艺院团中，已有71家完成转企改制。影视公司方面，全国先后组建了中国电影集团公司和上影、长影、西影、潇影、峨影、珠影等7家制片发行放映一体化的国有电影集团公司，拥有34条主流院线、188条农村数字电影院线。

第三，文化设施逐步完善，初步形成了覆盖城乡的公共文化服务网络。新中国成立后不久，我国就建设了包括中国历史博物馆、中国革命博物馆、中国美术馆等一批重点文化设施。改革开放后特别是“十五”计划以来，我国文化设施建设规模不断扩大，投入不断加大，建成一批大型文化设施。截至2008年年底，全国共有公共图书馆2 820个、文化馆（含群艺馆）3 218个、博物馆1 893个，分别是1949年的51.28倍、3.59倍和90.14倍。现已基本实现了县县有图书馆、文化馆的目标。乡镇文化站、村文化室、农家书屋从无到有，2008年年底，乡镇文化站达到4 107个，村（社区）文化室247 332个，初步形成了覆盖城乡的公共文化服务网络。

第四，一个与市场经济相适应、与法律规范相协调、与传统美德相承接的社会主义思想道德体系正在逐步形成，民族精神空前振奋，社会主义精神文明之花开遍文化建设的各个领域。

## 四、军队现代化建设成效显著

60年来，在以毛泽东、邓小平、江泽民同志为核心的党的三代中央领导集体和以胡锦涛同志为总书记的党中央领导下，我国国防和军队建设取得了辉煌成就。思想政治建设不断加强，面对纷繁复杂的国际国内形势，我军弘扬听党指挥、服务人民、英勇善战的光荣传统，坚持党对军队绝对领导的根本原则和制度，坚持政治工作的生命线地位，大力培育当代革命军人核心价值观，确保我军经受住了各种考验，始终保持了坚定正确的政治方向；现代条件下的防卫作战能力大幅跃升，依据国家安全的需要，我军加强现代化建设和军事斗争准备。近几年，针对战争形态的演变，中央军委明确提出，要把军事斗争准备的基点进一步转到打赢信息化条件下局部战争上来，实现了军事战略指导的与时俱进。我军遵循新时期军事战略方针要求，大力提高核心军事能力，有力地维护了国家主权、安全和领土完整；体制编制不断调整优化，我军朝着精兵、合成、高效的方向不断迈出新的步伐。目前，我军总员额230万，军兵种部队比例趋于合理，部队编成结构得到优化；武器装备水平实现历史性跨越，天上有军事卫星、先进战机，地面有新型主战坦克、各种火炮、导弹，海上有先进舰艇、潜艇，可以说西方发达国家拥有的各类装备，我军基本都有了，而且不少装备的性能达到或接近世界先进水平，这是非常了不起的成就，既体现了我军现代化水平，也反映了国家科技实力的巨大变化，为我军现代化建设和军事斗争准备提供坚实的物质技术支撑；军事外交成果丰硕，较好地服务了国家政治外交大局，服务了国防和军队现代化建设；国防动员建设全面推进，国防动员能力显著增强，国防动员体系在平时服务、急时应急中发挥了特殊的优势和作用。新中国成立60周年的盛大阅兵式上，99式主战坦克、歼10飞机、空警2 000预警机、长剑巡航导弹的亮相，向世界展示了我军强大的实力。人民解放军逐步由单一军种发展到诸军兵种合成，革命化、现代化正规化的人民军队，成为维护国家安全、维护世界和平的重要力量。

## 五、综合国力明显增强

1949年中华人民共和国成立以来，在古老的中华大地上，中国共产党带领全国人民自强不息，奋发图强，把一个贫穷落后的旧中国建设成了拥有比较完整的工业体系和国民经济体系的社会主义新中国，实现了一个又一个令世人瞩目的伟大壮举。60年间，我国经济不断迈上新台阶，综合国力显著增强，国际地位和影响力显著提高。根据国家统计局的最新统计结果，到2008年，我国国内生产总值已经达到314 045亿元，按当前汇率折合为4.6万亿美元，成为继美、日之后的世界第三大经济体。相当于美国的32.1%，日本的94.2%。国家财政收入达到61 317亿元，有效提高了政府宏观调控能力。对外贸易总额达到25 616亿美元，居世界第二位，在出口商品中，机电产品等工业制成品比重则上升到94.6%，量的增加和结构的改善使我国成为一个名副其实的对外贸易大国。“中国制造”的产品在全球已无处不在，中国已成为世界各国商品的大市场。2008年末国家外汇储备19 460亿美元，比1952年增加近14 000倍，由长期以来的外汇短缺国一跃而成为世界第一外汇储备大国。商品和服务实现由严重短缺到丰富充裕的巨大转变，主要工农业产品的供给能力名列世界前茅。农产品供给不仅解决了占世界1/5人口的吃饭问题，还为加快工业化进程提供了重要支持。工业的快速发展不仅解决了基本生活必需品的短缺问题，而且还使我国逐渐成为一个世界制造业大国。第三产业的发展不仅基本满足了人们不断增长的对服务业的需求，还在与第一、第二产业的良性互动中催生了大量新兴产业。经济结构实现由低级到高级、不均衡到相对均衡的巨大调整，经济发展的协调性明显增强。基础设施和基础产业实现由薄弱到明显增强的巨大飞跃，对经济发展的支撑能力显著增强。2009年上半年，国际金融危机的一片肃杀中，中国经济保持了7.1%的增速。“中国令人震惊的经济增长史无前例”，一位美国学者说，“中国以独特的方式在政治、经济、文化等各领域改变了世界”。的确，从“无与伦比”的北京奥运会到规模空前的上海世博会，从二十国集团的主要成员到遍布全球的孔子学院，中国已经成为国际舞台上一支越来越重要的力量。

社会主义制度还具有集中力量办大事的优越性。在社会主义制度下，从经济上看，国家代表人民占有大部分生产资料和社会财富，能够对大部分生产资料和社会财富进行支配。从政治制度上看，我们建立了人民当家作主的人民代表大会制度和适合我国国情的政党制度。这两方面的结合，就使社会主义制度具有集中力量办大事的优越性，国家能够集中人力、物力、财力进行重点项目和基础设施的建设。这对于提高国家的综合国力，集中力量应对突发事件和各种灾难，实现民族的伟大复兴，都具有重要的作用。2008年，我国的综合国力排在世界第四位。抗击四川汶川大地震的胜利，奥运会的成功举办，在抗击金融危机中的不俗表现以及新中国成立60周年的盛大阅兵式，都向世界展示了中国强大的实力。中国的巨大成就，令世界赞叹倾慕，中国在世界局势和国际事务中的地位和作用，变得格外醒目耀眼、举足轻重。可以预计，只要我们发挥社会主义制度的优越性，坚持走中国特色社会主义的道路，团结和依靠全国各族人民，我们就一定能够在21世纪中叶，即中华人民共和国成立100年的时候，把我国建设成为一个富强、民主、文明、和谐的社会主义现代化国家，实现国家的富强、人民富裕幸福，实现中华民族的伟大复兴。

综上所述，新中国60年经济建设的成就，充分彰显了社会主义制度的优越性。社会主义制度能够极大促进社会生产力的发展，实现经济的稳定增长；社会主义制度能够更快地提高人民的生活水平，实现共同富裕；社会主义制度能够使社会发展更加协调，实现社会和谐；社会主义制度能够更好更快地推进军队现代化建设，有效保卫国家安全；社会主义制度能够更快的提升国家的综合国力，实现民族的伟大复兴。

## 第二节　新中国60年建设的辉煌成就的基本经验及启示

### 一、新中国60年建设的辉煌成就的基本经验

从在世界范围内的横向比较看，同样是由农业国向工业国转变，同样是由不发达向发达转变，新中国取得的成就要超越同时期的其他发展中国家。产生这种差异的原因在于我们在60年的建设中，遵循了一些基本的原则。这些原则，就是新中国60年建设的辉煌成就的基本经验。

1. 坚持以马克思主义为指导，把坚持马克思主义和发展马克思主义统一起来

在新中国60年的社会主义建设中，我们始终坚持的首要原则是坚持以马克思主义为指导。马克思主义揭示了人类社会历史发展的规律，它的基本原理是正确的，具有强大的生命力。马克思主义作为科学的意识形态，具有革命批判功能和制度辩护功能。就前者而言，它帮助我们完成了对于中华民族的生存和发展问题的重新定位；就后者而言，它将成为指引我们进行社会主义现代化建设的强大精神武器。《中国共产党章程》明确指出："中国共产党以马克思列宁主义、毛泽东思想、邓小平理论和'三个代表'重要思想作为自己的行动指南。"胡锦涛在全国宣传工作会议上指出，马克思主义是我们立党立国的根本指导思想，是社会主义意识形态的灵魂和旗帜。坚持和巩固马克思主义在我国意识形态领域的指导地位，是党和人民团结一致、始终如一沿着正确方向前进的根本思想保证，也是把握先进文化方向的重要保证。当今世界价值多元化的情况下，中国决不允许搞指导思想多元化，混淆人们的思想，扰乱社会的正常发展。因此，在中国改革需要加大力度前进的时候，我们更应该旗帜鲜明地坚持和巩固以马克思主义为指导的主流意识形态。

在坚持以马克思主义为指导的过程中，我们注意处理好了两个关系：

（1）正确处理生产力和生产关系之间的关系。社会主义建设事业，需要正确处理好发展生产力与发展完善社会主义生产关系之间的相互关系问题。在新中

国成立前夕和新中国成立的初期，毛泽东的新民主主义理论，是正确认识和处理生产力和生产关系相互关系的典范。他根据旧中国生产力落后、社会贫困、新中国应尽快发展生产力并处理好公有制和私有制、劳方和资方关系的国情和任务，提出新中国发展经济社会的指导思想。1949 年 3 月 5 日，毛泽东在中共七届二中全会上的报告中指出：随着革命战争的胜利，从农村转向城市后，要着手恢复和发展城市中的生产事业。并确定了发展生产的原则："必须确定，第一是国营工业的生产，第二是私营工业的生产，第三是手工业的生产。"毛泽东还特别指出：要使国营经济成为整个国民经济的领导成分，国营经济"是社会主义性质的经济……谁要是忽视或轻视了这一点，谁就要犯右倾机会主义的错误"。同时毛泽东还指出："对私人资本主义限制得太大太死，或者认为简直可以很快地消灭私人资本，这也是完全错误的，这就是'左'倾机会主义或冒险主义的观点。"新中国成立初期，所提出的发展方针是"发展生产，繁荣经济，公私兼顾，劳资两利"。从上述新中国成立后的发展方针可以看出，我国当时是既强调发展生产力，又重视处理公有制和私有制、劳动与资本的生产关系，重在发展社会主义性质的经济即公有制经济特别是国有制经济。在这一方针引导下，我国在进行抗美援朝、剿匪反霸、土地改革、继续完成民主革命任务的同时，只用了三年时间，就迅速恢复了经济并顺利完成第一个五年计划。按照历史唯物主义的一般原理，先进的生产关系会促进生产力的发展，而落后的生产关系会阻碍生产力的发展。旧中国的生产关系阻碍了生产力的发展，新中国的社会主义制度起了解放和发展生产力的作用。但是，实践证明，我国社会主义社会中，人的主观能动性在加强，会出现人为地拔高生产关系的情况。生产关系既不能长久落后于生产力，但也不能超越生产力。如果人为地拔高生产关系，同样不利于生产力的发展。改革开放后，我国提出"公有制为主体，多种所有制共同发展"，推动了所有制关系的调整，使生产关系适应了我国生产力的实际水平，促进了生产力的发展。在改革开放后，根据我国生产力落后、多层次、不平衡、人口多、底子薄的实际，提出了社会主义初级阶段理论，并提出社会主义初级阶段的主要矛盾是人民群众日益增长的物质文化需要与落后的社会生产之间的矛盾，提出社会主义初级阶段的基本经济制度是"公有制为主体，多种所有制经济共同发展"。这种理论认识与实践的发展，调动了各方面的积极性，充分发挥了各种社会资源的作用，推动了我国改革开放的步伐和生产力的发展。

（2）正确处理商品经济和市场机制之间的关系，重视发挥商品经济和市场机制的作用。对于发展商品经济和利用市场机制的问题，我国经过了不同的认识过程。毛泽东同志十分重视商品生产和价值规律的作用。他于 1958 年在读斯大林《苏联社会主义经济问题》的谈话中，指出了保持和发展商品生产的必要性和重要意义，并批评了有人急于消灭商品生产的"左"的错误。他指出："要有计划地大力发展社会主义的商品生产”，“现在要利用商品生产商品交换和价值法则，作为有用的工具为社会主义服务”。这一观点推动了我国后来关于商品生产和价值规律作用的讨论与认识，并为改革开放后发展社会主义商品经济提供了理论支持。改革开放后，进一步认识到发展商品经济在社会主义经济中的地位和作用，并在计划经济中引入市场调节。1984 年中共中央《关于经济体制改革的决定》中提出，我国经济是“公有制基础上的有计划的商品经济”。这一观点，突破了将计划经济与商品经济对立起来的传统观念。随着改革的理论与实践的发展，由社会主义有计划的商品经济发展为社会主义市场经济，将社会主义经济制度的优越性与市场经济体制的灵活性与效率性结合起来，再由“计划经济为主、市场调节（市场经济）为辅”的二者相结合的关系，发展为不分主辅的计划经济与市场经济相结合的关系，再发展到放弃计划经济全面实行社会主义市场经济体制，经历了一个理论认识与实践不断发展的过程，推动了经济体制改革，实现了经济体制的顺利转型和经济的快速发展。

在坚持以马克思主义为指导的过程中，我们还注重把马克思主义的基本原理和中国革命和建设的具体实践结合起来，致力于马克思主义的中国化，把坚持马克思主义和发展马克思主义结合起来。在马克思主义中国化的过程中，产生了毛泽东思想、邓小平理论、“三个代表”重要思想、科学发展观等一系列的理论和重要思想，并最终形成了中国特色社会主义理论体系，进一步丰富和发展了马克思主义。在马克思主义中国化的过程中，一代又一代中国共产党人，致力于把马克思主义的普遍原理同中国革命和建设的具体实践相结合，致力于用马克思主义指导中国的革命和建设，解决中国革命和建设中的问题，并形成新的思想和理论，使马克思主义得到了丰富和发展。更为重要的是，一代又一代中国共产党人，在马克思主义的指导下，领导中国的革命和建设，使中国的面貌发生了翻天覆地的变化。以毛泽东同志为核心的第一代中央领导集体，把马克思主义的普遍原理和中国革命的具体实践相结合，领导中国共产党和中国人民，走出了一条适合中国国情的革命道路，把一个半殖民地半封建的旧中国，变成了一个独立自主的新中国，实现了国家的独立和民族的解放。在社会主义建设的过程中，中国共产党把马克思主义和中国社会主义建设的具体实践相结合，走出了一条适合中国国情的社会主义建设道路，把一个贫穷落后的中国，建设成为一个初步繁荣富强的国家，实现了人民的富裕、国家的富强和民族的复兴。

2. 坚持改革的社会主义方向，坚持走中国特色社会主义道路

以 1978 年我们党召开的具有重大历史意义的十一届三中全会为标志，拉开了改革开放历史新时期的序幕，从那时以来，中国共产党人和中国人民以一往无前的进取精神和波澜壮阔的创新实践，谱写了中华民族自强不息、顽强奋进的新的壮丽史诗，中国人民的面貌、社会主义中国的面貌、中国共产党的面貌发生了

历史性变化。在改革开放初期，邓小平在1979年3月30日召开的理论工作务虚会上作了题为《坚持四项基本原则》的讲话，明确提出要坚持四项基本原则，即“坚持社会主义道路，坚持人民民主专政，坚持共产党的领导，坚持马列主义、毛泽东思想”。四项基本原则是实现四个现代化的根本前提，是我们的立国之本。1987年10月，中国共产党第十三次全国代表大会把“四项基本原则”作为重要内容写进了党在社会主义初级阶段的基本路线中，即领导和团结全国各族人民，以经济建设为中心，坚持四项基本原则，坚持改革开放，自力更生，艰苦创业，为把中国建设成为富强、民主、文明的社会主义现代化国家而奋斗。

必须坚持走社会主义道路，是因为：①只有社会主义才能救中国，这是中国人民从五四运动到现在90年来切身体验中得出的不可动摇的历史结论。中国离开社会主义就必然退到半殖民地半封建社会。中国绝大多数人决不允许历史倒退。②社会主义的中国在经济、技术、文化等方面现在还不如发达的资本主义国家，这是事实。但这不是社会主义制度造成的。从根本上说，是解放以前的历史造成的，是帝国主义和封建主义造成的。社会主义革命已经使我国大大缩短了同发达资本主义国家在经济发展方面的差距。③社会主义制度比资本主义制度优越。社会主义经济是以公有制为基础的，生产是为了最大限度地满足人民物质、文化的需要，而不是为了剥削。由于社会主义制度的这些特点，我国人民能有共同的政治经济社会理想、共同的道德标准。这些，资本主义社会永远不可能有。资本主义无论如何不能摆脱剥削和掠夺，不能摆脱经济危机，不能形成共同的理想和道德，不能避免各种极端严重的犯罪、堕落、绝望。

在四项基本原则的指引下，我们始终坚持改革的社会主义方向，明确改革本质上是对生产关系的调整和完善，是使社会主义生产关系适应国情、适应生产力发展要求的过程。改革的任务和作用应是两个方面：一是解放生产力和发展生产力，改革是发展的动力；二是社会主义制度的自我完善与自我发展。忽视生产力发展的社会主义只能是普遍贫穷的社会主义；而忽视社会主义制度自我完善与自我发展的改革，是会偏离正确航道的改革。在如何改革的问题上，我国没有走新自由主义的道路，避免了苏联、东欧原社会主义国家改革过程中的制度剧变、经济衰退的结局。

从改革的结果看，苏联、东欧原社会主义国家走“华盛顿共识”的新自由主义的改革道路，导致苏联解体、东欧剧变，其危害性已显现无遗。根据国外学者的研究，经“休克疗法”后的苏联、东欧国家的经济，遭受打击最轻的匈牙利和波兰的国内生产总值损失率约为20%，而保加利亚、罗马尼亚为40%，俄罗斯为50%，乌克兰为60%。其经济损失都远远超过了20世纪30年代经济危机时期的美国和德国。产生这种现象的原因，主要就是放弃社会主义制度，实行私有化，把多年积累起来的国有资产廉价出卖给外国资本，因而葬送了社会主义经济的发展。而我国的改革，主要是针对束缚生产力发展的僵化的经济体制，而不是改掉社会主义基本制度；主要探索的是社会主义制度建立以后，如何进一步解放和发展生产力的问题，而不是脱离社会主义道路、不问姓“社”姓“资”、不问姓公姓私的走向歧路的改革。在改革上，不问姓“社”姓“资”，必然由“社”转“资”，不问姓公姓私，必然由公转私，最后走向和平演变。要坚持改革的社会主义方向，坚持公有制为主体，才能保持改革过程的相对稳定，实现经济的快速增长。

3. 始终坚持党在社会主义初级阶段的基本路线，始终坚持以经济建设为中心，坚持把发展作为党执政兴国的第一要务

在改革开放的进程中，1987 年，党的十三大提出了党在社会主义初级阶段的基本路线，即领导和团结全国各族人民，以经济建设为中心，坚持四项基本原则，坚持改革开放，自力更生，艰苦创业，为把我国建设成为富强、民主、文明的社会主义现代化国家而奋斗。在党的基本路线提出后，我们在改革开放中，始终坚持党在社会主义初级阶段的基本路线，始终坚持以经济建设为中心，坚持把发展作为党执政兴国的第一要务。

中国共产党之所以能够领导和团结全国人民经受住各种困难和风险的考验，实现经济快速发展，保持社会稳定有序；中国特色社会主义事业之所以顺利发展和高歌前进，从根本上来说，就是由于坚决排除各种干扰，坚定不移地坚持和贯彻执行了这条基本路线。胡锦涛指出，毫不动摇地坚持党的基本路线，是我们事业能够经受风险考验、顺利达到目标的最可靠的保证。要坚持把“一个中心”和“两个基本点”统一于发展中国特色社会主义的伟大实践，任何时候都决不能动摇。

坚持党的基本路线不动摇，就要坚持以经济建设为中心不动摇。坚持以经济建设为中心，解放和发展生产力，是解决我国现阶段社会的主要矛盾，巩固和发展社会主义制度的基本途径。坚持发展才是硬道理，坚持抓好发展这个党执政兴国的第一要务，坚持用发展和改革的办法解决前进中的问题。而发展必须是科学发展，要坚持以人为本，转变发展观念、创新发展模式、提高发展质量，落实“五个统筹”，把经济社会发展切实转入全面协调可持续发展的轨道。坚持党的基本路线不动摇，就要坚持四项基本原则不动摇。四项基本原则是我们的立国之本，规定了我国改革和发展的方向，是现代化建设最重要的政治保证。要坚持社会主义的基本制度、理想信念和价值追求，坚定不移地走中国特色社会主义的伟大道路，建设富强、民主、文明、和谐的社会主义现代化国家；要发展社会主义民主政治，建设社会主义法治国家，实现社会主义民主政治的制度化、规范化和程序化，最广泛地动员和组织人民群众依法管理国家和社会事务，管理经济和文化事业，切实保障人民群众的民主权利，切实实现、维护和发展人民群众的根本

利益；要坚持共产党的领导，巩固党的执政地位，提高党的领导水平和执政水平；要坚持马克思主义的指导地位，在实践中不断丰富和发展马克思主义，用马克思主义中国化的最新理论成果指导新的实践。坚持党的基本路线不动摇，就要坚持改革开放不动摇。实行改革开放是社会主义中国的强国之路，是决定当代中国命运的关键抉择。没有改革开放，就没有中国特色社会主义。改革是社会主义社会发展的动力，要根据经济社会发展的客观要求，反映广大人民群众的利益愿望，继续深化改革，不断完善和发展社会主义制度，使社会主义始终充满蓬勃生机和旺盛活力。实行对外开放是我国的一项基本国策。我国作为发展中国家，要实现跨越式发展，要保证我国经济持续、健康、稳定发展，必须吸收、利用人类文明的优秀成果，与其他国家进行经济、技术等诸多领域的竞争与合作，必须利用好国内和国外两种资源、两个市场。坚持党的基本路线不动摇，就要把“一个中心，两个基本点”统一于建设中国特色社会主义的伟大实践。在社会主义初级阶段的基本路线中，经济建设与四项基本原则、改革开放是相互贯通、相互依存、紧密联系、不可分割的统一整体。坚持以经济建设为中心，是以四项基本原则为政治保证、以改革开放为强大动力的；坚持改革开放，是以四项基本原则为前提，以进一步解放和发展生产力、巩固和发展社会主义制度为目的的；坚持四项基本原则，既为改革开放和经济建设沿着正确的方向前进提供了可靠保证，同时又从改革开放和现代化建设的实践中不断吸取新的经验，丰富和发展其内涵。若离开经济建设这个中心，社会主义社会就失去了发展进步的物质基础；若离开四项基本原则和改革开放，经济建设就会迷失方向和丧失动力。坚持党的基本路线不动摇，包括坚持“一个中心”和“两个基本点”都不能动摇。只有全面贯彻党的基本路线，把坚持以经济建设为中心同坚持四项基本原则和坚持改革开放统一于建设中国特色社会主义的伟大实践，贯穿于现代化建设的整个过程，才能不断开辟中国特色社会主义事业新局面，不断从胜利走向胜利。

4. 坚持独立自主、自力更生和对外开放的统一

独立自主，就是社会主义现代化建设的道路和方法由我国自主的选择和作出决策；自力更生，就是社会主义现代化建设主要依靠本国的力量和努力，依靠全国人民的辛勤劳动和聪明才智。独立自主、自力更生是新中国成立初期建设社会主义制度和完整工业体系的需要，也是当时世界敌对国家封锁我国的国际经济政治形势的必然。独立自主、自力更生是从我国实际出发，对马克思主义创造性地继承和发展，是指导我国革命和建设取得胜利的一项基本方针。邓小平同志在中国共产党第十二次全国代表大会的开幕词中强调指出：“中国的事情要按照中国的情况来办，要依靠中国人民自己的力量来办。独立自主，自力更生，无论过去、现在和将来，都是我们的立足点。”

对外开放是指国家积极主动地扩大对外经济交往，发展开放型经济，使我国

经济结构由封闭型经济转变为开放型经济，促进国民经济健康快速的发展。对外开放是我国的一项长期的基本国策。

进行改革与开放，并不放弃独立自主、自力更生的方针，而是将两者统一起来。独立自主、自力更生同对外开放是相辅相成的，在本质上是统一的。独立自主、自力更生发展本国经济是实行对外开放的基础和前提；对外开放可以增强独立自主、自力更生的能力，两者都是为了把我国建设成为富强、民主、文明、和谐的社会主义现代化国家。我们必须坚持独立自主、自力更生同对外开放的统一，把两者有机结合起来，把对外开放的立足点和归宿点放在增强自力更生的能力上，在自力更生的基础上积极推进对外开放。独立自主、自力更生是我国进行社会主义现代化建设的立足点，是我国人民在中国共产党领导下进行革命和建设一贯遵循的方针，实践证明，这是我们取得成功的可靠保证。因此，在社会主义现代化建设中必须继续坚持这一正确的方针，把它作为根本的立足点。

## 二、新中国60年建设的辉煌成就的启示

第一，在社会主义生产力标准和价值标准的统一中发展社会主义。在继续坚持将“发展生产力”作为执政党第一要务的同时，需要重视社会主义公平问题，应体现马克思主义关于社会主义价值标准的基本思想，加强对社会主义公平正义的认识。不能只重生产力标准而忽视价值标准。既不能割裂效率与公平的关系，也不能将生产力标准单纯归结为效率原则。改革开放前，我国重视公平原则而忽视了效率原则，给社会主义建设事业带来了损失。改革开放后的一个时期中，我国重效率而轻公平，也带来了一系列社会问题。无论从理论上还是从实践上看，社会主义的判断标准既应体现效率原则，又应体现公平原则；既重视生产力标准，又重视价值标准。只有坚持两者的统一，才有利于缓解改革与发展中出现的诸多矛盾。

在改革开放的过程中，邓小平同志提出了判断改革开放和一切工作是非得失的三条标准，即“是否有利于发展社会主义社会的生产力，是否有利于增强社会主义国家的综合国力，是否有利于提高人民的生活水平”，同样体现了社会主义生产力标准和价值标准的统一。这一标准要求在重视发展社会主义社会生产力、增强综合国力的同时，提高人民的生活水平。近年来，党中央一再强调更加重视社会公平，强调利为民所谋。党的十七大提出“初次分配和再分配都要处理好效率和公平的关系，再分配更加注重公平”，“逐步提高居民收入在国民收入分配中的比重，提高劳动报酬在初次分配中的比重”，对我国的改革与发展有着深远的指导意义。在实践中，需要通过分配体制的改革，使公平与效率并重，以公平促效率，以效率促公平，激发全社会的活力，促进社会和谐发展。

第二，落实改革任务的两个方面，发展和壮大社会主义公有制经济。改革的

任务和作用应是两个方面：一是作为发展的动力，起解放和发展生产力的作用；二是作为社会主义制度自我完善和自我发展的手段，起发展和完善、搞好搞活公有制特别是国有经济的作用。从实践来看，前一项任务强调得多，落实得也较具体；而后一项任务，强调和落实得比较弱，比较抽象。

我国是社会主义国家，应通过科学改革，把公有制特别是国有经济真正搞好搞活，重视发挥国有经济的主导作用。不要让"公有制为主体"成为一句空话。应关注目前所有制结构正向私有制为主体演变的发展趋势及其负面影响。在非公有制经济已经大大发展、产值和GDP已占大半（资料显示：非公经济已占GDP的65%以上）的条件下，怎样将"公有制为主体、国有经济为主导"落到实处，增强其作用。

第三，必须着力转变社会主义经济增长与发展方式，实现科学发展。总结60年建设的成就，要客观地看到我国与发达国家的差距。我国的经济总量虽迅速增长，已居世界第三位，但2008年GDP总量只相当于美国的32.1%，如按人均GDP计算差距就更为悬殊，还不到日本、欧美等国家的1/10。而且，也要清醒地认识我国在经济发展中面临的诸多困难和问题，如城乡、区域等多方面经济社会发展仍然不平衡；经济增长的资源环境代价过大；劳动就业、社会保障、收入分配、教育卫生、居民住房、安全生产和社会治安等方面关系群众切身利益的问题仍然较多，部分低收入群体生活比较困难。奢侈浪费、贪污腐败现象仍然比较严重等。

应该客观地看到我国目前存在的差距和问题，应通过落实科学发展观，不断解决经济社会发展中碰到的障碍。首先，要重视解决社会公平问题，特别是弱势群体的利益保障和民生问题，使改革与发展的成果真正惠及广大人民群众，扭转前一时期"重资轻劳"的倾向。其次，积极转变经济增长方式，由高投入、高消耗、高污染，低产出、低质量、低效益的粗放型增长方式，转变为低成本、低消耗、低污染，高产出、高质量、高效益的增长方式。再次，要真正和有效地转向科学发展，实现以人为本、全面协调可持续发展，统筹城乡、区域、经济社会的协调发展。这些方面的问题中央在着手解决。但这是一个复杂的、需要上下配合、逐步推进的过程。

第四，在经济发展的基础上重视社会发展，实现社会和谐。我国60年建设的成就表明，经济的发展并不完全等同于社会的发展，要使经济发展的成果成为改善人民群众生活、实现人和社会全面发展的物质基础，就要在经济发展的基础上，加快以改善民生为重点的社会建设，实现社会和谐。在社会建设中，维护社会稳定是社会建设的根本前提；实现社会公平正义是社会建设的基本价值理念。要通过推进教育体制改革，实现"学有所教"；通过推进劳动就业与收入分配体制改革，实现"劳有所得"；通过推进养老保障体制改革，实现"老有所养"；

通过推进基本医疗卫生体制改革，实现“病有所医”；通过推进住房制度改革，实现“住有所居”。构建民主法治、公平正义、诚信友爱、充满活力、安定有序、人与自然和谐相处的社会主义和谐社会。

## 第三节　在新的历史起点上进一步发挥社会主义制度的优越性

### 一、新中国60年建设的辉煌成就，为社会主义制度优越性的发挥提供了一个新的历史起点

新中国60年建设的辉煌成就，人民共和国60岁的华诞，标志着炎黄子孙站在了中华民族伟大复兴的新起点上。

这是一个令全体中国人民骄傲和自豪的新起点。经过60年社会主义改造和建设，尤其是改革开放30多年的建设，中国经济社会实现了中国历史和人类发展史上罕见的高速发展，中国的国内生产总值从新中国成立初期1952年的679亿元增加到2008年的314 045亿元，在世界上的位次由1978年的第10位上升到目前的第三位。中国经济总量在世界上已经“坐三望二”，进出口总额居世界第二位，外汇储备已位居世界第一。“中国制造”狂飙突进，目前已有210种工业产品产量位居世界第一。一个政治更加稳定、经济更加强壮、社会更加进步、国民更加富裕的中国傲然屹立在世界的东方。一个国际形象更加正面、发展模式更富吸引力、外交理念更具亲和力的中国正赢得越来越多的国家尊重。

这是一个可以告慰所有先烈和先行者的新起点。自1840年鸦片战争以来，有着150年被西方列强欺凌屈辱史的中国，无数仁人志士，在不断探索着民族独立、人民解放、国家统一的救国救亡道路。从经济百业凋敝、领土四分五裂、人民生活在水深火热中的旧中国站起来的新中国和中国人民，在中国共产党的坚强领导下，通过艰苦卓绝的奋斗，终于站在这一民族复兴的新起点上。

这是一个催人奋进的新起点。21世纪头20年是一个需要紧紧抓住并且可以大有可为的发展战略机遇期。经济全球化、新技术革命的蓬勃兴起和纵向发展，推动着全球经济格局的深刻变化，促变着国际分工的深度重组。有着13亿人口和幅员辽阔的中国，以迥异于其他发展模式的中国特色社会主义，在这一轮的全球竞争角逐中显示出了强大的生命力和旺盛的活力。进一步释放中国社会主义市场经济体制的制度力量，中国的发展必将进入又好又快发展的新境界。

这是一个需要共同珍惜、共同维护的新起点。在人类历史上，大国崛起无不伴随着重重风险、挑战甚至是磨难。从国际上看，当一个国家人均GDP迈入

3 000 ~5 000 美元时，就会遇到现代化发展的瓶颈，瓶颈形成的主要原因是贫富差距拉大、阶层矛盾激化、社会抗争频繁、政治动荡不安。我国正处于这样一个瓶颈期，瓶颈期的矛盾和冲突，有的已经显现，有的可能还在潜伏期。着力消除这些矛盾，需要各阶层、各社会组织共同珍惜维护这来之不易的新起点，用发展的办法和途径解决发展中的矛盾和问题。同时，作为一个大国的崛起，中国注定要经受更多的外部挑战与考验。事实上，中国的发展已经引起了一些国家和国家集团的戒惧，“中国崩溃论”、“中国威胁论”、“中国责任论”等论调相继出台即是证明。一些国家从未停止对我国的西化、分化、和平演变的图谋，在文化和意识形态领域的渗透无日无之。在中华民族复兴的道路上，所要经受的并非贸易摩擦，还会有这样那样的摩擦，甚至是碰撞。这更需要我们万众一心、众志成城去迎接各种挑战，化解各种风险。

## 二、在新的历史起点上进一步发挥社会主义制度的优越性

第一，在新的历史起点上认识社会主义初级阶段理论。社会主义初级阶段理论是从中国国情出发，着眼于推进改革开放发展所获得的基本结论，也是推进当代中国科学发展、实现最广大人民的根本利益所获得的基本结论，它对我们站在新的历史起点上坚持科学发展、促进社会和谐，始终维护好、发展好、实现好最广大人民的根本利益提供了科学的指导思想。社会主义初级阶段理论是社会主义发展阶段理论上的创新与发展，也是马克思主义与时俱进理论品质的传承与体现，它对我们站在新的历史起点上不断实现党的理论创新具有深远的启示意义。社会主义初级阶段理论是社会主义发展阶段问题上理论与实践经验教训的总结，也是不同国家实现经济社会发展经验教训的总结，它对我们站在新的历史起点上自觉认识和遵循经济社会发展规律、推进中国特色社会主义事业发展具有重要的警示意义。胡锦涛总书记在中央党校的重要讲话中鲜明地提出，“新世纪新阶段，我国发展站在了新的历史起点上”，党和国家事业的发展面临着新的机遇和挑战，“全党同志特别是党的高级干部，必须牢记社会主义初级阶段基本国情，认清全面建设小康社会、实现我国基本现代化、巩固和发展社会主义制度的重要性、长期性、艰巨性，增强聚精会神搞建设、一心一意谋发展的坚定性，提高想问题、办事情决不可脱离实际的自觉性，清醒而又顽强地为实现党的历史使命而扎实奋斗、不懈奋斗”。这一重要论述告诉我们，站在新的历史起点上的当代中国社会，深刻认识全面把握基本国情、深刻认识社会主义初级阶段理论的重大意义，是非常必要的。

第二，在新的历史起点上奋力开创中国特色社会主义事业新局面。新起点不但发展的起点高，对发展的要求也高。十七大报告在十六大确立的全面建设小康社会目标的基础上，根据改革发展的新进展和人民群众的新期待，进一步提出了

今后13年发展的新要求和各方面的一系列新举措。其中一个重要变化，就是把国内生产总值翻两番调整为人均国内生产总值翻两番。按照这一目标，到2020年，我国人均国内生产总值将达到4 000美元，国内生产总值将超过5万亿美元，而且发展的协调性将大大增强，人民权益和社会公平正义将得到更好的保障，全民族文明素质将明显提高，人民生活全面改善，基本形成节约能源资源和保护生态环境的产业结构、增长方式和消费模式。这一目标令人振奋，也是符合实际、经过努力可以达到的，它将极大地鼓舞和激励全党全国各族人民为之奋斗。从新的历史起点出发继续全面建设小康社会，我们面对着新机遇新挑战。十七大报告指出："当今世界正在发生广泛而深刻的变化，当代中国正在发生广泛而深刻的变革。机遇前所未有，挑战也前所未有，机遇大于挑战。"面对前所未有的机遇和挑战，从新的历史起点上出发继续全面建设小康社会，最重要的是高举中国特色社会主义伟大旗帜，始终不渝地坚持以邓小平理论和"三个代表"重要思想为指导，深入贯彻落实科学发展观。中国特色社会主义是我们取得成功的根本原因。只有中国特色社会主义这条道路和这个理论体系，而没有什么别的道路、别的理论体系，能够解决中国今天的问题。今后要取得更大的成功，就必须继续高举这面旗帜，做到坚定不移地坚持解放思想；坚定不移地推进改革开放；坚定不移地促进科学发展、社会和谐；坚定不移地为全面建设小康社会而奋斗。科学发展观是我们党站在新的历史起点上对发展中国特色社会主义提出的更高要求，我们要在邓小平理论和"三个代表"重要思想的指导下，按照科学发展观的要求，切实解决发展中遇到的突出问题，真正实现科学发展、和谐发展、和平发展，进一步发挥社会主义制度的优越性，更加充分地证明中国特色社会主义的成功。

第三，在新的历史起点上努力实现全面建设小康社会新要求。党的十七大在新的历史起点上确立了全面建设小康社会的新目标，对我国发展提出更新更高的要求。一是要增强发展协调性，努力实现经济又好又快发展。要使转变发展方式取得重大进展，在优化结构、提高效益、降低消耗、保护环境的基础上，实现人均国内生产总值到2020年比2000年翻两番。社会主义市场经济体制更加完善。自主创新能力显著提高。居民消费率稳步提高，形成消费、投资、出口协调拉动的增长格局。社会主义新农村建设取得重大进展。城镇人口比重明显增加。二是要扩大社会主义民主，更好地保障人民权益和社会公平正义。公民政治参与有序扩大。依法治国基本方略深入落实，全社会法制观念进一步增强，法治政府建设取得新成效。基层民主制度更加完善。政府提供基本公共服务能力显著增强。三是要加强文化建设，明显提高全民族文明素质。社会主义核心价值体系深入人心，良好的思想道德风尚进一步弘扬。覆盖全社会的公共文化服务体系基本建立，文化产业占国民经济比重明显提高。四是要加快发展社会事业，全面改善人民生活。现代国民教育体系更加完善。社会就业更加充分。覆盖城乡居民的社会保障体系基本建立，人人享有基本生活保障。合理有序的收入分配格局基本形成，中等收入者占多数，绝对贫困现象基本消除。人人享有基本医疗卫生服务。社会管理体系更加健全。五是要建设生态文明，基本形成节约能源资源和保护生态环境的产业结构、增长方式、消费模式。循环经济形成较大规模，可再生能源比重显著上升。主要污染物排放得到有效控制，生态环境质量明显改善，生态文明观念在全社会牢固树立。我们要坚定信心，埋头苦干，充分发挥社会主义制度的优越性，为全面建成惠及十几亿人口的更高水平的小康社会而努力奋斗。

第四，在新的历史起点上促进国民经济又好又快发展。要实现全面建设小康社会的新目标，夺取全面建设小康社会新胜利，必须加快转变经济增长方式，促进国民经济又好又快发展。又好又快发展的第一要义是发展。发展，尤其是经济发展依然是当代中国的第一要务。离开发展去谈论所谓的公平正义，是非历史唯物主义的公平正义，没有发展，就没有公平正义。我国30多年的改革开放，最突出的成绩、最值得国人称赞的辉煌就是共和国在发展中的巨变。正如十七大报告所言："新时期最显著的成就是快速发展。我们党实现现代化建设'三步走'战略，带领人民艰苦奋斗，推动我国以世界上少有的速度持续快速发展起来。我国经济从一度濒于崩溃的边缘发展到总量跃至世界第四，进出口总额位居世界第三，人民生活从温饱不足发展到总体小康，农村贫困人口从两亿五千多万减少到两千多万。"然而，必须冷静地看到，现在不是发展过头了，而是发展不足。只有抓住发展这个牛鼻子，才能走活全国一盘棋。又好又快发展要以追求发展质量为前提，为制约条件。又好又快强调"好"、质量优先，即保证不了"好"和质量，"快"就没有发展价值，成为单纯破坏环境、增加能耗的负面效应。这里的"好"或质量，具有经济运行健康与促进社会进步的双重含义。科学发展观第一次将经济发展提升到价值层面上去研究，回到人类发展本原诉求上，即将"以人为本"、服务于人视为发展的根基。"以人为本，全面协调可持续发展"这一论断的突出贡献，就在于在明确发展的方式、途径之前强调发展的价值，强调"人本"的坐标、方位。这实际上是第一次从发展价值的角度去看待、强调经济发展质量，因而是从根本上去衡量发展质量。又好又快要求促进适度、可持续的增长。促进发展，增长是基础，这是经济学的基本原理。从一定意义上看，实现"第一要务"的目标，关键要靠有质量的适度增长。负增长、零增长甚至是速度过低的增长均与又好又快发展相背离。

# 第十章

# 社会主义与资本主义的比较及发展

社会主义制度和资本主义制度是目前世界上两种主要的社会制度，要探讨社会主义制度的优越性，有必要把社会主义制度和资本主义制度在经济制度、政治制度、文化制度方面进行比较，并把具有可比基础的中国和印度进行比较，从比较中正确认识我国社会主义和发达资本主义国家的差距，正确认识我国社会主义的发展阶段，正确认识我国当前发展面临的问题和困难，立足现实，发挥社会主义制度的优越性，发展中国特色的社会主义。

## 第一节　社会主义制度与资本主义制度的比较

### 一、社会主义经济制度与资本主义经济制度的比较

社会主义经济制度和资本主义经济制度是两种完全不同的经济制度，它们在生产资料所有制形式、生产目的、分配方式上都存在根本的区别。对两种社会制度进行比较，首先要对两种经济制度进行比较。

社会主义经济制度的基本特征可以概括为三个方面：以生产资料公有制为主体，多种所有制经济共同发展的所有制；以按劳分配为主体，把按劳分配和按生产要素分配相结合的分配制度；以不断满足全体人民日益增长的物质文化需要，实现全体人民共同富裕的生产目的。资本主义经济制度的基本特征可以概括为三个方面：以生产资料私有制为基础的所有制；以按资（本）分配为主体的分配制度；以追求利润最大化为目标的生产目的。

通过对社会主义经济制度和资本主义经济制度的基本特征的比较，我们可以看到，社会主义经济制度比资本主义经济制度具有巨大的优越性，表现在如下方面：

第一，生产资料公有制取代资本主义私有制，是社会主义生产关系优越于资

本主义制度的基础。生产资料公有制消灭了资本主义私有制，也就消灭了资本主义剥削的基础，使劳动者成了社会和生产的主人，生产资料重新回到劳动者手中，是人类历史上最伟大的革命，它开辟了人类历史的新纪元，从此，劳动者和生产资料直接结合起来，加上科学技术的推动，这给生产的发展带来了以往任何社会都无法与之比拟的强大推动力。生产资料的社会主义公有制，改变了生产的目的，使生产沿着为满足人民群众和整个社会的物质、文化需要的方向发展。生产资料的社会主义公有制，消除了再生产过程中的各种矛盾和对抗，从而铲除了造成社会生产力遭到巨大破坏的根源，为已有生产力的充分利用、未来生产力的高速发展提供了可能。

第二，在社会主义制度下，人们在劳动过程中的相互合作关系代替了资本主义制度下剥削与被剥削的关系，这是社会主义生产关系区别于资本主义生产关系的重要标志。人民的生产劳动是一种社会行为，总是在一定的生产关系中进行的。在资本主义制度下，由于资本家掌握了生产资料，在生产过程中处于统治地位，生产什么、生产多少、怎样生产、产品怎样处理，都完全听命于资本家。而直接从事生产活动的劳动者，在生产过程中完全处于被统治、被剥削的从属地位，成为资本的雇佣奴隶。这种剥削与被剥削、奴役与被奴役的关系，是资本主义生产中人与人之间最基本的关系，并造成了这一社会严重的阶级对立。

第三，社会主义实行的按劳分配彻底否定了资本主义的按资（本）分配，即“劳者不获”、“获者不劳”的剥削制度，是社会主义生产关系优越性的又一集中体现。在资本主义制度下，生产资料私有制决定了资本是“收入的源泉”，工人阶级生产的绝大部分产品都被资本家占有，工人阶级只能以工资的形式获得其中的一小部分，以维持劳动力的再生产，使资产阶级能够继续对无产阶级进行剥削。这种分配，不仅使工人阶级的劳动产品被资产阶级用来过穷奢极欲的寄生生活，而且被资产阶级用来作为进一步加强对无产阶级剥削的手段。社会主义废除了资本主义生产资料私有制，随之也就否定了资本主义的分配制度。生产资料既然已经公有，掌握在人民群众手中，劳动产品也就理所当然地属于全体劳动者。在社会主义制度下，已经没有人再能够凭借占有的生产资料无偿占有别人的劳动成果。每个有劳动能力的人都必须参加力所能及的劳动，并凭借自己的劳动占有一部分劳动产品。在社会主义制度下，劳动既是创造社会财富的源泉，也是分配社会产品的尺度。“不劳者不得食”这一原则在社会主义制度下得到了实现。

在讨论社会主义生产关系优越性的时候，有一个问题必须澄清，这就是美国、西欧、日本等国，中产阶级的数量越来越大，这是不是我们讲的共同富裕。看待这个问题必须放宽视野才能客观公正，当今世界已经实现了经济的全球化，跨国公司遍布世界各个角落。现在全世界大多数国家都实行的资本主义制度，但发达的只是那几十个国家，被称为资本主义的中心地带。如果还像过去那样，把剥削只理解为一国之内资本家对工人进行剥削已经太片面了，剥削形式也已达到了全球化的规模，中心地带的国家凭借他们在经济实力、产业结构、国际分工体系和国际经济事务中的优势地位，依靠他们主导的资本主义剥削性质的国际生产关系，攫取了全球化的最大红利，分给自己国内人更多一些，中产阶级增加又有什么奇怪的呢？同时第三世界国家的穷人不是也在增加吗？现在不是总说中国的劳动力廉价吗？这不就是贫穷吗？于是外国资本纷纷涌入中国，使中国成为世界的加工厂，不就是为了攫取更多的利润吗？美国等中心地带中产阶级的增加是与中国失业工人越来越多，与拉美经济危机，与非洲的极度贫困密不可分的。只看到美国等发达国家中产阶级的增加就认为资本主义也可以实现共同富裕的观点是站不住脚的。

在讨论社会主义生产关系优越性的时候，有一个问题必须特别说明，即中国选择走社会主义道路是由中国社会的基本国情决定的，是历史选择的必然。无论是旧中国还是新中国，数量庞大的农民群体始终都是中国社会最大的国情，而且就目前而言，中国9亿多农民在全人类人口数量中也占有举足轻重的比例。不但是中国的稳定和发展要求中国走社会主义道路，整个世界的和平稳定与发展也要求中国走社会主义道路。因为只有走社会主义道路，实施以生产资料公有制为基础的社会主义制度才能使数量极其庞大的农民阶级生活得到基本保障，以生产资料公有制为基础的家庭联产承包责任制解决了关系农民阶级生死存亡的土地问题，确保了农民阶级不会因为没有土地而成为纯粹的无产阶级，从而使得占全人类人口数量几乎1/7的中国农民阶级稳定下来，不至于造成社会动乱而影响全人类的和平与发展。现在我们假设中国走资本主义道路，而我们应该知道，资本主义最大的一个特征就是生产资料私有制。以生产资料私有制为基础的资本主义制度显然对解决农民阶级生计问题是无能为力的。因为资本家不可能提供如此多的就业岗位来满足数量庞大的农民阶级无产者（雇佣劳动力）。当然，资产阶级在建立资本主义制度国家时也可以分给农民阶级土地，但是因为资本主义制度的基础是生产资料私有制，被分配给农民的土地理所当然成为农民阶级的私有财产，这就意味着农民完全可以按照自己的意愿处理自己的土地，这就产生了一种不确定。农民阶级很可能因为某些原因不得不出卖、转让属于自己的土地（例如天灾人祸、欺骗、农民的短期行为等），农民阶级一旦失去了自己的土地便一无所有，被迫沦为雇佣劳动者，而在科学技术极其发达和劳动生产力水平高的资本主义国家中使得农民阶级中大批沦为自由的雇佣劳动者成为可能。但是同时就业机会却随着科学技术和生产力发展不断减少。一方面，雇佣劳动者人数不断增多；另一方面，就业机会不断减少。这两方面的原因共同作用必然带来深重的社会矛盾。而社会矛盾使得无产阶级革命成为可能。而无产阶级革命的目的又在建立社会主义制度。这样，从起点出发，绕了一个圈又回到了起点。以上论述旨在证明中国走社会主义道路是历史的必然，坚持中国特色社会主义道路是非常正确也非常必要的道路。而任何关于中国走资本主义道路的说法都是非常幼稚的。

## 二、社会主义政治制度与资本主义政治制度的比较

社会主义政治制度的核心是无产阶级专政，资本主义政治制度的核心是资产阶级专政，无论是无产阶级专政还是资产阶级专政，都是在本阶级内部实行民主，对敌对阶级实行专政，同时，任何国家都具有经济方面的职能。所以，对资本主义政治制度和社会主义政治制度进行比较，我们主要从以下三个方面进行比较。

第一，对社会主义和资本主义两种专制职能进行比较。资产阶级专政是建立在资本主义生产资料私有制基础之上的，它在资产阶级内部实行民主，而对无产阶级和其他劳动人民实行专政。在资本主义自由竞争时期，资产阶级专政曾经在历史上起过巨大的历史进步作用。那时，资产阶级专政虽然有对无产阶级和其他劳动人民压迫的一面，但它镇压了封建残余势力的复辟，对资本主义经济基础的巩固和发展起了积极的作用，对促进当时社会生产力的发展起了积极的推动作用。同时，为了反对封建专制的需要，资产阶级还在一定的程度和范围内容许民主和自由。当资本主义发展到帝国主义阶段后，资本主义经济基础已经腐朽、没落，对社会生产力的发展起了阻碍作用，无产阶级和资产阶级之间的矛盾空前尖锐，无产阶级革命已成为直接的实践。这时，资本主义在政治上全面走向反动，它为了挽救资本主义灭亡的命运，对内加紧镇压无产阶级革命运动，对外加紧侵略扩张，去奴役别的民族，残酷镇压殖民地、附属国的民族解放运动。可见，在帝国主义时代，资产阶级专政是国际资产阶级防止和阻碍腐朽没落的资本主义制度向先进的社会制度过渡的一种极端反动的力量，它对社会生产力的发展起了巨大的阻碍作用。在社会主义社会，无产阶级专政代替了资产阶级专政，无产阶级由被压迫被剥削的阶级，变成了剥夺者的阶级。在这里，无产阶级的社会地位发生了根本变化，无产阶级专政是建立在生产资料公有制基础之上的，无产阶级专政的对内职能和对外职能结合起来，打击国内外敌人颠覆、破坏社会主义制度的行为，保卫社会主义社会劳动人民的和平劳动和社会主义建设的顺利进行，从而大大有利于社会生产力的发展。这种历史进步作用，与帝国主义时期资产阶级专政的反动作用形成了鲜明的对比。

第二，对社会主义民主和资本主义民主进行比较。无产阶级专政在无产阶级和其他劳动人民内部实行民主，资产阶级专政则在资产阶级内部实行民主。因此，对无产阶级专政和资产阶级专政两种专政的比较，同时也就是对社会主义民主和资本主义民主这两种不同民主制度的比较。在阶级社会里，民主总是统治阶

级的民主，对被统治阶级实行专政，作为国家制度的民主，始终同阶级、国家联系在一起，是由一定的经济基础所决定并为一定的经济基础服务的。

资产阶级民主，就是资产阶级实行统治的国家制度。资产阶级利用这种民主制度，调整本阶级内部的利益，协调本阶级内部的相互关系，集中和加强本阶级的意志和力量，千方百计维护资本主义制度，镇压无产阶级和其他劳动人民的反抗，对无产阶级和其他劳动人民进行剥削、压迫和统治。在资产阶级革命初期，资产阶级曾经高举民主和自由这面旗帜，号召和组织人民群众，推翻了封建地主阶级的专制统治，建立了资产阶级统治，发展资本主义的生产关系，在历史上起过进步的作用。资产阶级在夺取政权以后，仍然标榜民主，并且建立了一整套比较完整的民主制度，但是，这种民主，从本质上看，只适用于资产阶级内部，不适用于无产阶级和其他劳动人民。资本主义和封建制度相比，是在自由、平等、民主、文明的道路上迈出了具有世界历史意义的一步。虽然如此，资本主义制度始终是雇佣劳动制度，始终是少数人统治、奴役多数人的制度。资产阶级民主和封建制度相比，只是改变了经济奴役形式，并为这种奴役作了特别漂亮的装饰，但并没有也不可能改变这种奴役的实质。资产阶级民主就是雇佣劳动制度。

社会主义民主，是一种建立在生产资料公有制基础上的完全新型的国家制度。它是全体劳动人民在共同享有对生产资料所有权的基础上行使管理国家的权力。无产阶级利用这种民主制度，团结全体人民，集中人民的意志和力量，巩固和维护社会主义公有制，发展社会主义生产力，建设社会主义的物质文明、精神文明、政治文明，为消灭一切阶级差别，最终实现共产主义创造条件。在社会主义制度下，劳动人民是生产资料和社会财富的所有者，是国家和社会的主人。在这里，一切权利属于人民，人民群众享有广泛的民主自由权利，这不仅包括公民有言论、通信、集会、出版等自由，有劳动、休息、受教育、获得物质帮助等权利，更重要的是人民群众真正享有选举权和被选举权，能够有效行使管理国家和社会的权利。国家只是对极少数破坏社会主义制度的敌对分子实行专政。这种民主具有空前的广泛性，不仅享受民主的人数空前广泛，而且享有的民主权利也是空前广泛的，这是资本主义民主根本无法比拟的。由于社会主义民主是无产阶级和广大人民群众的民主，具有极其广泛的群众基础，因而无产阶级根本不需要搞资产阶级骗人的那一套把戏，而是公开宣称，民主权利只给人民，而不给少数敌视破坏社会主义制度的敌人，也就是对人民实行民主，对敌人实行专政。这是社会主义民主区别于资本主义民主的关键所在。我国《宪法》就明确指出：中华人民共和国是工人阶级领导的、以工农联盟为基础的人民民主专政的社会主义国家。中华人民共和国的一切权力属于人民。人民依照法律的规定，通过各种途径和形式，管理国家事务，管理经济和文化事务，管理社会事务。正因为社会主义民主具有最广泛的群众基础和最多种多样的民主权利的真正意义上的民主，因而能够最大限度地调动全体人民建设社会主义的积极性和主动性，从而推动社会生产力的迅速发展和人民生活的不断改善。

第三，对社会主义国家和资本主义国家经济职能的比较。资产阶级专政的国家和无产阶级专政的国家除了政治方面的职能外，还有经济方面的职能。它们实行这两种职能对各自的经济发展产生完全不同的后果。

资产阶级专政的国家在资本主义形成的过程中就在资本原始积累的过程中起过巨大的作用。当资本主义发展起来以后，资产阶级国家在经济方面的职能就逐步减弱了，在自由资本主义阶段，资产阶级奉行自由放任主义，减少了国家对经济生活的干预，国家只充当经济生活的“守夜人”。到了帝国主义阶段，随着资本主义各种矛盾的激化，国家的经济职能逐渐加大了，最后形成了国家垄断资本主义。国家垄断资本主义对资本主义经济的发展具有一定的推动作用，国家垄断资本主义一方面使生产进一步社会化，另一方面它并没有改变资本主义私有制，这就加剧了资本主义的基本矛盾，阻碍了社会生产力的发展。

无产阶级专政的国家在经济方面的职能，同资产阶级专政的国家全力维护资本主义制度相反，是把资本主义的生产资料私有制改造成为社会主义生产资料公有制，大力发展生产力，并在生产发展的基础上逐步提高人民的物质文化生活水平，提高社会主义国家的综合国力。我国的人民民主专政，即人民民主专政的国家，从建立以来在促进社会主义经济制度的形成、巩固、发展方面起了巨大的作用，对促进社会生产力的发展和劳动生产率的提高，起了积极的推动作用。

## 三、社会主义精神文明与资本主义精神文明的比较

文明，是相对于蒙昧、野蛮而言的，是人类社会发展到一定阶段的进步状态与程度。马克思主义认为，文明是人类改造世界的成果和社会进步状态。在人类历史上，相继经历过奴隶制文明、封建制文明、资本主义文明和社会主义文明。

文明分为物质文明和精神文明。物质文明，是指人类物质生产和物质生活的进步与发展状态，它是人类改造自然的物质成果的总和，是社会进步在物质上的结晶与标志。精神文明，是指人类在改造客观世界的过程中改造自己的主观世界的精神成果的总和，是人类精神生产的发展水平及其成果的体现。人类社会的改造和进步，最终都表现为物质文明和精神文明的发展。

社会主义社会是人类历史上崭新的社会制度，建立在社会主义制度基础上的精神文明同建立在生产资料私有制基础上的资本主义精神文明有本质区别：

（1）两种精神文明的经济基础不同。社会主义精神文明是建立在生产资料公有制基础上；资本主义精神文明是建立在生产资料的私有制，实行人剥削人，存在尖锐的阶级对抗的基础之上。

（2）两种精神文明的理论基础与思想核心不同。社会主义精神文明的理论

基础是马克思主义，其核心是共产主义思想，并贯穿于社会主义精神文明的各个方面，成为它的指针、准则和规范；资本主义精神文明的思想核心是个人利己主义。

（3）两种精神文明所体现的社会关系不同，社会主义精神文明体现的生产关系是同志式的、平等的、互助合作的与社会主义公有制相适应的社会关系。社会主义精神文明提倡共产主义道德，把它作为调整人与人之间，个人与社会之间关系的行为规范。资本主义精神文明所体现的社会关系是与资本主义雇佣奴隶制相适应的。人们之间是纯粹的金钱关系、现金交易。

（4）两种制度下的思想文化建设的方向和生活方式不同。社会主义社会要继承和发展人类一切优秀文化成果，为社会主义现代化服务、为人民服务。资本主义虽创造过灿烂的文化，但随着资本主义经济危机和精神危机的不断发展和深化，文化艺术和科技呈病态发展，社会财富巨大浪费，生活方式日益腐朽、堕落。

社会主义精神文明有两重结构，即思想道德建设方面和教育科学文化建设方面。这两个方面的内容互相渗透，互相促进。教育文化科学建设是提高人民群众思想道德水平的重要条件，思想道德建设体现着社会主义精神文明的性质和发展方向。社会主义精神文明是社会主义统一体的一个重要方面，是社会主义制度优越性的重要表现，是凝聚和激励全国各族人民的重要力量，是综合国力的重要标志。

社会主义精神文明是社会主义区别于资本主义的重要标志。在阶级社会里，社会上占统治地位的思想决定着社会精神文明的性质和面貌。在资本主义社会，资产阶级在经济上、政治上都处于统治地位，因此，资产阶级的世界观、人生观和价值观必然成为该社会精神文明的指导思想，并决定着精神文明的性质。在社会主义社会，工人阶级和劳动人民是社会的主人，工人阶级的思想体系即马克思主义成为精神文明的指导思想，并决定着精神文明的社会主义性质。在社会主义社会，精神文明的成果为人民享有，为提高人民的思想道德素质和科学文化素质服务，为社会主义现代化建设服务，克服了剥削制度下精神文明的创造者和享受者相分离的状况。

社会主义精神文明反映我国社会主义经济和政治的基本特征，又对经济和政治的发展有巨大的促进作用。它为社会主义现代化建设提供支持和保证。

第一，社会主义精神文明作为正确的思想价值导向，从思想上保证我国社会主义现代化建设的正确方向。社会主义的本质是解放生产力，发展生产力，消灭剥削，消除两极分化，最终达到共同富裕。只有加强以马克思主义为指导的社会主义精神文明建设，才能从思想上保证社会主义本质的实现和现代化建设沿着社会主义方向发展。

第二，社会主义精神文明建设为社会主义现代化建设提供智力支持。社会主义精神文明建设能够提高劳动者的科学文化素质，开发人的智力。现代生产发展的突出表现就是智力活动越来越成为主导性的、决定性的活动，物质生产的发展越来越依赖于精神领域活动的支撑，社会经济的发展已进入知识经济的阶段，要通过精神文明建设，提高人民的科学文化水平，为社会主义现代化建设提供智力支持。

第三，社会主义精神文明建设为社会主义现代化建设创造安定团结的社会环境。社会主义现代化建设，必须要有一个安定团结的社会环境。为经济建设创造一个安定团结的政治局面，既要靠法制，也要发挥社会主义精神文明的作用。创造出更多健康有益的精神产品，就能够满足人民群众的文化生活的需要，并且有利于维护和发展安定团结的政治局面和良好的社会环境，为改革开放和现代化建设的顺利发展提供有利条件。

第四，社会主义精神文明建设有助于成功地回应世界范围内各种思想文化的相互激荡的趋势，巩固和发展社会主义的思想文化。社会主义事业是崭新的进步事业，需要以科学的理论和先进的思想文化为指导。在改革开放的条件下，各种思想文化的相互撞击、渗透不可避免，并成为一种趋势。苏联解体、东欧剧变后的社会主义低潮，严重冲击着人们对社会主义的信念和共产主义的理想；西方文化和高科技往往成为“西化”的载体。我国由于新旧体制转换，利益关系调整，导致思想意识领域众态纷呈，复杂多变。因此，在新形势下必须加强社会主义精神文明建设，强化马克思主义在我国社会生活和精神文明建设中的指导地位和作用，这关系到人民政权的存亡和社会主义事业的成败。

## 第二节 中国和印度的比较

### 一、中国和印度比较的基础

对社会主义和资本主义两种制度进行比较，从而对两种社会制度的优劣作出判断和评价，就要恰当地选择比较对象，使比较对象具有可比性，在幅员、资源、人口以及生产力原有水平等方面大体相同的国家间进行比较，才具有可比性。一个幅员辽阔、人口众多的大国与一个国土狭小、人口很少的国家就不具有可比性，简单把两者进行比较是不科学的。我们选择印度进行比较，是因为中印两国不仅分属不同的社会制度，中国是社会主义国家，印度是资本主义国家，而且，中印两国有可比的基础。其可比的基础主要体现在以下四个方面。

第一，两国进行建设的时间大体相同。

中国在新中国成立前是一个半殖民地半封建的国家，中国共产党领导中国人民，经过28年艰苦卓绝的斗争，推翻了帝国主义、封建主义、官僚资本主义的统治，在1949年10月建立了社会主义的新中国。从新中国成立到现在，我们经历了60年的社会主义建设，包括改革开放前的30年和改革开放后的30多年。印度独立前是英国的殖民地，1948年，印度摆脱了英国的殖民统治，取得了政治上的独立，在资本主义制度的基础上开始国家的建设，历时61年。

第二，两国进行建设的基础大体相同。

中国从近代开始到新中国成立前，经历了100多年的战乱。1840年的鸦片战争，是中国近代史的开端，中国开始由一个独立的国家变成了一个半殖民地半封建的国家。鸦片战争后，中国就一直战乱不断，第二次鸦片战争、八国联军侵华、甲午战争、抗日战争等等，再加上国内的军阀混战。可以说战争是连绵不断，战争严重破坏了中国的经济。而印度在独立前是英国的殖民地，战争比当时的中国要少得多。因此，印度独立前的经济发展水平略高于1949年的中国。1949年，印度在按人口平均的工业产值方面，以及发电量、钢材、水泥、硫酸、棉纱产量都比中国高。1950年，中印两国的GDP总量基本一致，印度约为190亿美元；1950年，印度的人均GDP为56美元。1949年，中国的GDP是179.56亿美元；1950年，我国的人均GDP为29.2美元。从上述分析中可以看到，中印两国进行建设的基础大体相同。

第三，两国都是大国，而且都是人口大国。

从土地面积看，中国的国土面积有960万平方公里，是世界第三大国，亚洲第一大国。印度的国土面积有298万平方公里（不包括中印边境印占区和克什米尔印度实际控制区等），是亚洲第二大国，居世界第七位，是南亚次大陆最大的国家。从人口看，1949年，中国的人口有5.4亿，到2008年，人口达到13.2亿，是世界第一人口大国。印度20世纪40年代末独立时的人口是3.5亿左右，2008年，人口达到11.5亿，是世界第二大人口大国。同为大国和人口大国，中国和印度都面临着一些相同的问题，比如，经济总量大和人均收入低的问题，庞大人口的社会保障问题，人口增长和资源不足的问题，区域经济发展不平衡的问题，等等。这些因素，都使中印两国有了一个可以进行比较的平台。

第四，两国都是世界文明古国。

中国和印度，不仅同属亚洲，同是大国和人口大国，而且，中国和印度都是世界文明古国（世界四大文明古国是中国、埃及、印度和古巴比伦）。在历史上都曾创造了辉煌灿烂的古代文明，中华民族的祖先，创造了辉煌的黄河文明，印度的祖先，则创造了辉煌的恒河文明。在古代，对世界文明的发展都作出了杰出的贡献。古代辉煌灿烂的历史，对于两国的建设，无论是包袱也罢，是动力也罢，两国都同时具有。

## 二、印度进行建设时比中国占优势的地方

把中国和印度进行横向比较，除了要寻找两国可比较的共同基础外，还要寻找两国的不同之处，通过对不同之处的分析，看哪一个国家在发展中更具优势。通过对中国和印度历史、现实和国情的分析，我们可以看到，印度在进行经济建设上，在很多方面比中国占有优势，也就是说，印度进行经济建设的总体环境比中国要好。

第一，印度是进行资本主义的建设，有现成的经验可循。

印度在独立后，建立了资本主义制度，在资本主义制度的基础上开始了国家的建设。资本主义制度在世界上迄今为止已有300多年的历史，并且，世界上绝大多数国家是资本主义国家，在资本主义制度的基础上进行国家的建设，有现成的经验可循。由于有现成的经验可循，在经济建设中，就可以少走一些弯路，减少建设的盲目性，就可以把更多的时间、精力、资源放在经济建设上，减少一些损失。而中国的社会主义制度，是建立在半殖民地半封建的基础之上的，在一个经济文化落后、人口众多的国家进行社会主义建设，马克思、恩格斯、列宁、斯大林的经典著作中没有现成的答案，其他国家也没有现成的经验，完全依靠自己的探索，用邓小平的话说，叫摸着石头过河。中国的社会主义建设，没有现成的经验可循，是在探索中进行的。由于没有现成的经验可循，我们在探索中，就不可避免地会走一些弯路，造成一些损失。我们在新中国前30年的社会主义建设中，就发生了像“大跃进”、人民公社化运动、反右斗争扩大化等错误，并酿成了“文化大革命”的悲剧，给我国的社会主义建设造成了严重的损失。这就是我们在探索社会主义建设道路过程中付出的代价，这些错误的发生，在很大程度上影响了经济建设的顺利进行，影响到了社会主义制度优越性的发挥。

第二，印度是在一个开放的体系中进行建设，而中国长期遭到资本主义国家的封锁和包围。

印度在建立资本主义制度后，很快融入了资本主义的体系中，美国、英国、法国等西方资本主义大国，为了自己的利益，在经济、技术上都给印度以援助。作为社会主义国家的苏联，从自己的战略考虑出发，在一段很长的时间里，也给印度以支持和援助，尤其是在军工技术方面，给予印度的援助大大超过中国。而我国的社会主义建设，是在西方资本主义国家和苏联等社会主义国家的封锁和包围下进行的。新中国成立时，以美国为首的西方资本主义国家，拒不承认新中国，对中国进行了长达30多年的封锁和包围。20世纪50年代，在“巴黎统筹委员会”对中国的禁运清单上，甚至包括了八号铁丝。一直到现在，以美国为首的西方国家，在一些重要技术和重要装备，尤其是军工技术和重要军品上，仍然对我国进行限制和禁运。欧盟对中国军售的限制，一直到现在都没有解除。美

国的一些先进武器，像F－15、F－16战斗机、爱国者导弹防御系统等，卖给了世界很多国家，甚至包括我国的台湾地区，但是一直不向中国内地出售。新中国刚成立时，苏联给了我国一些援助，20世纪50年代初援建了156个重点工程，为新中国的工业化打下了基础，但在50年代中后期，中苏关系破裂，苏联等东欧社会主义国家也对我国进行包围。这种状态一直持续到20世纪70年代中美建交，情况才有所改观。一直到了1978年十一届三中全会后，中国开始了对外开放，才开始逐渐融入世界中去。

第三，印度的自然条件比中国好。

中国的国土面积虽然比印度大，但是，在自然条件方面，中国明显不如印度。我国幅员辽阔，自然环境复杂，各地区自然条件差异很大。概括起来，我国的自然条件，有五个特点：一是大部分（72%左右）地区属于中纬度地带，光热条件优越。二是水热条件东西差异明显，占国土面积50%左右的湿润区和半湿润区水热条件较好，发展农业生产的条件较好，但易发生低温、冰雹等自然灾害，占国土面积50%左右的干旱和半干旱地区不利于农业生产的发展。三是土地资源总量不小，但山地多，平地少，耕地和林地所占比例较小。据统计，我国山地占33%，丘陵占10%，高原占26%，加在一起，山区面积占了国土面积的2/3，而山区的自然条件，总体上看，不利于农业生产的发展。四是农业自然条件地区差异大，东部好于西部，南方好于北方。五是土地质量较好，但后备资源不多，我国的耕地面积2008年为18.257 4亿亩，为印度的70%左右（印度的耕地约为25亿亩），2008年我国人均耕地不足1.4亩（印度人均耕地2.5亩左右）。印度在自然气候条件方面，也比中国有利：一是印度地势低平，土壤肥沃，有利于开发利用。印度的国土平原占43%、山地占25%，其余是高原。但山地和高原的平均海拔不超过1 000米，低矮平缓的地形不仅集中便利，而且在良好气候条件的配合下，绝大部分土地可供农业生产利用，其垦殖指数之高，在世界范围内亦属少见。二是热量丰富，降水虽多但不够稳定。

## 三、从中国和印度的比较看社会主义制度的优越性

60年沧桑巨变，中国共产党团结带领全国各族人民，积极探索，艰苦奋斗，勇往直前，在旧中国满目疮痍的废墟上走出了一条中国特色社会主义的道路，取得了辉煌成就，把一个贫穷落后的国家，建设成为一个初步繁荣富强的社会主义国家，实现了国家的富强和人民的富裕。一个强大的中国，一个更具吸引力的中国，一个更加和谐文明的中国，一个充满生机和活力的社会主义大国已经巍然屹立在世界东方。印度经过60多年的建设，经济和社会也取得了快速发展，成为一个发展中的大国。但是，中国在国家建设的成果上，远远超过印度。通过对中印两国建设成就的比较，我们可以看到，社会主义制度比资本主义制度在发展社

会生产力、促进经济增长、改善人民生活、促进人的全面发展、提高综合国力等方面，都具有巨大的优越性。

第一，社会主义制度能够更快地促进社会生产力的发展。

经过60年的建设，我国在经济建设上取得了举世瞩目的成就，到2008年我国的GDP达到314 045亿人民币，按汇率折算成美元，为4.6万亿美元，仅次于美国和日本，居世界第三位，成为世界三大经济体之一。印度2008年的GDP为1.237万亿美元，排在世界第十三位，在经济总量上，只能算一个中等的国家。60年来，我国进出口贸易总额由1950年的11.3亿美元增加到2008年的25 616亿美元，增长2 266倍，年均增长14.2%，进出口贸易总额居世界位次由1978年的第29位跃升到第二位，仅次于美国，占世界贸易总额的比重也由0.8%提高到7.9%。印度2008年进出口贸易总额大约为4 500亿~4 600亿美元之间，约为中国的1/5。在“金砖四国”（中国、俄罗斯、巴西、印度）中，我国的GDP占“金砖四国”总量的49.2%，印度占13.8%。

从经济增长率看，从1952—2008年，我国的经济平均保持了8%左右的增长速度，在世界上实属罕见。从1978年改革开放到2007年，我国经济保持了平均9.8%的增长速度。最近十年，我国的经济保持了稳定较快的增长，1999年7.1%，2000年8.0%，2001年7.5%，2002年8.3%，2003年9.5%，2004年10.1%，2005年10.4%，2006年10.7%，2007年11.4%，2008年9%。印度经济在一个较长的时期缓慢增长，从独立以后到1990年，有“印度教徒式”称谓的经济增长率平均只有4%左右，即使是1991年改革以后到2001年所谓的快速增长时期，增长率平均只有5.9%，同期中国为10%。印度自1991年实施改革以来，经济增长速度在加快。1992—2005年14年间，印度实际GDP的平均增长率为6.06%，成为世界上经济增速最快的国家之一。1997—2005年，印度连续8年经济增长率在5%左右，最近10年，印度的经济增长率为：1999年6.8%，2000年6.2%，2001年4.4%，2002年5.2%，2005年8.2%，2006年9.4%，2007年9.6%，2008年9%（2003年、2004年缺数据）。从以上数据可以看到，我国的经济增长率明显高于印度。

从主要工农业产品的产量看，在2007年，我国主要工农业产品的产量都超过印度，位居世界前列。2007年，我国生产原煤253 600万吨，印度为29 515万吨；生产原油18 665.69万吨，印度为3 480万吨；生产水泥136 000万吨，印度为16 130万吨；生产钢材56 894万吨，印度为5 080万吨；生产化肥5 786万吨，印度为1 609万吨；生产布660亿米，印度为533.9亿米；发电量32 777.2亿度，印度为6 624亿度；生产汽车888.7万辆，印度为206万辆。2007年，我国的粮食总产量为50 160万吨，印度的粮食总产量为21 610万吨；油料产量我国为2 461万吨，印度为2 380万吨；棉花产量，我国为760万吨，印度为385.9

万吨。我国主要农产品的产量都位居世界第一。从以上数据中，我们可以看到，社会主义制度能够促进社会生产力的发展，资本主义制度也能够促进社会生产力的发展，但是社会主义比资本主义能够更快地促进社会生产力的发展。

第二，社会主义发展生产力的成果，更多地为人民群众所享有。

60 年来，随着经济和社会的快速发展，人民群众的生活水平得到了大幅度的提高。到 2008 年，我国的城镇居民的人均收入为 15 781 元，农民的人均收入为 4 761 元；人均 GDP 为 3 400 美元左右，在世界 178 个国家和地区中排第 92 位。2008 年，印度的人均 GDP 为 1 025 美元，在世界 178 个国家和地区中排第 130 位。我国是社会主义国家，在生产资料所有制上，坚持以公有制为主体，多种所有制经济共同发展，在分配制度上，坚持以按劳分配为主体。这就从制度上保证了经济建设的成果能够为广大人民群众所享有。到 21 世纪初，我国已经解决了全国绝大多数人民的温饱问题，进入了小康社会，现在正向更高水平的小康迈进。到 2008 年年末我国的农村贫困人口为 4 007 万人（按 2008 年农村贫困标准 1 196 元测算），城镇约有 2 500 万贫困人口，2 334 万城市居民得到政府最低生活保障，在全国人口中占的比重为 3% 左右。印度是资本主义制度，生产资料的私有制和按资分配，决定了经济发展的成果的大部分为少数人所占有，从而导致严重的贫富不均。2008 年，印度的贫困人口为 2.7 亿人（按照印度自己制定的贫困标准：农村人均年收入 4 420 卢比，约合 650 元人民币；城镇人均年收入 6 700 卢比，约合 985 元人民币）。按照世界银行的标准，我国的贫困人口也大大少于印度。按照世界银行的贫困线标准（每人每天 1.25 美元），印度 2008 年的贫困人口为 4.55 亿，接近其国内人口总数的 42%。中国的贫困人口为 2.54 亿人，约占全国人口的 19.2%。近 25 年来，全人类取得的扶贫事业成就中，2/3 的成就应归功于中国，成为发展中国家消除贫苦的典范。

第三，社会主义制度更能够促进和实现人的全面发展。

社会主义制度不仅在促进经济增长、促进生产力发展方面，比资本主义制度具有巨大的优越性，而且在促进和实现人的全面发展上，也比资本主义制度具有巨大的优越性。在社会发展方面，中国的识字率在 90% 以上，印度为 60% 左右；2008 年，中国人均寿命为 75 岁，印度为 60.8 岁。中国每 10 万人拥有的医生数量为 115 人，印度为 48 人。据联合国世界粮食计划署的报告，印度有 21% 的人口、超过 2.3 亿人处于营养不足状态，占全球饥饿人口的 27%，高居世界之首。在 2008 年北京奥运会上，我国运动员共获得 51 枚金牌，21 枚银牌，28 枚铜牌，奖牌总数 100 枚，位列奥运会金牌榜第一，奖牌榜第二。印度运动员仅获得 1 枚金牌，2 枚铜牌，位列奥运会金牌榜第五十位。以上一些数据也说明，社会主义制度更能够促进和实现人的全面发展，提高人民的生活水平。

第四，社会主义制度能够更好更快地推进军队现代化建设，有效保卫国家安全。

60 年来，在以毛泽东同志、邓小平同志、江泽民同志为核心的党的三代中央领导集体和以胡锦涛同志为总书记的党中央领导下，我国国防和军队建设取得了辉煌成就。无论是从军队的数量、质量，还是从各军兵种齐全的角度，无论是从武器装备的品种、数量和质量，还是从国防科研的水平和实力，都是近现代以来最强大的时期，中国人民解放军已经成为一支能够有效保卫国家领土主权完整的强大力量，成为守卫祖国的钢铁长城。我们已经建立了独立的、比较完整的国防工业和国防科研体系，我军主要的武器装备均能自主研制，自主生产，武器装备的水平已位居世界前列。从 20 世纪五六十年代的“两弹一星”（原子弹、氢弹和人造地球卫星）到现在的 99 式主战坦克、歼 10 飞机、歼 11B 飞机、空警 2 000 预警机、长剑巡航导弹、洲际导弹，都反映了我国国防工业和国防科研的实力和水平。印度目前还没有形成较为完备的国防工业和国防科研体系，印度军队的装备虽然比较先进，但绝大部分是进口的，印度空军的 S－27、S－30 战斗机，连基本的维修都不能完全自己解决。根据有关资料，中国的军事力量在世界上居于第三或者第四位，印度的军事力量在世界上居于第八或者第九位。可见，社会主义制度能够更好更快地推进军队现代化建设，有效保卫国家安全。

第五，社会主义制度能够更快地提升国家的综合国力，实现民族的伟大复兴。

社会主义制度还具有集中力量办大事的优越性。在社会主义制度下，从经济上看，国家代表人民占有大部分生产资料和社会财富，能够对大部分生产资料和社会财富进行支配。从政治制度上看，我们建立了人民当家作主的人民代表大会制度和适合我国国情的政党制度。这两方面的结合，就使社会主义制度具有集中力量办大事的优越性，国家能够集中人力、物力、财力进行重点项目和基础设施的建设。这对于提高国家的综合国力，集中力量应对突发事件和各种灾难，实现民族的伟大复兴，都具有重要的作用。2008 年，我们取得了四川汶川大地震抗震救灾的胜利，也体现了社会主义制度集中力量办大事的优越性。2008 年，我国的综合国力排在世界第四位，目前，我国无论在政治、经济、军事、外交等方面，在世界上都发挥着越来越重要的作用，在多极化的世界中成为重要的一极。2008 年，印度的综合国力排在世界第九位，还只是一个地区性的大国，在多极化的世界中，无论在政治、经济、军事、外交等方面，都还没有成为重要的一极。可以预计，只要我们发挥社会主义制度的优越性，坚持走中国特色社会主义的道路，团结和依靠全国各族人民，我们就一定能够在 21 世纪中叶，即人民共和国成立 100 年的时候，把我国建设成为一个富强、民主、文明、和谐的社会主义现代化国家，实现国家的富强、人民的富裕幸福，实现中华民族的伟大复兴。

# 第三节　正确认识社会主义的现状，促进社会主义的发展

## 一、正确认识我国社会主义和发达资本主义国家的差距

尽管我国的社会主义建设取得了辉煌的成就，但是，由于种种原因，我国目前的社会主义还处在初级阶段，我国的社会主义同发达的资本主义国家还存在不小的差距。正确认识我国同发达国家存在的差距，对于我们进一步认识和理解社会主义制度的优越性，进一步发挥社会主义制度的优越性，具有积极的意义。

中国是世界上最大的发展中国家，美国是世界上最大的发达国家。要正确认识我国社会主义和发达资本主义国家的差距，有必要把中国和美国进行比较，从比较中寻找差距。

中国和美国之间，还存在比较大的差距。从经济总量上看，2008 年，美国的 GDP 为 1 433 万亿美元，中国的 GDP 为 4. 6 万亿美元，美国的经济总量是中国的 3. 1 倍；在世界经济中所占的份额，美国占 18. 3%，中国占 5. 8%。按照世界银行公布的按购买力计算的 GDP，中国的 GDP 只有美国的 53. 5%（按照世界银行公布的 2008 年世界各国按购买力计算的 GDP，中国的为 7. 8 万亿美元，美国的为 14. 58 万亿美元）。从人均 GDP 看，中国和美国之间的差距更大，2008 年，我国的人均 GDP 为 3 400 美元左右，在世界银行统计的 178 个国家中排第 92 位，属于中下等收入国家。美国的人均 GDP 为 45 594 美元，在世界银行统计的 178 个国家中排第 9 位，属于高收入国家。从科技上看，美国的科技实力独步天下，基础科学研究实力超强，美国多次包揽诺贝尔科学类奖项，便是一个有力的证明。此外，美国的专利数世界第一，远多于第二位的日本；论文引用数世界第一且优势巨大；美国企业研发实力非常强，高科技公司众多，如微软、IBM、惠普、英特尔、苹果等企业，都有着超群的实力。当然，美国在航空航天方面的水平在世界上是处于绝对优势的。中国的科研实力和水平虽然在新中国成立后有了比较快的发展，但在总体水平上和美国还有很大的差距。从军事上看，美国无论是军事科技的水平，还是从武器装备的质量和数量，都在世界上处于绝对的优势。美国至今还保留着世界上最大的核武库、最大的空中力量和最大的航母编队，现在的美国是个超级大国，军费占世界 40%，经济占世界 30%，在国际事务中有着强大的支配能力和重要的影响力。美国年军费 4 000 多亿美元，由于反恐，近几年美国每年增加的军费 400 亿美元，几乎比中国一年的军费总额要多。中国军队经过 60 年的建设，由一支“小米加步枪”的军队，建设成为一支作风优良、军兵种齐全、武器装备基本现代化的强大的人民军队，成为捍卫祖国利益

的钢铁长城。但我国还只是一个地区性的军事大国，并奉行防御性的国防政策，不会对其他国家造成威胁。从综合国力看，2008 年，美国的综合国力居世界第一位，中国的综合国力居世界第四位。总体来看，美国是一个高度发达的国家，中国还只是一个发展中的大国。

中美两国产生的差距，究其原因有：一是发展时间的差距。美国的经济已经发展了百年，而中国经济真正腾飞只是近几十年。第二次世界大战中，美国大发国难财，而且战场主要在欧洲、亚洲，对美国影响不大。而中国几乎是在一片废墟之上发展起来的。二是发展阶段的差距。美国经过三次工业革命，如今已步入信息化时代；而中国，则处于第三次工业革命时期，以信息化带动工业化，以工业化促进信息化。美国的信息科技极为发达，极大地拉动了生产力。三是发展模式的差距。美国完善的市场经济体制、调控手段、高效的政府机构，都是中国所远不能及的。如今中国虽然是市场经济国家，但是国家干预十分明显。同时，在发展过程中出现的以破坏环境为代价等不良的经济发展行为、极大的浪费等都制约了中国经济的发展。以美国为代表的资本主义国家的存在而且其经济实力优于现阶段的社会主义国家这一情况是客观存在的，而且也是历史发展的必然，客观存在的现实只能说明一点，即现阶段的资本主义国家的国情是适宜于资本主义制度的。他们没有像中国一样有如此庞大的农民阶级，他们拥有在帝国主义时期通过掠夺而积累起来的大量物质财富，他们拥有先进的科学技术，而且经过 300 多年发展的资本主义制度已经具备了完善的法律制度以及社会福利制度。正是因为这些原因，使得我们在作对现阶段的社会主义国家与资本主义国家的对比时，常常被资本主义国家现阶段的繁荣所迷惑，以至于对资本主义制度向往起来。这是我们很容易犯的错误。而犯错误的原因就在于我们没能够在作比较的同时客观地认识两种不同制度下国家的国情。

对于近代中国贫穷落后，同发达国家产生巨大差距的原因，要作具体的分析，不能简单把贫穷落后的原因归罪于搞了社会主义，归罪于共产党的领导。近代中国贫穷落后的原因，一是长期的封建制度，尤其是半殖民地半封建社会，严重阻碍了社会生产力的发展，这是近代中国贫穷落后的历史和制度原因；二是近代帝国主义国家对中国的侵略和掠夺。据统计，鸦片战争后，中国被列强夺走了 300 多万平方公里土地，仅 1842 年、1860 年、1895 年、1901 年四次战争赔款，总计白银 7.1 亿两。其中 1901 年就赔款白银 4.5 亿两，这笔赔款分 39 年还清，年息 4 厘，本息共计 9.8 亿多两。4.6 亿中国人，平均每人要负担白银 2 两以上。此外，赎城费、犒军费等不计其数。甲午战争前 30 年间，清政府所借外债不过白银 4 000 万两，战后不到 5 年，外债即达 4 亿两。1894—1911 年有案可查的外债有 110 项，共计超过 12 亿两。

中国和发达国家的差距，并不是社会主义制度造成的，相反，在社会主义制度下，我们不断缩小了同发达国家的差距。据有关资料，1950 年，中国的 GDP 仅仅是美国的 18%；到 2008 年，中国的 GDP 是美国的 29.5%。改革开放的 1978 年，中国 GDP 世界排名第十五位，1995 年世界排名第八位，2000 年世界排名第六位，2005 年世界排名第四位，2008 年世界排名第三位。可见，中国在社会主义制度下，不断缩小了同发达国家的差距，由一个积贫积弱，任人欺凌和宰割的国家变成一个独立自主的，初步繁荣富强的国家；由一个落后农业国变成了一个强大的工业国；由一个连钉子和煤油都需要进口的国家变成了“世界工厂”。一个政治更加稳定、经济更加强壮、社会更加进步、国民更加富裕的中国，一个国际形象更加正面、发展模式更富吸引力、外交理念更具亲和力的中国，正赢得越来越多的国家尊重，这正是社会主义制度优越性的具体体现。展望未来，虽然中国的经济发展只有短短几十年，但是，在引进先进技术，提高国民素质，加强信息化建设，完善调控机制，依法治国，以德治国，相信经济发展迅猛的势头仍将不可阻挡。如今正值一个很好的时代，机会与挑战并存，中国经济的腾飞指日可待。

## 二、正确认识我国社会主义的发展阶段

经过新中国成立以来特别是改革开放以来的不懈努力，我国取得了举世瞩目的发展成就，从生产力到生产关系、从经济基础到上层建筑都发生了意义深远的重大变化，但是，我国还是一个发展中的国家，我国的社会主义还处在初级阶段。正确认识我国社会主义的发展阶段，对于我们进一步认识和理解社会主义制度的优越性，进一步发挥社会主义制度的优越性，具有重要的作用。

胡锦涛在党的十七大报告中指出：“我国仍处于并将长期处于社会主义初级阶段的基本国情没有变，人民群众日益增长的物质文化需要同落后的社会生产之间的矛盾这一社会主要矛盾没有变。当前我国发展的阶段性特征，是社会主义初级阶段基本国情在新世纪新阶段的具体表现。”

我国当前仍处于并将长期处于社会主义初级阶段，是由我国当前的基本国情决定的。我国当前的基本国情，主要有五个方面的表现：

（1）生产力有了一定程度的发展，经济实力显著增强，但生产力发展的总体水平不高。改革开放 30 多年来，我国的生产力发展水平有了很大程度的提高。2008 年，我国的 GDP 达到了 314 045 万亿人民币，按汇率折算成美元，为 4.6 万亿美元，仅次于美国和日本，居世界第三位。但是，我国生产力的总体水平仍然不高，从农业上看，农业机械化程度和农业综合生产能力有了很大程度的提高，但是，农业用手工工具搞饭吃和靠天吃饭两大问题仍未从根本上得到解决。在科学技术上，我国在一些尖端科技上取得了重大突破，但总体的科学技术水平不高这一问题依然存在，我国工业能耗大、环境污染严重、出口商品中加工深度

不够、技术附加值不高，劳动密集型商品和资源型商品还占相当大的比重，都是科学技术水平不高的表现。工业产品的产能有了大幅度提高，但基础工业落后的现状并未得到根本改观，工业上的一些基础设备和关键技术仍然依赖进口。面对日新月异的科学技术变革，面对日益强化的资源环境约束，面对以创新和技术升级为主要特征的激烈国际竞争，我国自主创新能力薄弱，已经日益成为发展的瓶颈制约。社会主义市场经济体制初步建立，但影响发展的体制机制障碍依然存在，社会主义市场经济体制有待进一步完善。总体上看，在国际范围内，我国生产力还处于较低的水平。

(2) 人民生活总体达到小康水平，但收入差距扩大的趋势仍未扭转，城乡贫困人口和低收入人口还有相当数量。改革开放 30 多年来，随着生产力的发展和经济总量的增加，人民群众的生活水平得到了大幅度提高，在解决了温饱问题后于 21 世纪初进入了小康社会并开始了全面建设小康社会的历史进程。但是，我们目前的小康社会还是低水平的、不全面的、发展不平衡的小康。我国在收入分配和人民生活方面还存在两大问题：一是收入差距扩大的趋势仍未扭转。到 2000 年 6 月，我国城乡居民的综合基尼系数达到 0.408，已超过 0.4 的国际警戒线。2003 年已经逼近 0.45，2004 年超过 0.465，2007 年达到了 0.48。收入差距的扩大导致了显著的社会贫富差距。收入差距的扩大表现在三个方面：①城乡居民收入差距不断扩大，2008 年农村居民人均纯收入 4 761 元，城镇居民人均可支配收入 15 781 元，城乡居民收入比由上年的 3.33∶1 扩大为 3.36∶1，绝对差距首次超过 1 万元。②不同经济类型、职业和行业的收入差距也在扩大，烟草、金融、石油、石化、保险等行业的收入过高，一般加工制造业收入较低，国有垄断企业职工收入较高，非公企业职工收入较低。③地区间收入差距逐步拉大，2008 年上海人均 GDP 为 95 049 元，贵州人均 GDP 为 7 264 元，差距高达 13 倍。二是城乡贫困人口和低收入人口还有相当数量。到 2008 年年末我国的农村贫困人口为 4 007 万人（按 2008 年农村贫困标准 1 196 元测算），2008 年城镇约有 2 500 万贫困人口（2008 年有 2 334 万城市居民得到政府最低生活保障）。贫困人口在全国人口中占的比重为 3% 左右。按照世界银行的标准（每人每天 1.25 美元），我国的贫困人口为 2.54 亿人，约占全国人口的 19.2%。

(3) 发展不平衡的问题仍未得到根本改变。党的十三大提出社会主义初级阶段理论的依据之一就是我国经济发展的不平衡。经过 30 多年的改革开放，我国的经济发展水平得到了较大的提高，但经济发展不平衡的问题仍未得到根本改变。经济发展的不平衡表现在三个方面：一是区域发展不平衡，东部地区的发展快于中西部，中部的发展快于西部。2008 年，广东的 GDP 为 35 696 亿元，湖北的 GDP 为 11 330.38 亿元，西藏的 GDP 为 392 亿元，广东和西藏的差距高达 91 倍。二是城乡发展不平衡，城市的发展大大高于农村的发展。城市，尤其是大中城市，现代化水平较高，拥有完善的基础设施、良好的医疗卫生条件，比较完善的教育体系和较高的教育水平，相对完善的社会保障制度，较高的生活水平。农村无论在基础设施、医疗卫生条件、教育体系、教育水平、社会保障水平、人民生活水平等方面，都远远落后于城市。三是产业的发展不平衡。作为第一产业中的农、林、牧、渔业的发展滞后。尤其是农业的基础薄弱；作为第二产业的加工业发展较快，很多产品的产能已高居世界首位；第三产业的发展也满足不了经济社会发展的需要。

(4) 上层建筑同经济基础仍存在不协调的问题。改革开放 30 多年，我们在不断推动生产力发展的同时，不断完善上层建筑，社会主义民主政治得到不断发展、依法治国基本方略扎实贯彻，社会主义文化更加繁荣，社会活力显著增强。不断完善的上层建筑对经济基础的巩固和发展起到了积极的推动和促进作用。但是，当前，上层建筑同经济基础仍存在不协调的问题，表现在：社会主义民主政治不断发展、依法治国基本方略扎实贯彻，同时民主法制建设与扩大人民民主和经济社会发展的要求还不完全适应，政治体制改革需要继续深化；社会主义文化更加繁荣，人民群众文化生活更加丰富，同时人民精神文化需求日趋旺盛，人们思想活动的独立性、选择性、多变性、差异性明显增强，文化建设的总体水平和我国经济发展水平还不适应，人民群众对发展社会主义先进文化提出了更高要求；社会活力显著增强，同时社会发展仍然滞后于经济的发展，民生方面还有许多有待解决的问题。在社会结构、社会组织形式、社会利益格局发生深刻变化的新形势下，社会建设和管理面临诸多新课题。

(5) 国际竞争日趋激烈，对外开放水平有待进一步提高。改革开放 30 多年来，我国的对外开放的水平和程度不断提高，已初步形成了全方位、多层次、宽领域的对外开放格局。2008 年，我国的对外贸易总额达 25 616 亿美元，居世界第三位，我国已经从封闭半封闭型的经济转变为开放型经济，蓬勃发展的中国经济在世界上的地位越来越重要。同时，我们必须看到，我国目前仍然是一个发展中的国家，发达国家在经济和科技上占优势的压力将长期存在，同国际社会的联系日趋紧密，但风险随之增加，尤其是在当前世界金融危机的形势下，防范风险的压力更大。在激烈的国际竞争中形成参与国际合作与竞争的新优势，对于统筹国内发展和对外开放提出了更高的要求。

正确认识社会主义初级阶段基本国情，不是要妄自菲薄、自甘落后，也不是要脱离实际、急于求成，而是要坚持把它作为推进改革、谋划发展的根本依据。我们必须始终保持清醒头脑，立足社会主义初级阶段这个最大的实际，科学分析我国全面参与经济全球化的新机遇新挑战，全面认识工业化、信息化、城镇化、市场化、国际化深入发展的新形势新任务，深刻把握我国发展面临的新课题新矛盾，更加自觉地走科学发展道路，奋力开拓中国特色社会主义更为广阔的发展前景。

## 三、正确认识我国当前社会主义发展面临的问题和困难

尽管我国的社会主义建设取得了辉煌的成就，但是，在建设中国特色社会主义的进程中，我们还面临不少的问题和困难。正确认识我国社会主义发展面临的问题和困难，对于我们进一步认识和理解社会主义制度的优越性，进一步发挥社会主义制度的优越性，具有积极的推动作用。

始于2008年的世界金融危机，不仅对世界经济，而且对中国经济也产生了巨大的影响，影响最主要的表现是经济增速持续下滑。经过一年多的努力，我们在抗击金融危机方面，促进经济增长方面，取得了重大进展，经济回升势头逐步增强，总体形势积极向好。2009年第一季度，我国GDP增长6.1%，二季度增长7.9%，三季度增长8.9%。但是，当前我国经济回升向好的势头还不稳定、不巩固、不平衡，经济运行面临六大困难和挑战。一是外需严重萎缩对我国经济的影响仍将持续，前7个月，我国出口下降22%，降幅比一季度扩大2.3个百分点；实际使用外资降幅达到20.4%。总体来看，世界经济仍处在衰退之中，实现复苏是一个缓慢曲折的过程。在这种情况下，我国全年的外贸形势将十分严峻。二是部分行业和企业生产经营还比较困难。在当前生产能力较大、对外依存度较高、外需难有明显恢复的情况下，市场竞争加剧，产品价格下跌，许多企业订单不足，销售收入下降。三是农业稳定发展和农民增收难度较大。实现全年粮食丰收还存在很多不确定因素，还要经受洪涝、干旱等的考验。尽管农民工的就业形势好于预期，但就业人数增速和工资水平增幅均有明显下降，加上主要农畜产品价格下行压力仍然较大，影响了农民收入较快增长。四是推进结构调整和节能减排任务十分艰巨。2009年上半年，结构调整虽取得一定进展，但还不平衡，产能过剩、自主创新能力弱等问题依然突出。企业兼并重组进展较慢。五是就业压力仍然较大。部分应届高校毕业生尚未实现就业，同时仍有一批往届毕业生还没就业；尽管返城农民工绝大多数找到了工作，但工作不稳定的情况较为普遍。六是支撑经济增长的内生动力还不强。在居民收入持续较快增长难度较大、社会保障水平总体不高、消费环境亟待改善，以及鼓励引导非公有制经济加快发展的体制机制尚不健全的情况下，增强国内需求自主增长的动力还有很多工作要做。

面对仍然严峻和复杂的国际国内形势，我们要进一步贯彻落实科学发展观，把握好宏观调控重点，要更加重视提高经济增长的质量和效益，保增长、调结构、促改革、惠民生。为此，今后一段时间，主要要做好以下几方面的工作，巩固经济回升的成果。提高居民收入占国民收入比重，继续扩大内需特别是消费需求；继续实施好促进汽车、家电等消费的政策措施，加快城乡交通网络建设；继续发挥好投资对拉动经济和调整结构的重要作用。努力稳定对外经济特别是外贸

出口。保持农业农村经济稳定发展。下更大力气推进结构调整。抓紧实施重点产业调整和振兴规划，积极推进企业技术改造、兼并重组和淘汰落后产能。毫不放松地抓好节能减排。坚决防止经济形势好转后一些落后产能死灰复燃。要深化重点领域和关键环节改革。抓紧研究进一步调整国民收入分配格局、提高居民收入占国民收入比重的政策措施。积极改革资源性产品价格形成机制，稳妥推进水价、成品油价格和电力价格改革。加大改善民生工作力度。实施更加积极的就业政策，着力抓好高校毕业生、农民工和城镇困难群体的就业工作。尽快出台养老保险转移接续办法，继续探索建立适度普惠型老年福利制度。我们坚信，只要我们高举中国特色社会主义理论的伟大旗帜，坚定走中国特色社会主义的道路，我们就一定能够克服当前我国发展面临的问题和困难，不断推进改革开放的伟大事业，实现全面建设小康社会的奋斗目标，实现中华民族的伟大复兴，使社会主义制度的优越性得到更充分的发挥。

# 结　论

## 一、热爱祖国

通过对中国社会主义制度优越性的系统分析，我们认识到，社会主义比资本主义具有巨大的优越性。只要我们在中国共产党的领导下，充分发挥社会主义制度的优越性，经过全国人民的共同努力，我们的国家，一定能够成为一个伟大的国家；我们的民族，一定能够屹立于世界民族之林，中国的未来充满了希望。每一个中国人，都要热爱我们伟大的祖国，做一个忠诚的爱国者。

第一，热爱祖国，就要发扬爱国主义的光荣传统。

爱国主义是千百年来巩固起来的对自己的祖国的一种最深厚的感情，是对自己祖国的忠诚和热爱。爱国主义是动员和鼓舞广大人民团结奋斗的一面旗帜，是推动社会历史前进的巨大力量，是各族人民共同的精神支柱。

在我国，爱国主义的传统源远流长。在我国五千年的文明史上，我们的先人世世代代经历了无数的挫折和失败，付出了鲜血和生命的代价，谱写出无数可歌可泣的光辉事例。战国时期楚国人屈原，曾辅佐楚怀王，主张联齐抗秦，并同投降派出卖祖国的行径进行斗争，后秦国攻破楚国首都郢，他在既无力挽救楚国的危亡，又深感政治理想无法实现的悲愤中遂投汨罗江而死，用自己的行动表现了他热爱祖国的崇高思想和不妥协的斗争精神。南宋爱国名将岳飞，抗击金兵，收复失地，写下了悲壮激情的《满江红》，他虽被投降派秦桧所害，但他反对外敌侵略、维护国家独立的崇高的爱国主义精神，至今仍被人们所尊崇。南宋文天祥，坚持抗元，不幸被俘，迭经威胁利诱，坚贞不屈，拒不降元，惨遭杀害。他的“人生自古谁无死，留取丹心照汗青”的名句，为世人所传诵。

1840 年，从英国发动侵略中国的鸦片战争开始，中国逐渐沦为半殖民地半封建社会。为改变中国半殖民地半封建社会的地位，为探索救国救民的道路，中国人民进行了长期不屈不挠的斗争。气势磅礴的广州三元里人民抗英、宁波人民组织的“黑水党”以及长江下游沿岸人民自发的抗英斗争，揭开了中国近代史上人民群众反侵略斗争的序幕。侵略军的足迹踏到哪里，反侵略的怒火就从哪里升起。抗英斗争的圣火，将伟大的爱国者林则徐铸造成永垂青史的民族英雄。60

岁高龄的水师提督关天培，身先士卒，为国捐躯。66岁老将江南提督陈化成，和士兵同甘共苦，坚守吴淞炮台，7处负伤身亡，以身报国。左宝贵、邓世昌、林永升、丁汝昌等爱国将领，为抗击日军侵略，为国捐躯。伟大的资产阶级革命家孙中山，为了振兴中华，走上了反帝反封建的革命道路，正是在他的领导下，通过暴力革命的手段，推翻了清王朝，建立了中国资产阶级政权——中华民国政府。

十月革命爆发后，马克思列宁主义传入中国，开始同中国工人运动相结合。在马列主义指导下，1921年7月，中国共产党光荣诞生。在中国共产党领导下，中国人民同帝国主义、封建主义和官僚资本主义展开了不屈不挠的斗争。在推翻“三座大山”的斗争中，中国共产党人和中国人民作出了重大牺牲，大批共产党人惨遭杀害，谱写了一曲曲爱国主义的赞歌。那些千千万万为革命而献身的先烈们，是中华民族的优秀儿女，是中华民族爱国主义传统的结晶。他们身上所体现的爱国精神，在今天仍然是发挥社会主义制度优越性，继续推进中国特色社会主义建设的精神力量。

从鸦片战争到新中国诞生的全部历史表明：每一次帝国主义的侵略战争，必然激起一场巨大的民族反抗；每一次瓜分中国的狂潮，就必然引爆一场猛烈的救亡运动，帝国主义的侵略愈猖狂，中国人民的爱国主义愈高涨。爱国主义是中华民族的光荣传统，是一股伟大的凝聚力、向心力、感召力，它将激励中华儿女为维护民族独立、争取国家富强、实现社会主义现代化而奋斗不息！在新的历史起点上实现中华民族的伟大复兴，同样需要我们发扬爱国主义的光荣传统，用爱国主义凝聚人心、鼓舞人心，团结和激励人民，实现中华民族的伟大复兴。

第二，热爱祖国，就要树立民族的自尊心和自信心。

爱国主义是民族自尊心的传统体现，是千百年来巩固起来的对自己祖国的一种最深厚的感情。这种感情集中地表现为对祖国的忠诚和热爱，表现为民族自尊心、自信心和为争取祖国独立富强而英勇奋斗的献身精神。爱国主义感情不仅表现在对祖国壮丽山河、灿烂文化、悠久历史和民族传统的热爱上，而且表现在对民族的前途命运的关心上。革命老人徐特立说过：“人民不仅有权爱国，而且爱国是个义务，是一种光荣。”正是这种神圣的爱国主义情感，使得许许多多先辈们为祖国而献身，为建设社会主义祖国而奋斗。这当中有许许多多的知识分子，包括许多留学外国、学有专长的专家学者。新中国诞生后，他们高举起民族自尊心、自信心的大旗，毅然放弃国外的荣誉、地位和金钱回到祖国，建设祖国。著名桥梁专家茅以升，23岁在美国获得工科博士学位。当时有人劝他留在美国，说什么“科学无祖国”，但被他拒绝了。他说：“纵然科学无祖国，科学家却是有祖国的。我是中国人，我的祖国更需要我。”他毅然回到了祖国。著名数学家华罗庚放弃了在美国当终身教授的职务和优厚的待遇，回到祖国，为我国卫星上天作出了重大贡献。著名力学家钱学森，36岁成为美国最年轻的终身教授。新中国诞生后他冒着被杀头的危险申请回国，为我国的导弹火箭事业作出了巨大贡献，被誉为“中国导弹之父”。他们用自己的爱国行动，表现出了中华民族的自尊心和自立于世界民族之林的决心和勇气，谱写了一曲曲民族自尊心、自信心的凯歌。

中外历史证明：一个没有爱国主义的民族，是没有希望的民族；同样，一个没有民族自尊心和自信心的民族，也是没有希望的民族。因为失去了民族自尊心和自信心，也就失去了发展的动力，失去了强大的民族凝聚力，就必然会导致民族的衰亡。相反，有爱国之心，树立坚定的民族自尊心和自信心，我们就有自力更生、艰苦奋斗的志气。所以，热爱祖国，就要树立民族的自尊心和自信心。

第三，热爱祖国，就要承担起爱国的历史责任。

爱国主义从来都不是一个空洞的政治口号，而是实实在在的行动。只有投身社会实践，立足本职岗位，将爱国之情、报国之志转化为效国之行，承担起爱国的历史责任，才能成为一个忠诚的爱国者。

爱国者的历史责任，是由社会历史条件所决定的，在不同的历史时期有不同的历史责任。当前，我国正处于全面建设小康社会的历史阶段，我国社会的主要矛盾仍然是人民群众日益增长的物质文化需要同落后的社会生产之间的矛盾，社会主义的根本任务是以经济建设为中心，大力发展生产力，实现中华民族的伟大复兴。这就决定了当代爱国者特别是爱国青年的历史责任主要有两个方面：一是为全面建设小康社会，实现中华民族的伟大复兴而努力奋斗。建设一个繁荣富强、国力强大的国家，使人民过上幸福美满的小康生活，实现中华民族的伟大复兴，是无数中华儿女、历代志士仁人的共同心愿。要实现这个目标，历史责任已落在了当代中国人，尤其是青年身上，要在中国共产党领导下，自觉肩负起这一历史的责任，为全面建设小康社会，实现中华民族的伟大复兴贡献自己的力量。二是维护民族团结，完成祖国统一大业。中国自古就是一个统一的多民族国家。自秦统一中国以来，中国人民为了维护祖国统一、主权和领土完整，进行了不懈的努力。因为祖国分裂带来的只能是国家动荡、民族对立和纷争，给国家、人民只能带来灾难。只有统一才能带来安定，人民才能安居乐业，才有利于经济社会的发展。所以，祖国统一、民族团结历来是各族人民的共同心愿。由于历史原因，祖国的统一大业还未完成，影响我国民族团结、国家稳定的因素依然存在，完成维护民族团结，完成祖国统一大业的任务，已成为当代爱国者神圣的历史使命。

## 二、热爱社会主义

社会主义是比资本主义优越的社会制度，要实现全面建设小康社会的奋斗目标，实现中华民族的伟大复兴，就要热爱社会主义，坚持走中国特色社会主义道路，要把热爱祖国和热爱社会主义统一起来，做一个忠诚的爱国者和坚定的社会主义者。

第一，热爱社会主义，就要坚定社会主义信念，做坚定的社会主义者。

新中国成立60年来，在中国共产党的领导下，我国全面确立了社会主义制度，人民真正成为国家、社会和自己命运的主人，社会主义现代化建设突飞猛进，经济实力和综合国力显著增强，人民的物质文化生活水平大大提高，尤其是改革开放以来，更是创造了举世瞩目的辉煌成就。社会主义在中国取得的巨大胜利，不仅证明了社会主义制度是人类有史以来最先进、最优越的社会制度，而且使广大人民群众从自身政治地位、物质文化生活的巨大变化中，切身感受到了社会主义制度的优越性。要通过对社会主义制度优越性的分析和社会主义建设辉煌成就的回顾，充分认识到只有社会主义才能救中国，进一步坚定社会主义信念，增强建设中国特色社会主义的信心。

第二，热爱社会主义，就要以实际行动积极投身于社会主义建设事业。

热爱社会主义，坚持社会主义道路，以实际行动积极投身于社会主义建设事业。热爱社会主义是社会主义国家对每个公民的基本要求，热爱社会主义，一是要立足岗位，做好本职工作，为社会主义事业的发展添砖加瓦，为社会主义事业的发展贡献自己的力量；二是要与一切危害社会主义的思想、言行作坚决的斗争，维护社会主义的利益；三是要正确处理国家、集体、个人三者利益的关系，把实现自己的利益和实现社会的利益、实现国家的利益统一起来；四是要抵制资本主义腐朽思想侵蚀，自觉践行社会主义荣辱观，做社会主义核心价值体系的实践者和维护者。

第三，热爱社会主义，就要自觉接受中国共产党的领导。

中国特色社会主义道路的内涵非常丰富，坚持中国共产党的领导，是中国特色社会主义道路的重要内涵。在我们这样的社会主义国家里，要不要坚持共产党的领导，不仅仅是理论问题，而是一个直接关系到社会发展方向、关系到社会主义前途和命运的现实政治问题。我们党的全部历史尤其是改革开放以来的实践证明，我们党的基本理论既坚持了马克思主义，又根据时代特征和我国具体国情，赋予鲜明的中国特色，是完全正确的。这是我国革命、建设和改革取得胜利的根本保证。

中国共产党是中国工人阶级的先锋队，同时是中国人民和中华民族的先锋队。中国共产党的领导地位和执政地位不是自封的，而是历史的必然选择，体现了广大人民群众的共同心愿。只有中国共产党成为中国革命和建设的领导者后，才真正开启了中国驶向现代化的历史航船。在新的历史时期，之所以强调要坚持中国共产党的领导，是因为：中国现代化的性质决定了必须由中国共产党来领导；维护国家统一和安定团结的政治局面，需要共产党的领导；动员和组织全国人民为实现现代化的目标而共同奋斗，需要共产党的领导；应对当前复杂的国内外挑战，需要共产党的领导。在新世纪新阶段，全面建设小康社会，推进社会主义现代化建设，必须毫不动摇地坚持中国共产党的领导，自觉接受中国共产党的领导。

### 三、坚定走中国特色社会主义道路

胡锦涛在党的十七大报告中指出："改革开放以来我们取得一切成绩和进步的根本原因，归结起来就是：开辟了中国特色社会主义道路，形成了中国特色社会主义理论体系。高举中国特色社会主义伟大旗帜，最根本的就是要坚持这条道路和这个理论体系。"中共中央总书记、国家主席胡锦涛在新中国成立60周年庆典上发表讲话时强调，中国将坚定不移坚持中国特色社会主义道路。中国特色社会主义道路是历史的必然选择，也是未来中国发展的方向。要实现全面建设小康社会的目标和中华民族的伟大复兴，就要坚定走中国特色社会主义道路。

中国特色社会主义道路，是中国人民自己的选择。这条道路，是一条解放思想的道路。为了人民富裕，祖国强大，必须继续发挥好、调动好每一个人的积极性、创造性，坚持解放思想、实事求是、与时俱进的思想路线，继续解放思想，开拓前进。这条道路，是一条改革开放的道路。市场经济体制的不断完善，社会主义价值取向的继续深化，和谐世界理念的持续推广，都需要我们更进一步地推进改革开放，在所有的领域朝向现代化目标不懈努力。这条道路，是一条推动科学发展和社会和谐的道路。这是在新的历史阶段，党对建设中国特色社会主义的行动指南，充分体现了新一届中央领导集体对三大规律的深刻认识和最新总结，必将激发出亿万人民的巨大热情和干劲。这条道路，是一条全面建设小康社会的道路。这条道路，我们会越走越宽广，越走越顺畅，越走越显示出迷人魅力。

走在这条道路上，中国人民摆脱了贫困，逐步走向富裕。从1978—2006年，中国城镇居民人均可支配收入从343元增加到11 759元，农民人均纯收入从134元增加到3 587元，扣除价格因素年均增长6.7%，这是前所未有的纪录。走在这条道路上，国家走向富强。中国经济在近30年间保持了年均9.7%的快速增长，国内生产总值在2008年迈上了30万亿元的大台阶，不断扩大的经济规模提高了国家影响力，为改善人民生活和进一步发展打下了较为雄厚的国力基础。走在这条道路上，中国与时俱进，不断创新，释放出人民创造财富、共谋发展的激情与活力。30年中，从农村改革到城市改革，从国有企业改革到行政管理体制改革，从所有制结构改革到分配制度改革，从社会主义市场经济体制改革目标的确立到在实践中的深入推进，从经济建设到政治、文化和社会建设，我们的制度在不断完善，我们的社会在不断进步，我们的目光更加远大。走在这条道路上，中国人民日益展现出文明、自信、充满朝气与活力的精神面貌。

## 四、在社会主义制度的基础上实现中华民族的伟大复兴

实现中华民族的伟大复兴是中华民族的根本利益，是近代以来中国人民的百年梦想。百年历史向世人昭示：社会主义是中华民族复兴的必由之路，我们只有在社会主义制度的基础上才能实现中华民族的伟大复兴。

在社会主义制度的基础上实现中华民族的伟大复兴，就要抓住机遇，坚持把发展作为党执政兴国的第一要务，促进经济又好又快发展。实现未来经济发展目标，关键要在加快转变经济发展方式、完善社会主义市场经济体制方面取得重大进展。要大力推进经济结构战略性调整，更加注重提高自主创新能力、提高节能环保水平、提高经济整体素质和国际竞争力。要深化对社会主义市场经济规律的认识，从制度上更好地发挥市场在资源配置中的基础性作用，形成有利于科学发展的宏观调控体系。

在社会主义制度的基础上实现中华民族的伟大复兴，就要在经济发展的基础上，加快以改善民生为重点的社会建设，构建社会主义和谐社会，形成社会主义民主法制更加完善，依法治国基本方略得到全面落实，人民的权益得到切实尊重和保障；城乡、区域发展差距扩大的趋势逐步扭转，合理有序的收入分配格局基本形成，家庭财产普遍增加，人民过上更加富足的生活；社会就业比较充分，覆盖城乡居民的社会保障体系基本建立；基本公共服务体系更加完备，政府管理和服务水平有较大提高；全民族的思想道德素质、科学文化素质和健康素质明显提高，良好道德风尚、和谐人际关系进一步形成；全社会创造活力显著增强，创新型国家基本建成；社会管理体系更加完善，社会秩序良好；资源利用效率显著提高，生态环境明显好转；实现全面建设惠及十几亿人口的更高水平的小康社会的目标，努力形成全体人民各尽其能、各得其所而又和谐相处的局面。

在社会主义制度的基础上实现中华民族的伟大复兴，就要贯彻落实科学发展观，推动科学发展。深入贯彻落实科学发展观，推动科学发展，要求我们始终坚持“一个中心，两个基本点”的基本路线。党的基本路线是在深刻认识社会主义初级阶段基本国情的基础上制定的，集中体现了我国各族人民的根本利益和愿望要求，反映了我国社会主义现代化建设的规律，是党和国家的生命线。要进一步提高坚持党的基本路线的自觉性和坚定性，充分认识以经济建设为中心是兴国之要，是我们党、我们国家兴旺发达和长治久安的根本要求；四项基本原则是立国之本，是我们党、我们国家生存发展的政治基石；改革开放是强国之路，是我们党、我们国家发展进步的活力源泉。坚持把以经济建设为中心同四项基本原则、改革开放这两个基本点统一于发展中国特色社会主义的伟大实践。坚持以科学发展的实际行动贯彻党的基本路线，以坚持党的基本路线来促进科学发展；深

入贯彻落实科学发展观，推动科学发展，要求我们继续深化改革开放。改革开放是新时期最鲜明的特点，是建设富强、民主、文明、和谐的社会主义现代化国家的必由之路。改革的力度、开放的程度，决定着发展的进程和质量。要把改革创新精神贯彻到治国理政各个环节，凝聚改革共识，坚定改革决心，坚持改革方向，坚持用科学发展和深化改革的办法解决前进中的问题。要提高改革决策的科学性，增强改革措施的协调性，坚持把改善人民生活作为正确处理改革、发展、稳定关系的结合点，使改革始终得到人民拥护和支持；深入贯彻落实科学发展观，推动科学发展，要求我们切实加强和改进党的建设。必须用改革的精神推进党的建设伟大工程，提高党领导和驾驭发展全局的水平和能力。要围绕建设中国特色社会主义的历史使命，加强党的执政能力建设和先进性建设。要进一步转变发展理念，改进执政方式，自觉地用科学发展观指导治国理政的各项工作，提高党的执政能力、保持和发展党的先进性。要发扬求真务实的精神，切实改进思想作风和工作作风，锐意进取，开拓创新，着力转变不适应不符合科学发展观的思想观念，着力解决影响和制约科学发展的突出问题，把科学发展观贯彻落实到经济社会发展的各个方面。